경국
제민의
길

참여정부 **경제**의 겉과 속

경국제민의 길 참여정부의 겉과 속

초판 1쇄   2015년 8월 26일
초판 2쇄   2015년 9월 3일

지은이   강철규 김수현 김양희 이동걸 이정우 허성관
발행인   이재교
책임편집   박자영
디자인   김상철 박자영 이정은
제작   신사고하이테크(주)

펴낸곳   굿플러스커뮤니케이션즈(주)
출판등록   2013년 5월 7일 제2013-000136호
주소   서울시 마포구 잔다리로 14 (서교동 363-15) 5층
대표전화   02.6080.9858
팩스   0505.115.5245
이메일   goodplusbook@gmail.com
홈페이지   www.goodplusbook.com
페이스북   www.facebook.com/pages/goodplusbook

ISBN 979-11-85818-10-8 (03300)

「이 도서의 국립중앙도서관 출판시도서목록(CIP)은
서지정보유통지원시스템 홈페이지(http://seoji.nl.go.kr)와
국가자료공동목록시스템(http://www.nl.go.kr/kolisnet)에서 이용하실 수 있습니다.
(CIP제어번호: 2015022861)」

經國
濟民

참여정부 **경제**의 겉과 속

경국
제민의
길

개혁파 학자

6인의 시선으로 본

참여정부 경제

굿러스
플북

차 례

—

3장 금융정책으로 본 참여정부 5년 o 이동걸

머리말

—

어렵구나! 經國濟民의 길은

이 책은 참여정부 정책총서의 여덟 번째로서 경제정책을 다루고 있다. 한국미래발전연구원은 지금까지 참여정부 정책총서로 『진보와 권력(정부 운영)』, 『협상의 달인(외교안보)』, 사회정책편으로 『총론』, 『복지』, 『교육』, 『여성·보육』, 『환경』, 이렇게 7권을 펴냈다. 유독 경제편이 빠져 있어서 어딘가 허전했고, 당연히 주위에서 출간 요구가 많았다. 그러나 집필자를 모으는 일이 여간 어렵지 않았다. 많은 독자들이 궁금증을 갖고, 관심을 기울이는 중요한 분야가 경제인데, 참여정부가 출범한 지 12년, 끝난 시점으로 보면 7년이 지나 드디어 이 책을 펴내게 됐다. 그래서 오래 밀린 숙제를 기어코 해낸 학생의 기분처럼 산뜻하기 그지없다. 이 어려운 과업은 당시 정책 결정과정에 참여했던 각 분야의 전문가들이 흔쾌히 집필을 맡아주었기에 가능한 일이었다. 바쁜 가운데 어려운 집필을 맡아준 저자들에게 특별히 감사를 드린다.

참여정부의 경제정책은 말도 많고 탈도 많은 분야였다. 평가도 극과 극을 달린다. 그런데 솔직히 말해 대체로 부정적인 평가가 많은 것 같다. 이는 경제정책의 내용과 성과가 반드시 부정적이어서 그렇다기보다는 그만큼 심한 공격을 받았다는 뜻이다. 어떤 공격은 충분히 근거 있는 합리적 비판이었지만 어떤 공격은 근거 없는 악의적 비방이었다. 특히 몇몇 보수언론은 참여정부의 등장 자체를 못마땅하게 여긴 나머지 정권 초부터 맹공격을 퍼부었다.

이들은 참여정부의 경제정책을 비방하는 특집을 1주일이 멀다 하고 대서특필하면서 걸핏하면 '경제실정', '경제파탄'같은 극단적 표현을 썼다. 심지어 어떤 신문은 노무현 대통령을 가리켜 '경포대'란 별명을 붙이기도 했는데, 이는 '경제를 포기한 대통령'이란 뜻이다. 세상에 이런 심한 말이 있나! 세계 언론사에 남을만한 악의적 표현이다.

실은 노무현 대통령은 경제에 관한 한 상당한 공로를 세운 대통령이었다. 그는 모든 정책을 결정할 때 심사숙고하는 타입이었는데, 경제정책에서는 더욱 그랬다. 그는 보고서를 꼼꼼히 읽었고, 전문가들의 의견을 경청했고, 장관과 외부 전문가들이 모인 회의에서 민주적 토론 과정을 거쳐 최종적으로 정책을 확정했다. 특히 경제 분야에 대해서는 그 중요성을 충분히 인식하고 있었기 때문에 더욱 신중에 신중을 거듭했다.

노무현 대통령은 일반 정치인과는 달리 남에게 보여주기 식의 행동을 극도로 싫어하는 성격이어서 사람들 만나고 악수하고 박수 받는 기공식, 준공식, 개막식 같은 화려한 행사에 참석하는 것을 꺼렸다. 그 시간에 정책보고서 한

페이지라도 더 읽고, 토론하고 연구해서 조금이라도 국민들의 불편과 고생을 덜어주는 정책을 개발하려고 애썼다. 그는 평생 꿈꾸었던 '사람 사는 세상'을 만드는 데 전심전력을 다했다. 심지어 그는 상당 기간 국무회의를 총리에게 맡기고 본인은 국가 장기정책을 숙고하는 데 집중하기도 했다. 이런 진심이 국민들에게 잘 전달되지는 않았는데, 그는 어차피 누가 알아주는 것을 그리 중시하지 않는 사람이었다.

노무현 대통령은 아침 일찍부터 밤늦게까지 쉴 새 없이 정책을 궁리하고 토론했다. 그 열성은 전국에서 올라온 산더미 같은 보고서를 꼼꼼히 읽고 일일이 토를 달아 돌려보냈던 청나라의 유명한 5대 황제 옹정제를 능가할 정도였다. 옹정제는 비밀경찰을 동원해서 고위관료들의 동태를 감시하는 고약한 버릇이 있어서 관료들의 간담을 서늘하게 했다는데, 다행히 노 대통령은 그런 악취미는 없었고, 오로지 정책, 정책이었다. 나라를 다스리고 백성의 삶을 편하게 한다(經國濟民)는 일념밖에 없었다. 노 대통령은 경제정책을 펼 때도 당장 눈앞의 성과에 연연하지 않고 멀리 보면서 원칙을 지키는 자세를 견지했는데, 이것은 아주 드문 일이다.

그렇다고 노 대통령이 다 잘했다는 뜻은 아니다. 다 알다시피 노 대통령은 말실수를 많이 해서 구설수에 오른 적이 한두 번이 아니었다. 아마 대표적 말실수는 "대통령 못해먹겠다"라는 발언이지 싶은데, 이 말도 옹정제를 연상시킨다. 옹정제는 집무실에 "왕 노릇 하기 어렵구나(爲君難)." 라는 현판을 걸어두고 있었다고 하니 비슷하지 않은가. 재미있게도 당시 신하들은 이렇게 답했다고 한다. "신하 노릇 하기도 쉽지는 않습니다(爲臣不易)." 멀리서 보건대 요 새 청와대 분위기가 너무 딱딱한데, 아무리 국정이 어렵다지만 이 정도 여유 와 유머는 있어야 하지 않겠는가.

우리는 참여정부 경제정책이 다 잘 됐다고 자화자찬할 생각은 추호도 없다. 솔직히 말해서 여러 가지 실수와 혼선이 있었다. 임기 초 등장한 '소득 2만 불 시대'라는 말은 원래 어떤 재벌 연구소에서 만든 구호인데, 내부 토론 없이 불쑥 나타나 마치 참여정부의 정책 방향이 개혁보다 양적 성장 위주로 가는 것처럼 오해를 빚기도 했다. 후기에 추진된 한미FTA 역시 충분한 토론과 소 통 없이 추진되면서 논란을 빚었고, 특히 참여정부의 정체성 문제와 결부되 어 종래 지지자들의 대규모 이탈을 가져오기도 했다. 이것 말고도 후기로 가 면서 개혁파 학자들이 대거 퇴진하고 관료 중심으로 가면서 정권의 보수화 논 란이 있었고, 특정 재벌과의 유착설 등 바람 잘 날 없었다고 해도 지나친 말 이 아니다. 이런 논란 중 일부는 참여정부가 잘못한 것이고, 또 일부는 오해인 데, 이것은 정책의 정체성, 일관성이라는 중요한 문제와 연결되므로 깊은 반 성과 성찰을 요한다 하겠다.

이 책은 6개의 장으로 구성됐다. 1장 '멀리 보고 균형을 잡다: 참여정부의 경제철학'은 이정우 교수가 집필했다. 이 교수는 참여정부의 정책실장, 정책 기획위원장으로 주로 장기정책을 담당했었는데, 자신의 경험을 바탕으로 이 글을 쓰고 있다.

2장 '자유롭고 공정한 시장, 끝나지 않은 여정: 참여정부 공정거래 정책'은 공정거래위원장이었던 강철규 교수가 집필했다. 강 교수는 당시 국내외의 생생하고 재미있는 에피소드를 소개하면서 공정거래정책의 이면을 솔직하게 파헤치고 있다.

3장 '금융정책으로 본 참여정부 5년'은 당시 금융감독위원회 부위원장을 지낸 이동걸 교수가 집필했다. 이 교수는 금융 개혁파의 중심인물이었는데, 그 때를 회고하면서 금융정책의 보수화 과정, 참여정부의 공과를 담담하게 서술하고 있다.

4장 '우리가 몰랐던 참여정부 나라살림 : 재정·조세 정책으로 본 국가경영 혁신'은 당시 행정자치부 장관을 지낸 허성관 교수가 집필했다. 노 대통령은 많은 분야에서 혁신을 추구했지만 특히 재정과 조세분야에서 큰 변화를 가져왔는데, 그 생생한 과정이 이 글에서 잘 드러난다.

5장 '투기와의 전쟁을 넘어 시장개혁과 주거복지로 : 참여정부 부동산정책이 남긴 것'은 참여정부 청와대 비서관으로서 부동산 정책 수립 및 집행에 중요한 역할을 했던 김수현 교수가 집필했다. 부동산 정책은 말도 많고 탈도 많은 참여정부 경제정책 중 으뜸가는 논쟁을 불러일으킨, 말하자면 태풍의 눈이라고 할 수 있는 분야인데, 김 교수는 당시 정책 일지와 실화를 바탕으로 소회를 피력하고 있다.

6장에서 김양희 교수는 참여정부 동북아경제중심위원회와 국민경제자문회의에서 자문위원으로 활동한 경험을 바탕으로 '동북아시대 구상과 한미 FTA'를 솔직담백하게 서술하고 있다. 한미 FTA 역시 부동산 정책 못지않은 폭풍 같은 논쟁을 불러일으켰는데, 당시 정부에 중요한 자문 역할을 했던 저자의 고뇌를 가감 없이 보여준다.

6인의 공저자들은 모두 참여정부 정책 결정과정에 깊숙이 관여했고, 당시 언론으로부터 소위 '개혁파'로 분류되던 학자 출신이라는 공통점이 있는데 이번에 처음으로 참여정부의 경제정책을 돌아보는 책을 공저하게 되었다.

이들 6인은 참여정부 경제의 성패에 상당한 책임이 있는 사람들로 뒷날 역사에 기록될 것 같다. 어느 정부든 잘한 점과 잘못한 점이 있는데, 중요한 것은 후세를 위해 공평무사하게 기록하고 평가하는 일이라고 생각한다. 참여정부에 대한 정확한 자리매김은 오랜 시간이 흐른 뒤에 결론이 나겠지만 경제를 다룬 이 책이 장차 참여정부의 역사적 평가에 조금이나마 기여하기를 바라며, 독자들의 기탄없는 비판과 질정을 바라마지 않는다.

2015년 8월

저자들을 대신하여
이정우 씀

1장

멀리 보고 균형을 잡다

: 참여정부의 경제철학

이정우 | 경북대 교수, 전 참여정부 정책실장 |

* 이 글은 2012학년도 경북대학교 학술연구비에 의하여 연구되었음.
이 글은 졸고(2004, 2005, 2012)에 크게 의존하면서 종합하고 새로 썼음을 밝혀 둔다.

참여정부가 지향했던 한국경제는 어떤 모습이었을까? 그 방향을 우리는 경제철학이라고 부를 수 있다. 참여정부의 경제철학은 그 이전이나 이후 정부의 그것과 크게 달랐다. 참여정부 경제철학은 워낙 복잡다기해서 한마디로 요약할 수는 없지만 큰 줄기만 파악할 때 네 가지로 요약할 수 있다.

첫째, 종래의 성장지상주의를 지양하고 그 대신 성장과 분배의 조화를 꾀한 점, 둘째, 개혁과 개방을 동시에 추구한 점, 셋째, 공간적 차원에서 보자면 종래 서울 일극주의를 지양하고 지방과 수도권의 균형발전을 추구한 점, 넷째, 시간적 차원에서 보자면 종래 눈앞의 성과에 집착하던 단기주의를 과감히 버리고 장기주의를 지향한 점이었다고 말할 수 있다.

성장과 분배의 조화를 꾀하다

이를 하나씩 풀어서 설명해 보자. 첫째, 노무현 대통령은 성장 일변도에 빠지지 않고, 분배·복지를 성장과 함께 생각한 거의 최초의 대통령이었다. 참여정부는 기본적으로 개혁과 개방, 그리고 성장을 지향했지만, 그와 동시에 그 과정에서 필연적으로 발생하는 약자·패배자들이 사회적으로 도태되는 것을 버려두지 않았다. 모든 사회 구성원들이 경제적 성과에 상관없이 더불어 잘

사는 사회를 만들고자 노력했다.

역대 정권들이 오직 경제성장만을 중시하여 오랫동안 사회통합을 도외시했다는 점을 생각한다면, 참여정부가 사회통합을 중요한 정책 목표로 내건 것은 큰 역사적 의의를 가진다고 말하지 않을 수 없다.

또한 여러 정권이 '사회통합은 성장에 도움이 되지 않는 일종의 군더더기 혹은 사치품'으로 간주하는 경향이 있었던 데 반해, 참여정부는 사회통합을 그 자체로 중요하게 보았을 뿐 아니라 개혁·개방·성장을 촉진하는 상보적 관계로 파악했다. 이런 점에서 참여정부는 역대 정권과는 근본적으로 다른 경제철학을 갖고 있었다고 평가할 수 있다.

예컨대 광범위한 사회보험 사각지대를 메우려 노력하고, '희망사회 투자계획'이란 이름의 빈곤 아동·청소년 종합대책과 근로장려세제(EITC)를 도입하려 한 것은 새로운 발상이었다. 부동산대책이나 사교육비 축소 정책도 성장과 분배, 효율과 공평을 동시에 도모하려는 목표가 있었다. 과잉복지로 인해 복지병이 발생하는 일부 선진 복지국가와는 달리 한국과 같이 낮은 복지 수준에서는 성장과 분배를 동시에 충족할 수 있는 영역이 얼마든지 있으며 이를 통해 한국경제를 한 단계 도약시킬 수 있다고 본 것이 참여정부의 관점이었다.

개혁과 개방을 동시에 추구하다

둘째, 참여정부는 개혁과 개방을 동시에 추구했다. 19세기 후반 대원군 시대 이후의 근현대사를 보아도 개혁 혹은 개방을 추구했던 정권이 더러 있었다. 하지만 이 두 가지를 동시에 추구한 정권은 찾기 힘들다. 예를 들어 대원군은 서원 철폐, 기득권 타파 등 과감한 개혁을 추진한 공적이 있으나 개방을 거부하고 쇄국정책을 고집한 결정적 오류를 범했다. 19세기 후반은 동북 아를 둘러싼 열강의 침탈 경쟁이 벌어지던 때였다. 나라가 발전하느냐 식민지로 전락하느냐 하는 결정적 국면에서 대원군이 개방을 거부한 대가는 컸다. 19세기 중반까지만 해도 우리와 거의 발전 수준이 비슷했던 일본은 메이지 유신 이후 문명개화 정책을 취함으로써 서양문명을 적극적으로 수용했고, 그 결과 불과 몇 십 년 만에 근대화를 달성했다. 그뿐만 아니라 제국주의 세력의 마지막 회원으로서 이웃 나라인 조선을 식민지로 만들고, 중국을 반식민지로 만드는 결과를 가져왔다. 그런 점에서 대원군의 정책은 개혁이란 면에서는 긍정적으로 평가할 만한 것이 있으나 개방을 거부한 실책은 엄중한 비판을 면할 수 없다.

반대로 개방에는 적극적이었으나 개혁을 거부한 정권도 있다. 박정희·전두환 정권은 수출주도형 개발전략을 채택한다든가 자본시장을 개방한다든가 하는 개방전략을 적극적으로 채택했다. 하지만 두 정권은 개혁을 거부한 독재정권이었다. 개혁 중에서도 가장 핵심이라 할 수 있는 민주화를 철저히 거부하고 극단적으로 민주주의를 탄압함으로써 역사적으로 씻을 수 없는 잘못을 저질렀다. 이렇게 볼 때 개혁과 개방을 동시에 추진했던 정권은 우리 역사에서 찾아보기 힘든데, 참여정부는 이 둘을 동시에 추구했던 최초의 정권이었다고 말할 수 있다.

망국적 수도권 집중 벗어나 전국의 균형발전을 추진하다

셋째, 참여정부의 정책을 공간적으로 특징짓는 '수도권과 지방의 균형발전' 정책을 들 수 있다. 이는 우리나라의 고질병인 수도권 과밀 현상을 타개하면서 각 지역의 특성과 장점을 극대화하여 국가경쟁력을 높이자는 전략이었다. 지방분권특별법(2003), 균형발전특별법(2003), 행정중심복합도시특별법(2005)이라는 균형발전 3대 입법이 그 근간이었다. '행복도시'(행정중심복합도시), 혁신도시, 기업도시, 금융·물류허브는 국가균형발전 정책의 구체적 모습들이었다. 지방과 서울이 서로 발목을 잡는 형국을 타파하고 상생, 발전으로 나아가려는 거대한 지방화 역사(役事)를 시작한 것이 참여정부의 업적이라고 할 수 있다.

경제 망치는 단기부양책 버리고 장기주의를 따르다

넷째로 장기주의는 참여정부 경제정책의 시간적 차원의 특징이다. 역대 정권의 단골 메뉴였던 단기주의 정책은 반짝 경기는 호전시켰지만 부작용이 컸다. 경제체질 강화에 도움이 되지 않았고 장기적으로는 오히려 심각한 문제를 일으킨 사례가 비일비재하다. 가까운 예를 찾자면 2000년 이후 카드와 부동산 대란이 대표적 사례가 될 것이다. 눈앞의 성과보다 장기적 관점에서 경제정책을 운용해야 한다는 것은 말하기는 쉬워도 실행하기는 대단히 어렵다. 왜냐하면 우리 국민은 지난 반세기 동안의 고도성장 과정에 너무나 익숙해 있어서 일종의 '빨리빨리병'에 걸려 있다고 해도 과언이 아닌데, 이런 국민에게 참고 기다려달라고 요구하기란 쉽지 않기 때문이다.

참여정부는 당시 경기침체에도 불구하고, 손쉬운 경기부양책을 동원하는 것을 지양하고, 장기적 관점에서 구조개혁 및 경제의 체질 개선에 주력했다. 예를 들면 10.29, 8.31 등 부동산 대책은 그 대표적 사례다. 이들 대책은 보유세 강화, 3주택 이상 보유자에 대한 양도세 인상, 서민들을 위한 임대주택 확대를 기조로 하는데, 이는 우리나라의 부동산 문제를 최초로 옳은 방향으로 접근한 것으로 볼 수 있다. 거품이 꺼지는 과정의 고통을 덜고자 당장 약발이 듣는 건설경기라도 부양하자는 달콤한 유혹에 굴복하지 않고 부동산투기라는 망국병을 근본적으로 치유하려고 시도했다는 점에서 장기적 시야를 가진 정책의 표본이라 할 수 있다.

박정희는 경제 대통령 아닌 성장잠재력 뿌리째 훼손한 장본인

결국 참여정부는 이상 네 개의 큰 원칙을 통해 1997년 외환위기 이후 한국경제를 짓누르고 있는 저성장과 양극화라는 양대 문제에 대처하면서 동시에 우리 경제, 사회 곳곳에 장기적으로 누적된 문제점을 근본적으로 해결하고자 했다. 불투명과 불공정, 불로소득, 부정부패를 걷어내고 만인이 공정하게 경쟁하는 혁신주도형 경제를 건설하고자 한 것이다. 이것은 수십 년 내려오던 경제운용 패러다임의 근본적 변화라 할 수 있다. 해방 후 한국에서 이런 철학을 가진 정권은 일찍이 없었으므로 그런 점에서 참여정부의 의의가 발견된다.

흔히 박정희를 가리켜 정치적으로 독재는 했지만 경제성장을 잘했다고 평가하기도 하고, 어떤 사람은 한 발 더 나아가 박정희를 경제대통령이라고 부르기도 하는데, 이는 겉만 보고 속을 못 본 데서 오는 소치다. 박정희는 눈앞의 경제실적 올리기에만 급급해서 수많은 부작용이 일어나는 것을 버려뒀고, 그런 부작용이 장기적으로 누적되어 한국 경제의 활력을 떨어뜨렸다는 사실을 간과해서는 안 된다. 돈을 마구잡이로 찍어내서 물가를 폭등시켰고, 전국을 난개발의 아수라장으로 몰아감으로써 땅값을 천정부지로 올려 현재 한국의 땅값을 세계 최고로 만든 장본인이 박정희다.[1] 한국경제가 지금도 안고 있는 심각한 문제인 높은 물가와 높은 지가는 한국경제의 성장잠재력을 뿌리째 훼손하는 경제의 주범이므로 그 기초공사를 한 박정희에 대해서는 준엄하게 책임을 묻지 않으면 안 된다.

요컨대 박정희는 당장 국민들 인기 얻을 만한 단기적 성과에만 집착해서 우선 눈앞의 성장률은 높이긴 했으나 그런 인기영합주의가 가져온 폐해는 컸고 오래갔다. 세상에 공짜가 어디 있는가. 결국 그런 무리한 경제운용이 물가와 지가의 폭등을 가져왔고 결과적으로 우리 경제의 장기적 성장잠재력을 근본적으로 훼손하였고 앞으로도 오랫동안 훼손할 것이므로 그 해악은 참으로 크다고 하지 않을 수 없다. 우리가 만일 역대 대통령 중에서 경제대통령을 뽑는다면 박정희는 맨 끝에 가서 서야 할 것이다.

참여정부 시절 경기가 나빴기 때문에 대통령이나 참여정부가 별로 인기가 없었고 지금도 그런 평가가 상당히 남아 있는 것이 사실이다. 그래서 일부 보수언론에서는 노무현 대통령을 가리켜 '경포대'[2]란 별명을 붙이기도 했지만, 이는 참으로 악의적이고 진실과 거리가 먼 평가다. 여기서 먼저 알아야 할 것은 당시 경기가 나빴던 것은 사실이나 그 이유는 참여정부가 잘못해서 그런 게 아니고, 참여정부가 등장하기 전에 경제관료들이 일으켰던 3대 거품[3]이 동시에 붕괴한 시기가 바로 참여정부 시기였기 때문이다. 그래도 참여정부는 불경기에 대한 모든 비난을 한몸에 받으면서 변명 한마디 없이 장기적 성장잠재력 제고에 노력했다. 참여정부를 평가할 때 이 점을 생각하지 않고는 정확

---

1 졸고, 2011.
2 경제를 포기한 대통령
3 벤처 거품, 카드 거품, 부동산 거품

한 평가가 불가능하다. 대부분의 평가는 이 점을 도외시하고 단지 나타난 결과만 이야기하고 있는데 이는 공정한 평가라고 볼 수 없다.

I : 출범 초기 상황 **3대 거품이 한꺼번에 꺼지다**

김대중, 노무현 정부 시절 10년은 그전 시기에 비해 확실히 저성장이었다. 또한 이 시기는 양극화가 심해진 시기이기도 했다. 두 정권에서 과거보다 획기적으로 복지제도를 확장하고 복지예산을 크게 늘렸음에도 불구하고 양극화 추세를 막기에는 역부족이었다. 저성장과 양극화라는 저조한 경제 성적이 국민을 실망하게 했고, 보수집단이 해방 후 최초의 민주개혁정부 10년의 실적을 깎아내리게 만든 근거를 제공했다. 2007년 대선 기간에는 심지어 '잃어버린 10년'이란 표현까지 등장했다. 이 시기에 저성장과 양극화가 심화한 것은 누구도 부정할 수 없는 사실이지만, 그것은 두 정권의 정책 실패 때문이라기보다는 1997년의 외환위기가 가져온 경기 침체와 구조조정, 대량실업, 노동시장의 구조 변화가 근본 원인이었다.

그렇게 본다면 두 차례의 진보정권은 하필이면 집권 시기가 가장 어려운 시기였다고도 할 수 있겠다. 그러나 달리 생각해본다면 IMF 사태와 같은 국난이 아니었다면 과연 한국 최초의 진보정권 출현이 애당초 가능하기나 했겠나 하는 의문도 생긴다. 그런 점에서 IMF 사태로 촉발된 유례없는 위기 상황은, 한편으로는 장기집권해 온 보수정당에 대한 실망 때문에 진보개혁세력이 집권할 수 있게 한 요인이었음과 동시에 진보정권이 집권 이후 스스로 좋은 경제적 성과를 얻기 어려운 요인이기도 했다. 이것이 진보개혁 정권 10년의 근본적 한계이자 배경 요인이다.

김대중 정부 시기 평균 성장률은 4.2%, 참여정부는 4.3%로서 둘 다 과거 독재 시절의 고성장에 비하면 확실히 저성장이다. 게다가 불경기가 심할 때는 실업자가 늘어나고, 소득분배가 악화하며 빈곤은 증가하므로 소득분배 상황도 좋을 수가 없었다. 특히 한국처럼 영세 자영업자의 비중이 높은 나라에서는 내수 경기의 부진은 바로 양극화 심화로 연결된다. 김대중 정부 초기와 참여정부 5년 내내 이 문제로 시달렸다고 볼 수 있다.

다만 김대중 정부 후기에는 각종 경기부양 정책의 여파로 일시적으로 호경기를 구가한 적이 있다. 2002년이 그 정점으로서 이 해 경제성장률은 7%에 도달했다. 그러나 이것은 무리한 인위적 경기부양정책의 결과 나타난 일시적 거품 현상으로서 결코 오래갈 수 없는 성질이었다. 참여정부 5년간은 그 전에 형성됐던 거품이 꺼지는 시기와 일치했기 때문에 참여정부는 5년 내내 저성장, 불경기, 양극화에 시달리지 않을 수 없었다. 더구나 참여정부 초기의 북핵 위기, 이라크 파병 논란 등 외적 요인도 한국 경제의 중요한 제약요인이었다. 2008년 국정홍보처에서 발간한 〈참여정부 국정운영백서(경제편)〉은 참여정부 출범 초기의 상황을 다음과 같이 묘사하고 있다.

"참여정부 출범 당시 국내 경제여건은 이전 정권의 누적된 경제적 위기요인과 국외의 정치경제적 불안요인이 겹쳐지면서 불확실성이 높아진 상황이었다. 5년간 정부와 국민의 노력으로 1997년부터 시작된 외환위기는 어느 정도 극복되었으나 그 과정에서 생긴 후유증과 경제의 거품으로 인해 경제 전체의 불안감이 가중되었다.

우선 대내적으로 가계대출 증가와 신용카드 남발에 따른 신용불량자 급증으로 금융시장에 위기감이 커져 갔다. 부동산시장 역시 이전 정권의 경기 활성화를 위한 각종 규제완화 조치와 저금리정책으로 인해 넘치는 자금이 부동산시장으로 흘러들면서 주택 가격이 급등하는 불안한 양상을 보였다." (p.16)

여기서 말하는 외환위기 극복과정에서 발생한 경제의 거품과 후유증이란 무엇을 의미하는가? 이것은 벤처거품, 카드거품, 부동산거품이란 3대 거품을 의미하는데, 이 문제는 워낙 중요하므로 하나씩 구체적으로 살펴볼 필요가 있다.

김대중 정부의 벤처거품이 결국 터지다

먼저 벤처거품이다. 김대중 대통령은 취임 일성으로 '지식기반 경제'와 '정보 대국'을 강조했다. 그는 1998년 2월 취임사에서 "세계는 지금 유형의 자원이 경제 발전의 요소였던 산업사회로부터 무형의 지식과 정보가 경제 발전의 원동력이 되는 지식정보 사회로 나아가고 있다"며 "세계에서 컴퓨터를 가장 잘 쓰는 나라를 만들어 정보 대국의 토대를 튼튼히 하겠다"고 선언했다. 이것은 정보화, 지식시대 도래라고 하는 세계사적 흐름을 잘 파악한 올바른 방향이었다. 미국에서도 바로 이 시기에 정보통신 산업을 주축으로 소위 '신경제'가 일어나 경제성장을 이끌고 있었다.

그러므로 김대중 정부의 큰 정책 방향은 지극히 옳았으나 각론에 들어가서 구체적 정책수단에서는 문제가 있었다. 국민의정부에서는 5년간 벤처기업 2만 개 창업 지원, 9천억 원의 벤처 지원자금 마련, 창업 벤처기업마다 각각 3억 원씩 지원 등 각종 벤처 육성정책을 쏟아냈다. 1998년 5월 '벤처산업 활성화를 위한 규제개혁 시안'을 내놓았고, 6월에는 재정경제부가 '코스닥 활성화 방안'을 발표했다. 그리고 집권 초부터 큰 금액의 벤처 지원 자금을 뿌렸다.

대통령이 주도하는 벤처 육성 붐을 타고 벤처기업은 2001년에 GDP의 3%(16조 원), 총수출의 4%(56억 달러), 총고용의 2%(34만 명)를 차지하는 등 급성장했다. 벤처 창업도 봇물이 터졌다. 벤처기업 수는 중소기업청이 벤처기업 인증 업무를 시작한 1998년 2천여 개에서 2001년 말까지 매달 수백 개씩 폭발적으로 늘어났는데, 벤처 기업의 숫자는 1998년 2천여 개에서 매년 급증해서 2001년 봄에는 11,000개를 돌파해서 정점에 도달했다.

김대중 정부의 벤처 정책은 금융과 산업 영역뿐 아니라 온 나라를 전방위적으로 흔들어놓았다. 당시 상황은 한마디로 '벤처 공화국'이라 불러도 좋을 정도였다. 수많은 젊은이가 벤처 창업과 취업에 나섰고, 창의적이고 도전적인 '벤처 정신'이 외환위기의 암울함 속에서 활력소로 등장한 것은 인정할 만하다. 테헤란 밸리를 중심으로 '벤처 대박' 신화가 화젯거리로 등장하면서 너도나도 떼돈을 벌겠다며 벤처 투자에 뛰어들었다. 일확천금을 꿈꾸는 '묻지마 투자'였다. 벤처 육성정책이 과도한 나머지 '벤처 투자 광풍'으로 빗나가버렸다.[4]

당시 벤처 육성자금은 눈먼 돈으로 치부되어 누구라도 벤처 기업을 한다고만 하면 손쉽게 쥘 수 있는 '공짜 돈' 정도로 인식되고 있었다. 당시 시중에서는 '요즘 벤처 안 하면 바보'라는 말이 유행할 정도로 벤처 육성자금은 방만하게 지출, 관리되고 있었다. 이런 환경에서 벤처 투자는 비정상적 과열 양상을 보이다가 비정상적으로 갑자기 거품이 꺼지고 말았다. 벤처 거품은 2001

---

4 〈한겨레21〉 제 775호, 2009.8.28.

년 봄을 정점으로 급속히 꺼졌고, 정치권력과 벤처 기업인 사이의 유착관계[5]가 잇따라 드러났다. 국민의정부에서 벤처 전도사 역할을 했던 권력 실세의 구속 이후 벤처 열기는 급작스레 식어버리고, 거품은 붕괴를 맞게 되었다.

외환위기는 국가적 위기이기도 했지만 동시에 국민의정부에게 한국 경제의 틀을 개혁할 수 있는 절호의 기회이기도 했다. 그러나 당시 조급한 벤처 육성정책에 편승해 대다수 벤처기업은 손쉽게 투자를 하거나 코스닥에서 큰 돈을 벌려고 했고, 결국 도전과 패기로 상징되는 역동적 벤처 정신은 오히려 뿌리내리지 못했다는 역설적 결과를 가져왔다. 그리고 벤처 거품은 한국경제에 반짝 고성장을 가져왔지만, 그보다 훨씬 긴 과잉투자, 불황, 저성장의 그늘을 남겼다.

한명이 평균 4장… 신용카드의 종말 닥치다

이 시기 또 하나의 큰 거품이 발생했는데, 그것은 바로 카드 문제였다. 국민의정부는 소비지출을 늘려 침체한 내수경기를 활성화하기 위해 신용카드 확대 정책을 채택했다. 급기야 길거리에서 대학생들에게 즉석에서 신용카드를 발급해준다는 기상천외의 광경이 벌어졌는데, 이는 다른 나라에서는 상상도 못 할 일이다. 1999년부터 현금서비스 사용 한도를 폐지하면서 카드 사용액이 급증했다. 2000년 1월에는 신용카드 영수증 복권제도를 시행해 일반인들의 신용카드 사용심리를 자극했으며, 법인신용카드의 사용범위도 대폭 확대했다. 2001년에는 소득공제 시 신용카드 사용액의 공제 폭을 대폭 늘렸다. 이와 같은 신용카드 정책으로 유동성 제약이 크게 완화됨에 따라 소비자들의

---

5 이른바 벤처 게이트

신용카드 이용금액이 급증하여 소비지출이 확대되었다. 게다가 정부는 경기
진작을 목적으로 2001년 말부터 특별소비세를 인하했기 때문에 소비재 구
매가 증가하여 할부금융회사의 할부금융대출 및 판매신용이 많이 증가했다.

한국에서 1999년 말 4천만 장 정도였던 신용카드는 정부의 경기부양 의지
와 신용카드사들의 무분별한 카드 발급에 힘입어 2002년에는 1억 장 이상으
로 급증했다. 경제활동인구 1인당 평균 4장 이상의 신용카드를 보유하게 된
셈이었다. 이에 따라 신용카드 이용액은 1999년 말보다 6배 이상 폭발적으
로 증가했고 그 덕분에 신용카드사들은 2000년부터 흑자를 누리게 되었다.
이 시기 카드 사용에 의한 소비 진작이 경기 회복에 이바지한 것은 틀림없는
없는 사실이다. 2000년 이후 2002년 3분기까지 소비지출 성장률이 실질국
민총소득(GNI) 성장률을 웃돌아 소비지출이 단기적인 경기회복을 주도했다.

그러나 이런 현상이 오래갈 수는 없었다. 카드 거품의 부작용을 우려한 정
부는 2002년 3분기에 접어들면서 현금서비스 제한 등 카드규제를 강화하는
쪽으로 정책을 급선회함에 따라 신용카드 이용액이 급감하면서 이번에는 소
비지출 감소 및 경제성장 둔화라는 결과가 나타났다. 당연한 결과이지만 무
차별적인 카드 부채에 의한 소비 증진은 얼마 지나지 않아 큰 부작용을 가져
왔다. 참여정부 첫해인 2003년에 신용카드사들은 2000년부터 쌓아왔던 흑
자를 모두 잃고도 남는 10조 원 이상의 당기순손실을 기록했고, 카드 사용이
급감해서 경기를 크게 후퇴시켰다. 이 세상에 공짜 점심은 없다는 말이 있듯
이 당시의 카드 남발과 이에 따른 신용카드 부채는 그 뒤 수년간 우리 경제에
깊은 상처를 남겼다.[6]

---

6   더 자세한 내용은 이 책 이동걸 교수의 글 참조.

1998년 이후 신용카드 매수와 이용액의 증가세는 가히 폭발적이었다. 이 것은 분명 내수 경기 부양에 플러스 요인이 되었을 것이다. 그러나 과거 네덜란드의 튤립 투기나 남해의 거품 사건에서 보듯이 거품 경제의 특징은 그것이 무한정 계속될 수 없다는 사실이다. 2002년을 정점으로 거품은 급속히 소멸하기 시작했다. 2002년에서 2003년 한 해 동안 신용카드 이용액의 감소분은 무려 142조 원에 육박해 당시 국내총생산의 18.5%, 민간 소비지출의 33.8% 에 이르렀다. 이것 하나만 해도 큰 불황을 초래하고도 남을 엄청난 규모였다.

당시 상황이 얼마나 예외적이었는가를 알려면 〈그림 1-1〉을 보면 된다.

〈그림 1-1〉 1인당 신용카드 이용금액

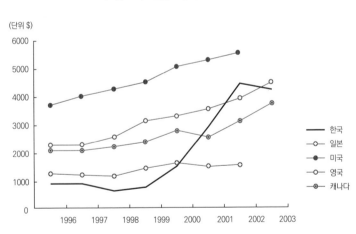

자료 : 임대봉, 이병완, 2005

이 그림에는 한국, 미국, 캐나다, 영국, 일본의 1인당 신용카드 이용금액을 표시하고 있다. 1999년까지 1인당 신용카드 이용금액은 미국, 영국, 캐나다, 일본, 한국의 순서였다. 그러나 한국은 2000년 일본을 제쳤고, 2001년 캐나

다를 추월했으며, 2002년에는 영국마저 제치고 미국 다음가는 2위로 올라섰다. 2000~2002년 3년간 한국의 신용카드 이용액의 약진은 세계 어느 나라에서도 볼 수 없는 전무후무한 기현상이다. 그러나 빚잔치가 오래갈 수는 없는 법. 이 금액은 2003년 이후 급감하여 과거 패턴으로 되돌아갔고, 거품이 꺼지는 과정에서 국내경기는 사늘하게 식어버렸다. 거품이 꺼지는 고통은 고스란히 국민에게 돌아갔고, 그 책임은 참여정부의 몫이 되었다.

풀 수 있는 규제는 다 풀어 부동산경기 부양

'화는 혼자 오지 않는다(禍不單行)'는 말이 있듯이 거품은 여기서 끝나지 않았다. 또 하나의 거대한 거품이 쓰나미처럼 몰려왔다. 역대 정부에서 경기가 나쁠 때마다 꺼내 쓰던 전가의 보도인 부동산경기 부양의 유혹이 찾아왔다. 역대 정부에서 경기부양 요구가 나올 때마다 건설 경기 부양이 만병통치약처럼 남용됐다. 그 결과가 끊임없는 부동산 투기의 연속이었고, 한국의 땅값을 세계 최고로 올렸으며, 한국을 토건국가로 만들었다.

왜 건설 경기 부양이 정부 경제정책의 단골메뉴로 등장했을까? 가장 직접적으로는 건설업의 특성상 전후방 산업연관 효과, 고용창출 효과가 커서 경기부양 효과가 가장 크고 빠르기 때문이다. 한국경제에서 건설업이 차지하는 큰 비중 때문에 경기부양 효과는 매우 크다. 부가가치 기준으로 건설업이 국민경제에서 차지하는 비중은 2005년 현재 9%였다. 또 2005년 기준 국내총생산(GDP)대비 건설투자의 비중은 19%로서 이 숫자는 일본과 더불어 세계 최고수준이다. 그러니 건설업에 불을 붙이면 불기운이 좋고, 다른 산업에도 파급효과가 크다. 문제는 이런 좋은 효과는 일시적일 뿐이며, 나중에는 큰 부작용을 낳으면서 끝나고 만다는 사실이다.

국민의정부에서 IMF 외환위기 이후 침체한 경기를 되살리고 될 수 있는 대로 빨리 IMF의 경제적 신탁통치를 벗어나 조기 퇴원을 목표를 세웠는데, 오히려 그게 화근이 됐다. 환자가 이왕 입원한 김에 좀 더 참을성 있게 병의 근본적 치료에 힘썼더라면 좋았을 텐데 안타깝게도 국민의정부는 그런 참을성을 갖지 못했다. 국민의정부가 경기회복 수단으로 채택한 벤처, 카드 이외 또 하나의 수단이 역대 정부의 단골 메뉴인 부동산 경기부양이었다. 국민의정부에서 추진한 대대적인 부동산 규제 완화가 한동안 잠잠해졌던 부동산투기를 부활시키는 큰 재앙을 초래하고 말았다. 토지 문제를 오래 연구한 토지정의시민연대 대표, 전강수 교수의 평가를 보자.

"1998년부터 2001년까지 외환위기를 극복한다는 명분 하에… 김대중 정부 때는 토지거래허가 구역 해제, 아파트 재당첨 금지 기간 단축 및 폐지, 토지공개념 제도 폐지, 분양가 자율화, 토지거래신고제 폐지, 분양권 전매제한 폐지, 무주택세대주 우선 분양 폐지, 신축 주택 구입시 양도세 면제, 취등록세 감면 등, 풀 수 있는 것은 다 풀고 쓸 수 있는 부양책은 다 썼다. 특히 토지공개념 제도를 폐지한 것은 큰 실책이었다. 이는 단지 법률 몇 가지를 폐기하는 정도의 간단한 문제가 아니라 부동산 정책의 근본 철학을 뒤집는 중대 문제였음에도, 김대중 정부는 별생각 없이 폐지 결정을 내린 것이다. 이때의 전방위적인 부동산 경기 부양 정책과 함께 1990년대 내내 지속되었던 부동산 가격 안정세는 종언을 고했고, 2001년 경 부터 또 다시 부동산 투기 바람이 불기 시작했다" (전강수, 2007, p.382~383)

2003년 초 당시 인수위 경제2분과로부터 부동산 대책을 보고받는 자리에서 노무현 대통령 당선인은 "이렇게까지 많이 풀었습니까?"라고 물었다고 이춘희 당시 건교부 차관(현 세종특별자치시장)은 회고했다.[7] 그렇다. 풀 수 있는 건 다 풀었다고 해도 과언이 아니었다. 당연한 결과로서 오랫동안 잠자고 있던 땅값, 집값이 꿈틀거리기 시작했다. 아뿔싸! 잠자는 사자를 깨우고 만 것이다.

국민의정부가 총동원하다시피 한 부동산 경기부양 정책의 효과는 멀지 않아 나타나기 시작했다. 2002년에는 한 해 동안 지가가 8.9% 상승하는 일대 사건이 발생했다. 참여정부 들어와 부동산정책을 잘못해서 땅값, 아파트값이 폭등한 것으로 오해하는 사람이 대단히 많지만 실은 그 원인은 몇 년 전에 이미 배태되고 있었다는 사실, 그리고 2002년의 지가 상승률이 참여정부 어느 해보다 높은 지가 상승률이었다는 사실을 모르는 사람이 대부분이다.

참여정부가 출범했을 때 이미 부동산투기라는 이름의 산불은 맹렬한 기세로 번지고 있었다. 참여정부가 전력을 다해서, 그리고 역대 정부보다는 비교적 일관성 있게 부동산투기 해소에 힘썼음에도 불구하고 산불을 완전히 잡는 데는 몇 년이 걸렸다. 그러나 부동산 가격 폭등의 책임을 지고 욕을 먹은 것은 참여정부였다.

여기서 꼭 누구의 책임을 묻자거나 억울함을 하소연하려는 게 아니다. 참여정부는 이미 욕을 많이 먹었는데, 좀 더 먹으면 어떻고 좀 덜 먹으면 어떻겠는가? 그건 중요한 게 아니다. 중요한 건 과거의 역사에서 배울 점은 배우고 그리하여 앞으로 올 정부에서는 제발 실수 없이 정책을 똑바로 세워야 한다는 점이다.

경제정책의 요체는 장기적 일관성이다. 2004년 노벨경제학상을 받은 프레

---

7 국정브리핑 특별기획팀, 2007, p.35

스콧(Edward C. Prescott)과 키들랜드(Finn Kydland)의 업적은 바로 이 점을 밝힌 데 있다. 어떤 정부가 우선 당장 비난을 감수하고 장기적 관점을 갖고 일관성 있게 정책을 운용한다면 그 성과는 먼 장래에 나타난다. 그러나 눈앞의 성과나 인기에 집착하여 정책의 일관성을 상실하면 그 정책은 실패하고 만다는 것이다.

눈앞의 성과에 연연하지 않고 장기적 관점에서 정책을 운용해야 한다는 것은 말하기는 쉬워도 실행하기는 참으로 어렵다. 우리나라는 지난 50년간 고도성장을 해왔기 때문에 우리 국민은 고도성장에 익숙해 있다. 따라서 짧은 기간의 불황, 실업도 좀처럼 참지 못하고 정부가 당장 나서서 문제를 해결해주기를 바라는 경향이 있다. 언론도 가만히 있지 않고 정부에 뭇매를 가해 기어코 경기부양 정책을 끌어내고야 만다. 그러니 정책 당국도 여간 배짱이 없이는 이런 국민의 요구, 언론의 압력을 견뎌내기가 쉽지 않다.

이런 구조 속에서는 대통령도 견디기 어려워 단기적 관점을 갖기 쉽고, 대통령이 단기주의에 빠지면 자연히 장관에게 당장 가시적 성과를 독촉하게 된다. 장관이 초조한 마음에서 바로 눈앞의 성과를 요구하면 공무원들은 단기간에 성과가 나타나는 비장의 무기를 준비한다. 그래서 인위적 경기부양 정책이 상투적으로 생산되는 것이다. 우리나라 관료사회의 이런 구조가 근본적 문제다.

인위적 경기부양책은 눈앞에는 성과가 있는 것처럼 보이고, 장관이 대통령한테 칭찬 듣고 장관 자리를 오래 지키는 비결이 될지는 모르나 시간이 지나고 보면 거꾸로 국민경제의 장기적 건강을 해친 경우가 많다. 환자에게 모르핀 주사를 놓은 것과 비슷하다. 이런 단기주의야말로 한국경제의 기초체력을 떨어뜨리고 장기적 성장잠재력을 저해한 주범이라고 지탄받아 마땅하다. 국민의 정부에서 취한 벤처, 카드, 부동산 거품은 최근의 대표적 사례일 뿐이고, 실제로 역대 정권에서 이런 일은 다반사였다. 그러니 소위 유능하다고 소문난 경제관료를 특별히 주의해서 봐야 한다. 사실은 이들이 단기적, 인위적 경기부양의 책임자이기 때문이다. 비난을 무릅쓰고 꾸준히 인내하면서 원칙대로 국민경제의 기초체력을 강화하는 경제관료는 참으로 찾기 어렵다. 왜 없겠는가? 그런 관료가 어딘가 있긴 있을 텐데, 문제는 그들은 경제의 기초체력이 회복되기 전에 일찍 쫓겨나 버린다는 사실이다.

국민의정부는 해방 후 최초의 민주개혁정부였지만 그 경제정책을 이끈 세력은 민주세력이 아니고 경제관료들이었다. 개혁파 경제학자로 불리던 김태동 교수가 초기에 대통령 경제수석으로 들어가서 기대를 모았으나 안타깝게도 석 달 만에 정책수석이라는 옆자리로 옮기더니 그 뒤 다시 정책기획위원장으로 자리를 옮겨 현실의 경제정책 입안에서 점차 멀어지고 말았다. 실제로 국민의 정부에서 경제정책을 주도한 것은 고위 경제관료들이었다. 이들은 과거부터 단기적 경기부양에 유능하며, 필요할 때는 부작용이 큰 인위적 경기부양조차 불사한다. 이런 경제관료들을 유능하고 경륜이 있다고 부추겨 세우는 게 보수언론이다. 우리 국민은 관언유착의 폐해를 잘 모르지만 그 결과는 만성적·습관적인 대형 거품의 발생이며, 그 피해는 국민이 고스란히 떠안게 된다.

욕 먹어도 다음 정부에 부담 주지 마라

참으로 안타깝게도 거품경제의 함정에 빠진 것이 국민의정부였다. 최초의 민주정권이라는 국민의 기대를 안고 출범했으나 국민의정부는 참을성이 부족했고, 장기적 시야를 갖추지 못해서 거품경제의 유혹에 빠지고 말았다. 해방 후 반세기 만에 처음 성립한 민주정부인데, 그 정부의 경제정책은 경제관료들이 주도한 전형적인 거품 제조과정이었다는 사실은 참으로 통탄할 일이다. 왜 그렇게 되었나 하는 것은 앞으로 해명해야 할 숙제다. 김대중-김종필 연합정권이라는 한계 때문이었을지도 모른다. 연합정권 초기에 경제 분야는 김종필의 자민련 몫이었으므로 이런 파행이 일어났을 가능성이 크다.

벤처, 카드, 부동산, 이렇게 큰 세 개의 거품이 동시에 터진 경우는 우리나라에서도 전무후무하거니와 아마 세계 어느 나라에서도 이런 사례는 찾을 수 없으리라고 본다. 길거리 카드 발행 등으로 가계대출이 2002년 한 해 동안 무려 90조 원이나 증가했으나 그다음 해는 140조원 감소하는 등 엄청난 충격이 왔다. 그 밖에 두 개의 거품이 더 있었다는 점을 간과해서는 안 된다. 부동산 가격이 2002년 연 8%를 넘는 속도로 폭등하는 상황에서 2003년 3%로 낮아지기만 해도 그 차액 5%는 부동산 가치로 치면 100조 원이고 이는 국내총생산의 10% 규모다.

이런 큰 규모의 거품이 동시에 꺼지니 참여정부 시기에 경기회복과 고성장은 기대하기 어려웠다. 특히 한국은 자영업 비중이 높은 나라이므로 3대 거품이 꺼지는 과정에서 자영업 쪽의 불황과 고통이 특별히 컸다. 참여정부 초기에 전국의 식당 주인들이 장사가 안되는 데 분개해서 여의도에 모여 솥단지를 던지며 대정부 항의 시위를 벌인 것이 큰 뉴스가 된 적이 있다. 이는 자영업 비대국가에서 거대한 경제거품이 붕괴하는 시기에 필연적으로 나타나는 고통이었다. 어디 식당뿐이랴. 3대 거품 붕괴의 피해자는 주로 중산층, 서민, 자영업자들이었다. 내수 불황은 주로 이들의 소득 감소로 나타났고, 소득 분배가 악화할 수밖에 없었다.

참여정부가 보수적 언론, 학자, 경제관료들의 반대를 무릅쓰고 복지예산을 20%에서 28%로, 전무후무하게 파격적으로 높였음에도 불구하고 분배의 양극화, 빈곤의 확대를 막을 수 없었던 이유도 여기에 있다. 복지지출이 국내총생산에서 차지하는 비중이 역대 정부에서 겨우 3% 수준이었고, 이를 6%로 높인 것이 국민의정부의 업적이었다. 이를 다시 9%로 높인 것이 참여정부였다. 세계적 수준에서는 지극히 미약하지만 한국 기준으로 보면 획기적인 복지 확충이었다. 그런데도 참여정부는 양극화 심화, 빈곤 증가를 막는 데 실패했다는 비난을 감수해야 했다. 그러나 당시 경제가 어려웠던 진정한 원인은 참여정부 경제정책의 실패가 아니고 바로 거품 붕괴였다는 점을 국민이 인식할 필요가 있다. 이 점을 인식하는 것이 대단히 중요하며, 그에 따라 참여정부에 대한 평가도 달라질 수 있다.

참여정부로서는 계속되는 불경기와 부동산 가격 폭등 속에서 곤혹스러운 입장에 있었다. 문제의 근원은 이전 정부에 있지만 그걸 대놓고 이야기하기도 어려웠다. 그래서 경기 후퇴, 부동산 가격 폭등, 양극화 심화, 빈곤 확대 등 온갖 부정적 결과에 대해 여론의 질타를 혼자서 감당할 수밖에 없었다. '무능', 아마추어 정권', '실패', '파탄', '잃어버린 10년' 등 온갖 험담이 난무했다.

참여정부는 '무능하다', '경제 망쳤다'는 비난을 들었고, 나아가서는 '민주세력 경제무능론'으로 이어졌다. 민주화 세력은 민주화에는 기여했지만 막상 정권을 잡고 나니 경제운용에는 무능하다는 비판이다. 이런 비판은 보수언론에서 끊임없이 쏟아져 나왔다. 이어 나오는 논리는 독재 옹호론이었다. 과거 독재정부들이 독재는 했지만 경제운용은 잘했다는 것이다. 이는 전혀 근거 없는 억지에 불과하지만 이 글의 주제가 아니므로 여기서는 논하지 않겠다.

　문제는 참여정부가 불경기, 저성장, 양극화, 빈곤 확대 등의 추세 앞에서 모든 공격에 그대로 노출됐을 뿐 아니라 그 여파로 경제정책뿐 아니라 다른 국정운용도 전반적으로 어려웠다는 점이다. 참여정부가 역점을 두고 추진했던 4대 개혁 입법[8]은 갈지(之)자 걸음을 했다. 경제와 민생이 어려운데 개혁은 무슨 개혁이냐 하는 여론의 질타 속에서 4대 개혁 입법은 힘을 잃고 표류하고 말았다. 열린우리당이 과반수 의석을 가지고도 4대 개혁 입법에 실패함으로써 정권의 허약성이 더욱 주목받았는데, 그 배경에는 이런 민생의 어려움이 자리 잡고 있었다고 봐야 한다. 그렇다면 소위 참여정부의 '실패'(필자는 실패라고 생각하지 않지만)의 상당 부분은 거품경제 붕괴가 본질이라고 해도 과언이 아니다. 이것이 참여정부의 불운이었다.

　그러나 이제 참여정부가 끝난 지도 오래되었고, 앞으로 좋은 정부를 만들어내기 위해서는 우리 국민이 진실을 아는 것이 매우 중요하다. 그래야 다음 정권에서 실수의 재발을 막을 수 있다. 무엇보다 눈앞의 성장률과 경제지표에 일희일비해서는 안 된다. 그게 얼마나 허망한 것인가를 알아야 한다. 경기부양책 자체는 필요에 따라 얼마든지 취해야 한다. 그러나 눈앞의 인기에 연연해서 장차 큰 부작용을 일으킬 인위적 경기부양, 미봉적 부양책을 취하는 일은 어떤 경우에도 자제해야 한다는 뼈아픈 교훈을 가슴에 새겨야 한다.

　참여정부의 경제정책은 대통령의 성격대로 갔다. 욕은 내가 먹어도 좋지만 우리는 다음 정권에 부담을 주지 말자는 게 노무현 대통령의 일관된 생각이

8　과거사 정리, 언론사 지배구조 개선, 국가보안법 폐지, 사학법 개정

었다. 왜 노무현 대통령은 기회 있을 때마다 '인위적 경기부양은 하지 않겠습니다'라고 거듭 다짐했을까? 그 말은 역대 정부처럼 눈앞의 인기에 연연해서 미봉책으로 덮고 지나가지 않겠다는 다짐이었고, 경제관료들에게 거품을 만들어 호도하지 말라는 경고였다. 그런 점에서 노무현 대통령은 우리나라에서 보기 드문 장기주의자였다. 진정한 지도자라면 눈앞의 성과보다는 나라의 먼 장래를 생각해야 하지 않겠는가. 비록 참여정부가 많은 실수, 많은 시행착오를 했지만 그 진정성과 장기주의적 시각에 입각한 경제운용은 언젠가 역사가 평가해줄 것이다. 자, 그럼 참여정부의 4대 경제철학을 하나씩 보기로 하자.

II : 성장과 분배의 조화 **동반성장을 꾀하다**

분배가 잘 돼야 성장도 잘 된다

참여정부는 아래에서 보듯이 개혁과 경제성장을 열심히 추구했지만 그와 동시에 경쟁에서 필연적으로 발생하는 약자, 패배자와 더불어 사는 사회를 만들고자 했다. 경제학에서 성장과 분배는 오래된 문제인데, 이 문제에 대해서는 많은 연구의 축적이 있다. 그런데 우리나라, 특히 언론계의 풍조는 이 문제에 접근할 때 의례 성장이냐 분배냐 식의 양자택일을 강요하는 경향이 있는데 이는 너무 편협하고 고루한 사고방식이다. 우리나라는 1960년대 이후 수십 년간 성장지상주의 경제철학이 뿌리를 깊이 내리고 있고, 소위 '선 성장 후 분배(先 成長 後 分配)'의 사고방식이 우리 사회의 지배적 담론이 되면서 어떤 사람이 분배를 이야기하면 그것은 마치 성장에 반대하는 것으로 간주하는 경향이

있다. 우리의 헌법도 국가의 역할을 '균형 있는 국민경제의 성장 및 안정과 적
정한 소득의 분배를 유지'하는 것으로 규정하고 있음에도, 분배를 이야기하면
곧 좌파, 사회주의인 것처럼 보는 원색적 사고가 횡행하고 있다.

우리나라에서는 분배는 성장에 방해된다고 생각하거나 먼저 성장부터 해
놓고 나중에 분배를 걱정하는 것이 순서라고 생각하는 고정관념이 있는데, 최
근 경제학의 연구결과는 그것과 오히려 반대다. 소득불평등이 경제성장에 미
치는 영향에 대한 최근 연구결과를 보면 불평등이 클수록 성장에는 불리하다
는 결과가 훨씬 많이 나와 있다. 불평등이 심한 나라일수록 재분배 압력이 높
고, 재분배에 자원을 사용하다 보니 성장에 지장을 줄 수 있다는 논리가 있다.
불평등이 심할수록 사회가 불안정해서 투자와 성장을 저해한다는 주장도 있
다. 불평등이 심한 나라일수록 가난한 집 아이들이 교육을 제대로 받지 못하
므로 인적 자본에 대한 투자가 부족하여 경제성장이 떨어진다는 주장도 있다.

과거 한때 경제학에서는 성장과 분배를 상충하는 것으로 설명하기도 했으
나 최근 경제학의 추세는 이런 논리를 완전히 뒤엎고 정반대의 논리가 힘을
얻고 있다. 과거에는 성장우선주의가 강세였고, 분배를 개선하려는 조처는 자
칫하면 성장을 저해한다고 보는 시각이 우세했으나 최근 들어 이 문제를 보
는 관점이 상당히 달라지고 있다. 최근에는 IMF, OECD 같은 가장 보수적인
국제기구에서도 분배가 나쁘면 오히려 성장을 저해하므로 분배 개선에 힘써
야 한다는 보고서를 연이어 내고 있으니 과거 조류에 비하면 상전벽해 같은
느낌을 준다. 분배가 잘 될수록 성장에 도움이 된다는 명제가 점차 시대의 대
세가 되어 가고 있는 것이다.

이렇듯 성장과 분배는 반드시 이분법적으로 사고할 필요가 없으며, 적절한

수단을 통해 얼마든지 동시 달성이 가능하다. 가령, 참여정부가 추진한 10.29 대책과 같은 부동산대책도 집값 안정을 가져와 빈부격차 해소에 도움이 될 뿐 아니라 기업의 경쟁력 강화에도 기여하므로 효율과 형평의 두 마리의 토끼를 동시에 잡는 것이 가능하다.

노사관계 개선돼야 경제가 좋아진다

사회통합에서 또 하나 중요한 것이 노사관계다. 한국의 대립적·전투적 노사관계는 세계에 널리 알려졌다. 이런 노사관계는 하루아침에 형성된 것이 아니고, 그 배경에는 과거 독재 시절 수십 년 동안 축적된 불신과 억압의 전통이 자리 잡고 있다. 그러나 지금과 같은 치열한 국제경쟁 시대에 불신의 노사관계와 높은 임금 인상은 지속가능성이 없다는 것은 누구도 부정하지 않는다. 우리가 지속 가능한 발전을 하려면 불신과 대립의 노사관계 극복이 필수불가결이라는 데 대체로 공감대가 형성돼 있는 것으로 보인다. 참여정부 초기 2004년 2월에 성립한 '일자리 창출을 위한 노사정 대타협'은 바로 그런 노력의 일환이었다. 다만 그 협약은 민주노총이 빠진 미완의 협약에 머물러 실질적 효과는 내지 못하고 선언적 의미에 그치고 말았다는 아쉬움이 있다.

어쨌든 이것은 유럽식의 노사정 사회협약 모델로 가자는 방향이었다. 1982년 네덜란드의 바세나르 협약이나 1987년 이후 아일랜드의 사회협약은 그 뒤 경제성장과 고용에서 괄목할만한 성과를 거두었음은 널리 알려졌다. 노조는 임금인상을 자제하고 경영자는 일자리를 보장해주고, 정부는 사회안전망을 갖추는 것을 주요 내용으로 하는 이런 사회협약이 지금까지 성공한 나라들을 보면 거의 다 사회적 대화의 전통이 있는 유럽의 소국들인데 우리나라와 같은 규모의 나라에서, 더구나 대화를 통해 문제를 푸는 전통이 없는 나라에서 과연 이 모델이 성립할 수 있을지에 대해서 많은 사람이 의문을 제기한다.

그러나 만일 우리가 노력해서 한국에 이런 모델이 성립한다면 그 잠재적 효과는 대단히 클 것이라고 말해도 좋다. 혹자는 우리나라에서는 아직 이런 방식이 시기상조라고 한다. 그러나 이는 지나친 자기비하로 보인다. 과거 유럽에서도 치열한 전투적 노사관계가 오랫동안 자리 잡고 있었으나 1920~30년대에 오스트리아, 스웨덴 등에서 노사대타협에 성공하여 일거에 산업평화가 자리 잡으며, 노사분규 건수가 세계 최저 수준으로 떨어지는 기적 같은 일이 일어난 적이 있는데, 우리나라의 현재 노사 수준이 이들 나라의 90년 전 수준에도 미달한다고 보는 것은 우리 능력을 지나치게 과소평가하는 것이 아닐까?

네덜란드의 노사 대표는 사흘이 멀다 하고 만나 머리를 맞대고 각종 사항을 의논한다. 경총 회장이 취임할 때 노총 위원장이 와서 축사를 해주는 나라이기도 하다. 우리도 이제 노조는 임금인상을 자제하는 대신 경영진은 투명경영과 제한된 범위 내에서의 노동자의 참여를 보장하는 노사 간 사회적 협약을 진지하게 모색할 때다. 더구나 50% 가까운 비정규직 문제를 생각할 때 과도한 임금인상은 자제되어야 하고, 사회적 대타협이 긴요하다고 하지 않을 수 없다.

그런데 사회적 대타협에서 걸림돌이 경영 참여 문제다. 우리나라에서는 경영 참여라고 하면 곧 경영권 침해라고 하여 펄쩍 뛰는 기업가가 적지 않으나 이는 너무 근시안적 사고방식이다. 유럽 각국은 활발한 경영 참여가 보장되어 있으며, 그것을 통해 생산성 향상, 기업 성과 제고, 노동자의 사기 진작 등 긍정적 효과가 크다. 네덜란드의 노동자평의회(works councils)는 우리나라의 노사협의회와 비슷한 조직인데, 미국에는 없는 까닭에 네덜란드에 투자하려는 미국 기업가들이 일단 의구심을 가진다고 한다. 이때 이들을 앞장서서 설득하고 안심시키는 사람들은 바로 네덜란드에 투자해서 노동자평의회를 경험해본 미국 기업가들이라고 한다. 경영 참여라는 측면에서는 유럽보다 보수적인 미국에서조차 최우량기업에서는 각종 형태의 노동자 참여가 활발히 일어나고 있고, 그것을 통해 기업성장에 긍정적 효과가 나타나고 있다. 미국 기업가 중에는 경영참여를 지지하는 기업가들이 많다.

우리나라에도 이미 '근로자 참여 및 협력에 관한 법률'[9]이 제정되어 있고, 30인 이상 기업에 노사협의회가 구성되어 운영 중이다. 문제는 그 운영이 형식적이고 실질적 효과가 별로 없다는 점인데, 앞으로 개선이 요구된다. 필자는 2003년 7월 한국경제도 네덜란드처럼 노사정 간의 사회적 대타협이 필요하고, 그를 위해서는 '제한된' 경영 참여 도입을 고려해야 한다고 주장했다가 한 달 동안 보수언론의 집중포화를 받았다.

경영 참여 문제와 더불어 자본참여도 중요하다. 노동자들이 자기 회사의 주식을 가질 때 회사의 소속감이 높아지고, 사기 진작, 생산성 향상, 기업가치 상승 등 여러 가지 긍정적 효과가 있다는 것이 각종 실증 연구를 통해 밝혀지고 있다. 또한 이 제도를 가장 적극적으로 받아들인 미국의 경우 10만 개 이상의 기업, 10% 정도의 노동자들이 이 제도에 참가하고 있으면서 아주 훌륭한 성과를 거두고 있다. 그런데도 국내에서는 우리사주제도에 대한 인식이 노사 간에 함께 부족하고 심지어는 이 제도를 급진적인 것으로 치부하여 도외

---

9 줄여서 '근참법'으로 불린다.

시하는 시각이 여전히 남아 있으니 세계의 흐름을 외면한 우물 안 개구리라는 비판을 면키 어렵다.

산업현장을 들여다보면, 노사관계가 생산성 향상에 얼마나 중요한지, 예컨대 노사 간 불신과 첨예한 갈등이 생산성의 향상이나 기술혁신을 얼마나 심각하게 저해하는지 체감할 수 있다. 현실에서 노동자가 신기술에 적응하는 것은 상당한 노력을 요구하는 일이기도 하고, 또 신기술을 받아들이거나 배치전환 등에 응하게 되면 고용불안이 더 커지지 않을까 하는 의구심 때문에 노동자가 변화에 잘 응하지 않거나 심지어 저항하는 경우도 드물지 않게 나타난다. 이러한 혁신지체 현상은 노사 간 불신이 심할수록 두드러지게 나타난다. 신기술의 도입이 장기적으로 구조조정으로 이어질 것이라는 판단이 들면 노동자들은 수용을 거부하고 저항하는 것이 당연하다. 결국 기술 혁신이 기업에서 실제 성과로 나타나기 위해서는 노동자의 자발적 수용과 적극적 노력이 필요하며, 이는 협력적 노사관계에서만 가능하다. 노사 간 우호적인 분위기는 산업현장에서 결정적으로 중요하다는 점을 잊어서는 안 된다.

노사문제에서는 소위 '낮은 길(low road)'과 '높은 길(high road)'이 있다. 전자는 저임금, 저생산성, 낮은 교육/훈련, 낮은 참여, 강한 기율, 법과 원칙, 억압적 노사관계를 특징으로 하면서 서로 꼬리를 물고 악순환 하는 반면 '높은 길'은 그 반대의 길이다. 우리나라에서는 지금까지 '낮은 길'밖에는 길이 없는 줄 알고 그 밖의 세상에 대해서는 상상조차 해보지 않은 사람들이 많다. 지식정보화, 세계화의 시대로 갈수록 노사관계는 더 유연해져야 하며, '높은 길'이 우월한 경로라는 것이 선진국에서 점차 확인되고 있다. 노사 간에 진정한 통합과 상생의 길이 멀지 않은 곳에 있는데, 우리는 그것을 너무 모르고 있고,

격렬하게 배척하고 있다.

신뢰 놓치면 경제발전 없다

사회통합을 이야기하면서 빠뜨릴 수 없는 문제가 하나 있으니 소위 집단이 기주의의 문제다. 지구상에 사회갈등이 없는 나라는 없지만 한국만큼 사회갈등이 일상화하고, 곳곳에 집단이기주의가 나타나는 나라도 드물 것이다. 나라의 상태가 이 지경에 이른 배경은 오랫동안 역대 정부가 국민에게 믿음을 주지 못했기 때문이다. 아니 눈앞의 편익을 위해 국민을 속이고, 억압한 사례가 비일비재하다. 오랜 불신이 누적되어 국민은 정부가 하는 말은 콩으로 메주를 쑨다 해도 못 믿겠다는 것이고, 따라서 내 몫을 챙기기 위해 끝까지 극한투쟁을 불사하는 사례가 빈발한다. 이런 나라는 도저히 경제발전을 기대할 수 없다.

경제학자 올슨(Mancur Olson)은 그의 명저 『세계 각국의 흥망성쇠(1984)』에서 이익집단이 어느 정도 할거하느냐가 결국 각국의 흥망을 결정하는 결정적 요인이라고 해석하였다. 그는 자기 가설의 증거로 미국, 영국, 독일, 일본의 예와 더불어 한국, 대만도 포함하고 있다. 이 문제의 해결책은 결국 정부가 원칙을 지키고 약속을 지키는 것뿐이다. 공자는 나라를 다스리는 요체는 군대(兵), 민생(食), 신뢰(信)라고 하였다. 그중 하나를 버린다면 무엇이냐고 물으니 군대(兵)를 버리라고 하였고, 또 하나 버리면 무엇이냐고 물으니 민생(食)을 버리라 하였다. 즉, 국가경영에서 가장 중요한 것을 공자는 신뢰(信)라고 보았다.

그로부터 2천 년 뒤 오늘날 학계에서는 신뢰를 '사회적 자본'이라 부른다.

미국의 정치학자 프랜시스 후쿠야마는 한국을 '저신뢰 사회'로 본다.[10] 아마 우리가 저신뢰 사회가 된 배경은 오랜 식민지와 독재일 것이다. 위정자들이 도덕적 정당성이 없고, 목표를 위해서는 수단과 방법을 가리지 않으니 자연히 국민도 그런 태도가 몸에 배어 있다. 그러니 우리의 사회적 자본은 바닥 수준이다. 우리의 경제발전 수준과 비교하면 사회적 자본은 크게 부족하다.

우리가 경제발전을 하려면 파괴된 우리의 사회적 자본을 복원하는 작업이 긴요하다. 그리하여 대화와 토론을 통해 문제를 해결하고, 그런 과정을 거쳐 합의된 결정에 사회 구성원들이 깨끗이 승복할 때 비로소 우리의 경쟁력도 한 단계 높아질 수 있을 것이다. 참여정부에서는 지속가능발전위원회가 사회적 배심원 역할을 맡아서 숱한 사회갈등을 해결해나갈 준비를 하고 있었다. 이런 식으로 사회갈등을 드러내고 정면으로 해결을 모색하는 것은 과거 정부에서 볼 수 없던 전혀 새로운 접근방법이었다. 비록 가시적 성과를 내지는 못했으나 한탄강 개발을 둘러싸고 지속가능발전위원회가 사회 배심원 모델을 시험했던 것은 다음 기회에 언젠가 재시도할만한 좋은 선례가 될 것이다.

우리나라에서 매년 사회갈등이 낳는 사회적 비용은 엄청난 규모일 것이다. 이는 과거 개발독재 시절의 성장 위주 노선이 낳은 심각한 부작용이다. 우리가 높은 성장률을 무조건 좋아할 수 없는 또 하나의 이유가 여기에 있다. 말하자면 독재정권이 눈앞의 성장에만 급급하여 사회자본이란 소중한 장기적 자산을 파괴해놓은 부작용은 크고도 오래간다. 따라서 이런 성장은 사회적 산술로 본다면 결코 잘한 일이라고 평가할 수 없다. 우리가 지금부터라도 정성을 기울여 각종 사회갈등에 원칙과 신뢰로써 접근하여 국민 마음속 불신과

10 Fukuyama, 1996

집단이기주의를 걷어낸다면 그 자체 살기 좋은 사회, 신뢰사회를 만들 뿐 아니라 각종 사회갈등에 수반하는 높은 사회적 비용을 줄여 국가경쟁력을 높이는 결과가 될 것이다.

III : 개혁과 개방을 동시에 추진하다

국가혁신체계(NIS)와 혁신형 중소기업

우리나라의 기술혁신 과정을 보면 과거에는 대기업이 선진 외국의 원천기술과 핵심부품·소재를 도입하고 이를 모방·개량하는 방식의 혁신과정이 일반적이었다. 이를 바탕으로 반도체·조선 등에서 급속히 선진국을 추격하여 세계적 경쟁력을 갖출 수 있었지만, 반대로 혁신역량을 갖춘 기업의 저변은 극도로 엷어졌다. 특히 고갈되고 있는 중소기업의 혁신능력을 다시 복원하지 않는다면, 한국 경제의 지속 가능한 발전은 위협받을 수밖에 없다. 몇몇 대기업만으로 세계 경제 환경, 산업구조 등의 급격한 변화에 신속하고 유연하게 대응하는 데는 한계가 있다. 그뿐만 아니라 산업간, 국가 간 경쟁이 격화되는 가운데 개별 기업을 넘어서 혁신을 체계적으로 촉진할 시스템의 필요성은 더욱 커졌다. 참여정부의 구상은 바로 혁신형 중소기업의 육성을 통해 소수 대기업 이외에는 찾기 어려웠던 새로운 혁신주체의 저변을 확대하고, 국가혁신체계(NIS)[11] 라는 국가 차원의 혁신시스템을 구축하는 것이었다. 국가기술혁신체계와 혁신형 중소기업은 중장기 성장동력을 확충하고 혁신주도형 경제

---

11   National Innovation System

를 실현할 양대 축으로 간주하였다.

현재 한국의 중소기업은 여러모로 심각한 어려움을 겪고 있다. 금융기관이 중소기업에 대해 가진 정보가 부족하다 보니 은행의 담보대출 관행은 여전하고, 양호한 중소기업까지 자금조달에 어려움을 겪고 있다. 대기업과 중소기업 간에 임금 격차가 확대되고 열악한 근무환경이 개선될 기미가 보이지 않으니 우수한 기술인력이 중소기업에서 발길을 돌린다. 자체 인력을 체계적으로 교육·훈련시키는 것도 가뜩이나 어려운데, 중소기업이 애써 훈련해 놓은 우수인력을 대기업이 빼가는 문제까지 나타나고 있다.

그뿐만 아니라 낮은 수익성과 금융기관의 대출 기피로 중소기업은 만성적 자금 부족 상태에 빠져 있으므로 기술혁신 투자는 크나큰 모험일 수밖에 없다. 케네디 시절 인도 대사를 지낸 미국 경제학자 갤브레이쓰(John K. Galbraith)는 인도의 농업 문제를 분석하면서 소농들이 기술혁신을 피하는 이유는 그들의 소득수준이 너무나 낮아 겨우 생존수준에 머물고 있는데, 기술혁신은 잘 되면 좋지만 혹시 실패하면 생존이 위협받으므로 기술혁신을 포기하고 오랫동안 익숙한 안전한 길을 간다고 보았다. 이는 주어진 환경 속에서의 '제한된 합리성(bounded rationality)'을 보여주는 하나의 예다. 우리나라의 중소기업이 기술혁신에 소극적인 이유도 이런 논리로 설명할 수 있으리라 본다.

이럴 때야말로 정부의 정책이 필요하다. 정부의 지원정책을 통해 중소기업의 기술혁신 잠재력을 일깨울 필요가 있다. 또한 중소기업은 대기업 하청 계열화 상태에 오랜 기간 놓여 있었기 때문에 각종 불공정 거래에도 시달리고 있는데, 예컨대 대기업의 임금 인상이나 중소기업의 혁신에 따른 비용절감이 있게 되면 납품가는 삭감당하기 일쑤다. 중소기업의 기술혁신 성과가 중

경국제민의 길

소기업에 돌아가지 않고 곧바로 납품단가 인하로 대기업으로 이전되니 중소기업으로서는 힘들여 기술혁신을 할 인센티브가 없다. 게다가 수많은 중소기업 사이의 과당경쟁으로 인해 '규모의 경제' 실현이 어렵고 수익성도 열악하다 보니 첩첩산중이다.

실제로 지금까지 우리의 중소기업 지원 정책은 실로 다종다양하였다. 중소기업 정책의 숫자에서는 한국이 세계에서 둘째가라면 서러워할 것이란 이야기가 있다. 그러나 많은 중소기업 정책이 중소기업의 경쟁역량 키우는 것과는 거리가 멀다는 것도 사실이다. 중소기업 지원의 목적이나 주체, 정책 대상 등이 명확하지 않거나 잘못 설정된 경우도 있고, 이로 인해 지원의 효율성과 책임성을 높이는 데 한계가 있다. 중소기업정책은 경제정책, 산업정책, 사회정책, 균형발전정책의 성격을 모두 가지므로 지원의 목적과 철학부터 분명히 해야 한다.

지금까지 우리나라 기업은 대기업조차 기술 개발 시 체계적인 협력, 지원 없이 단독개발에 의존하는 등 선진적이지 못한 혁신시스템을 갖고 있었다. 신제품이나 신공정을 개발하는 것은 상당 부분 개별 기업의 노력 여하에 달려 있었고, 그나마 기술혁신을 위한 지원도 직접 수요자인 기업보다는 기술의 공급자인 대학 위주였던 것이 사실이다. 금융시스템이나 노사관계, 기술인력 양성이나 교육·훈련 시스템 등 제반 환경 역시 혁신을 촉진하는 데는 미흡하였다. 이제 개별 혁신주체가 새로운 지식과 성과를 창출하고, 이를 산업화하며, 지식과 정보의 공유·확산을 촉진하는 체계적인 지원이 절실히 필요하다. 이를 위해 기술혁신 활동을 수행·촉진·평가하는 공공 및 민간의 네트워크와 제도적 환경을 구축할 필요가 있는데, 이것이 바로 참여정부가 목표로

48

했던 국가혁신체제(NIS)다.

혁신주도형 경제는 지금까지 혁신을 저해해 왔던 노사, 금융, 교육 등 각종 제도영역의 왜곡을 바로잡는 데서 시작해야 한다. 자유롭고 공정한 경쟁이 보장되는 환경 속에서 연구인력, 대-중소기업, 대학, 금융기관, 정부 등 다양한 경제주체들이 기술혁신과 생산성 향상에 매진하는 데서 비로소 혁신주도형 경제가 가능해진다. 혁신은 불확실성의 돌파를 위한 모험을 감행하는 행위다. 정부는 혁신 의욕이 꺾이지 않도록 적절히 위험과 비용을 분담하면서도 자발적으로 혁신하려는 의욕을 북돋울 수 있도록 경쟁과 시장의 원리를 강화해야 하는, 어찌 보면 서로 모순되는 과제를 안고 있다. 따라서 개별 경제주체가 위험 분담을 위해 서로 협조하도록 유도하는 비시장적 해법과 금융시스템 등 시장기구를 적절히 활용하는 2중의 해법이 요구되며, 이런 점이 과거 국가가 모든 것을 책임졌던 지원 관행과는 근본적으로 다른 점이다.

무엇보다도 중소기업이 지금까지와 같은 대기업과의 일방적·종속적 관계에서 벗어나 수평적 협력관계를 강화할 수 있도록 정부는 다각적인 대책을 강구해야 한다. 특히 지역별·업종별로 일종의 협의체를 만들어 대기업과 중소기업, 노사 간에 상생을 유도하는 방안을 고려해볼 수 있다. 대기업과 중소기업이 계열관계로 협력하는 데서 오는 다양한 형태의 이점을 적절히 공유한다면, 자금조달이나 우수인력 확보, 교육·훈련, 기술투자 등에서 중소기업이 겪고 있는 많은 어려움을 해결할 수도 있다. 이미 산업클러스터가 형성되어 있는 지역혁신체계와 잘 연계할 때 상당한 시너지 효과를 기대할 수도 있다.

한편 기업이나 연구인력이 혁신하고자 하는 의욕을 불러일으킬 수 있도록 지원과 보상, 평가체제를 효과적으로 연계할 필요가 있다. 특히 평가를 공정하게 해야 연구주체 간에 경쟁을 촉진할 수 있다. 여기서 충실한 평가와 감독·피드백 과정이 대단히 중요하다. 한 발 더 나아간다면, 괜찮은 기업들을 잘 선별해서 자금을 융통하고 감시·감독하는 일을 점차 은행이나 벤처캐피탈 같은 금융시스템의 몫으로 돌리는 방안을 모색할 필요가 있다. 금융기관을 경유해 지원하는 방식으로 관련자의 정신적 해이를 방지하고 자금 융통의 효율성과 책임성을 확보할 수 있기 때문이다. 이는 중소기업 지원 시에도 마찬가지다.

마지막으로 산(産)·학(學)·연(研)·관(官) 등 혁신주체 간 유기적인 연계와 협조 체제를 강화하되, 지금까지의 실패를 거울삼아 기술 수요자 즉 산업의 입장과 요청이 잘 반영될 수 있도록 해야 한다. 특히 대학이 산업현장의 수요를 교육과정에 반영하고 산업부문과 인적 교류를 활성화하는 등 산학협력에 적극적으로 부응할 방안을 마련할 필요가 있다.

우리 경제는 오랫동안 양적 팽창 추구가 시장에서 더 많은 보상을 받아왔다. 기술·연구 인력에 대한 대우는 충분치 않았고, 이것이 고급인력 부족으로 이어졌다. 물론 이를 개선하기 위한 여러 가지 단기대책이 필요하겠지만, 장기적으로는 혁신을 추구하는 기업 또는 주체가 시장에서 응분의 보상을 받을 수 있는 보상체계를 만들어줌으로써 자발적으로 이공계 인력 확대가 뒤따르게 하는 것이 좋다. 혹시라도 이른바 눈먼 돈이 이공계 지원 명목으로 성과도 없이 낭비되는 일이 없도록 주의해야 한다.

한 가지 중요한 것은 지역혁신체계와 국가혁신체계의 관계다. 양자는 씨줄과 날줄로 얽힌 관계에 있다. 국가혁신체계를 기본으로 하되, 각 지역에서는 지역별 특성에 맞게 이를 받아들이게 되는데, 그것이 바로 지역혁신체계다. 산업유형이라든지 노사관계, 지역 문화 등 상이한 지역적 특성을 반영한 지역혁신체계를 만들 필요가 있고, 이들 지역혁신체계는 국가혁신체계와 유기적으로 결합해서 효과를 발휘할 수 있어야 한다.

미완으로 끝난 참여정부 교육혁신

교육환경과 제도를 잘 갖추는 것이 혁신주도형 경제를 달성하는 데 얼마나 중요한지는 새삼 강조할 필요가 없을 것이다. 결국 기초가 되는 것은 인적 자원의 질인데, 이를 체계적으로 높이는 것이 교육이기 때문이다. 미국의 경제학자이자 클린턴 행정부에서 노동부 장관을 지낸 로버트 라이히(Robert Reich)는 각국의 부는 각국이 어느 정도 고급인력을 양성해내느냐의 경쟁에 달려 있다고 분석하였다.[12] 기업은 국적을 따지지 않고, 가장 창의적이고, 분석적인 고급인력이 풍부한 나라로 모여들게 되어 있으므로 그런 인력을 공급해내는 것이 국가 발전의 관건이 된다는 것이다.

그런 관점에서 본다면 지금껏 한국의 공교육은 그 역할을 제대로 해내지 못했다고 해도 과언이 아니다. 중고등학교는 학생의 상급학교 진학을 위한 입시기관 노릇을 한 지 오래고, 이제는 초등학교, 유치원조차 그 대열에 본격적으로 들어섰다고 할 수 있다. 학생의 창의력이나 개성, 자질 운운하는 얘기는 교과서에서나 볼 수 있을 뿐이다. 오죽하면 진짜 수업은 학원에서 듣고, 학교에서는 잠자는 광경이 벌어질까. 게다가 지역간 교육여건의 격차가 수도권 집중을 부추기고 지역 불균형을 심화시켜왔음도 교육에서 파생되는 하나의 부작용이다. 아무리 괜찮은 직장이 지방에 있어도 아이 교육문제 때문에 취직을 꺼리고, 여의치 않다면 주말 가족도 불사하는 형편이다. 여건이 괜찮은 지

---

12 Reich, 1991.

방으로 공장을 이전시키고 싶어도 사원의 자녀 교육 문제가 결정적인 걸림돌이 되는 경우가 많다.

참여정부는 기술혁신이 국가경쟁력의 핵심이 된 오늘날 교육기관의 역할이 21세기형 인재 육성에 있음을 분명히 하고 이를 위해 교육제도를 개편하는 작업에 나섰다. 이를 위한 종합적 구상은 2004년 8월에 발표된 '대입제도 개선방안'에 드러나 있다. 이 방안은 지금껏 문제로 지적됐던 대학수학능력시험제도를 개선하여 성적을 9등급으로만 나누어 대입전형에서 더 간략한 형태로 제공하는 대신 학교생활기록부 반영 비중을 확대하고, 학생선발 방식을 특성화·전문화된 다양한 방식으로 대학 자율로 선택할 수 있도록 하는 것을 골자로 하고 있었다.

이런 방안이 시행되면 각 대학은 입시에서 학교 교육의 과정과 결과를 중시하게 되고, 1~2점 더 맞힌 학생을 선발하는 경쟁에서 탈피하여 더 나은 교육여건과 서비스를 제공하기 위해 경쟁하게 될 것으로 기대됐다. 이렇게 되면 대입 합격선 기준으로 대학을 서열화하고, 그에 따라 대졸 취업예정자를 평가하던 기존 관행도 완화될 것으로 기대된다. 중등교육기관 역시 수능성적 올리기 경쟁에서 벗어나 학생들을 제대로 교육할 수 있는 여건을 확보하게 될 것이다. 사실 수능 점수 하나로 학생과 고등학교, 대학교 모두의 서열이 일렬로 매겨지고 그에 따라 개인의 장래가 결정되는 한국의 교육제도는 지극히 비정상적이다. 오직 점수로 사람을 평가하는 사회는 겉으로는 매우 객관적이고 공정한 듯하지만 사실 전혀 불공정한 사회다. 왜냐하면, 점수로 드러나지 않는 개인의 다양한 특성이 무시되기 때문이다.

한 사람이 살아가면서 학교에 머무는 기간은 대학교를 포함한다면 무려 16

년이다. 이 기간에 교육이 상급학교 진학, 혹은 취직을 위한 점수 높이기 교육으로 파행을 거듭하는 일은 이제 멈춰야 한다. 지금 대학은 수능 혹은 내신 성적에서 '최고'학생을 뽑는 데 전력투구하는 반면 정작 뽑고 난 뒤에는 제대로 가르치지 않고 범용한 인간을 배출하고 있다는 비판을 받아도 할 말이 없을 것이다. 앞으로 대학은 각자의 기준으로 '적당한'학생을 뽑아서 '최고'인재로 길러내는 본연의 역할로 돌아와야 한다. 중고등학교 때 공부 열심히 해서 수능 점수 잘 받는 것으로 인생을 결정짓겠다는 생각도 이제 사라져야 한다.

우리의 일류 기업들은 일렬로 순서가 매겨진 시험점수 없이도 회사에 필요한 인재를 다양한 방식으로 뽑고, 최상의 교육·훈련을 통해 최고의 산업역군을 길러내 왔다. 고등학교, 대학교도 얼마든지 비슷하게 할 수 있다. 가상적으로 모든 기업이 영어점수로만 신입사원을 뽑는다고 가정하면, 대학교육이 어떻게 황폐해질 것인지 자명하지 않은가. 이와 유사한 일이 지금껏 중고등학교에서 지속하였다고 생각하면 얼마나 답답한 일인가.

일부에서는 새로운 입시제도는 소위 강남지역 학생들에 대한 역차별이라고 주장하기도 하고, 수능고사를 등급화함으로써 시험의 변별력을 떨어뜨린 것은 큰 실수라고 비판한다. 수능 등급화를 하면 물론 변별력을 떨어뜨리는 것이 사실인데, 그 대신 학생생활기록부의 변별력을 높여 고교생활을 정상화한다는 것이 목적이었다는 점을 이해할 필요가 있다. 문제는 학생생활기록부의 변별력을 높이는 개혁이 교육부 관료들의 완강한 반대로 무산되고, 결과적으로 수능 등급화만 남았다는 사실이다. 이것은 반쪽짜리 개혁이요, 그 자체만 놓고 보면 아니함만 못한 개혁이 되어버렸다고 말해도 좋다. 완전한 개혁은 참으로 하기 어렵다.

또 어떤 사람들은 사실상의 대학별 본고사나 학교별 학력차를 반영하기 위한 고교등급제의 필요성을 역설하기도 한다. 이 틈에 3불 정책 폐지론이 수시로 고개를 든다. 그러나 평준화 정책이 학교 간 학력차를 낳았다는 증거는 찾기 어렵다. 평준화 지역일수록 오히려 학력차가 낮다는 연구결과를 보면 진실은 '평준화 정책에도 불구하고' 학력차가 크게 줄지 않았다는 데 가깝다. 한국의 고등학생들이 국제학력고사(PISA)에서 매년 최우등의 성적을 올리고 있을 뿐 아니라 학생들 사이의 성적 편차도 다른 나라에 비해 낮다는 사실은 한국의 평준화 정책이 성공적이라는 사실을 증명한다. 즉 보수 쪽에서는 한국의 3불 정책이 하향평준화를 가져왔다고 비판하는데, 국제비교 결과를 보면 그 반대다. 오히려 한국 학생들만큼 상향평준화된 나라가 없다. 평준화 정책에 대해 반대하는 시장만능주의자들은 끊임없이 교육에서도 경쟁이 필요하다고 하면서 3불 정책에 시비를 걸고 있는데, 이는 근거 없는 주장일 뿐이다.

한국 교육의 고질병이 평준화 제도 때문인가, 아니면 학교가 진학을 위한 점수 높이기 교육에 골몰하기 때문인가? 수능 점수 하나로 모든 것을 평가받는 교육제도를 그냥 놔둔 채 평준화 제도만 해체하면, 우수 학생들만 모아 공부시킬 수 있으니 교육의 질이 획기적으로 높아질 것으로 생각하는데, 그럴 것 같지 않다. 현재의 문제 많은 제도에서도 한국 학생들은 다른 나라에 비해 충분히 높은 평균성적과 낮은 편차를 보인다. 또한 우리는 안타깝게도 특수목적고가 어떻게 대학입시학원으로 전락해 왔는지도 잘 알고 있다. 외국 유학을 나간 한국의 우수 학생들이 첫 1~2년은 매우 우수한 학업능력을 보이지만, 갈수록 평범한 학생이 되어가는 경우가 많다고 하는데, 이것이야말로 한국의 주입식·암기식 교육의 한계를 잘 보여준다고 할 수 있다.

교육역량은 진학률이나 우수학생 선발이 아니라 창의적인 인재 양성에 집중해야 한다. 장차 점수 위주의 입시를 지양하고 더 폭넓은 방식으로 학생의 잠재력을 평가하는 입시제도로 바꾸는 것이 대단히 중요하다. 이것은 교육에서 일어나는 수많은 비효율과 낭비를 줄일 뿐 아니라 지방 학생들과 가난한 학생들에게 더 많은 기회를 준다는 점에서 교육 불평등, 지역 불균형을 해소할 수 있는 유력한 방안이기도 하다. 창의적 인재양성이야말로 교육제도가 혁신주도형 경제의 건설에 이바지하는 길임은 두말할 필요가 없다. 미완으로 끝난 참여정부의 교육개혁을 먼 훗날의 진보정권이 계승하여 제대로 된 개혁을 완수해야 할 것이다.

기득권 저항에 막힌 참여정부 특권 철폐와 부패추방

참여정부 첫해인 2003년 10월 7일 국제투명성기구(TI)[13]가 그해 국가별 부패지수(CPI)[14]를 발표했다. 한국은 10점 만점 기준으로 4.3점을 차지해 조사대상 133개국 중 겨우 50위에 머물렀다. 조사대상국 수가 31개국이나 늘어 순위가 하락한 탓이 있기는 하나, OECD 가입 30개국 가운데 24위를 차지한 것을 보면 투명도를 높이고 부패를 줄이기 위해 한국이 가야 할 길은 멀다고 하지 않을 수 없다. 참여정부는 사회 각 영역에 단단히 뿌리내리고 있는 각종 특권과 만연한 부패를 청산해야 할 과제를 안고 있었다.

특권과 부패가 경제에 끼치는 부정적인 영향에 대해서는 많은 연구가 나와 있는데, Tanzi(1998)의 정리에 따르면 부패는 일반적으로 조세수입을 줄이

---

13 Transparency International
14 Corruption Perceptions Index

는 한편, 공공지출을 늘리는 경향이 있어 재정적자를 키우고, 높은 지위에 있는 사람이 음성적인 소득을 더 많이 획득하게 되므로 소득 불평등을 증가시킨다. 정부가 필요한 규제를 하지 못하거나 불필요한 규제를 하기도 하고, 자의적인 조세처럼 작용하기도 한다. 투자나 교육지출 등을 줄여 경제성장률을 낮추는 부작용도 있다. 그뿐만 아니라 민주주의와 시장경제 확립을 지연시키는 등 갖가지 폐단이 심각하다.

이처럼 갖가지 해악을 낳는 부패를 청산하기 위해서는 무엇보다 부패의 뿌리가 무엇인지를 밝혀야 한다. 연고주의 같은 한국 특유의 문화를 지적할 수 있을 것이고, 행정조직 내부의 통제체계나 금융실명제 같은 제도적 장치의 부실도 부패를 부추기는 중요한 요인일 것이다. 의욕을 갖고 부패척결에 나설 조직주체도 제대로 마련되어 있지 않다. 그러나 무엇보다도 민주주의를 억압한 채 성장만을 최우선으로 추구하였던 과거 독재 시절의 고도성장 과정 자체에서 특권과 부패의 기원을 찾을 수 있다.

1970~80년대를 거쳐 한국은 정부와 재벌, 금융의 밀접한 연계를 가장 중요한 특징으로 하는 발전국가(Developmental State) 체제를 통해 공업화를 추구하였다. 부족한 자본을 국가가 동원하되, 이를 소수의 재벌에 집중적으로 지원함으로써 고저축-고투자-고성장의 선순환을 유지할 수 있었다. 수출 지향적 공업화를 기반으로 세계적으로 유례없는 고도성장을 구가할 수 있었던 것은 바로 그러한 체제를 근간으로 한 것이었다.

그러나 그 과정은 동시에 특권적 소수에 의한 정치,경제,사회적 지배를 용인하는 과정이기도 했다. 금융기관으로 집중된 막대한 자금이 시장기제를 무시한 채 자의적으로 배분되었다. 특혜와 유착, 독점적 이익이 발생하기 쉬운

구조였다. 정부는 각종 규제를 통해 소수 재벌의 성장을 전폭적으로 지원하기도 했다. 그 결과 몇몇 대기업의 급속한 성장이 가능했던 반면 공정한 경쟁이나 기회의 균등, 그리고 책임성 강화 등은 실현될 수 없었다. 정경유착과 불법정치자금은 그러한 상황에서 살아남기 위해 불가피하게 지불해야 했던 비용이면서 동시에 일이 성사되도록 만드는 급행료 지불이기도 했다. 게다가 권력 집중과 취약한 민주주의 기반으로 인해 사회 각 분야에서 견제와 균형의 원리를 통한 통제가 작동할 수 없었다.

한국의 고질적이고 총체적인 부패구조는 결국 개발시대 압축적인 고도성장 과정의 필연적 부산물이었다. 이제 더는 발전국가형 성장은 적절하지도 않고, 가능하지도 않다. 그 '필연적 부산물'인 부패 역시 극복해야 할 시점이다. 참여정부는 이런 인식 속에서 참여민주주의 확대와 효율과 책임의 시장원리 구현을 통해 특권과 부패가 자리 잡을 수 없는 투명하고 공정한 사회경제구조를 구축하고자 노력했다.

물론 과거 어느 정부도 부패척결을 강조하지 않은 정부가 없었다. 부패 척결은 역대 대통령 취임사에 의례 포함되는 단골 구호였다. 5.16쿠데타 직후 발표한 공약도 "반공을 국시(國是)의 제일의로 삼고… 모든 부패와 구악을 일소하고…"로 되어 있었다. 그러나 어느 정부도 결코 목표를 이루지 못하였다. 사실 많은 경우 그럴 의지가 있었는지조차 의심스럽다. 문민정부 이전까지 '부패추방'은 정권의 취약한 정통성을 만회하기 위한 사실상의 정치적 구호에 불과했다. 부패척결 작업이 부패사건 관련자 몇 사람을 처벌하는 일회성 사정작업에 그치거나 정부 말기에 가서 대형 권력형 비리로 자신의 도덕적 정당성에 커다란 상처를 입은 채 사그라지고 만 경우도 많았다. 무엇보다 구조적,

체계적 관점에서 부패 문제에 대응하려는 노력이 크게 부족했다.

그러나 참여정부는 부패청산, 독점해소에 구조적이고 체계적으로 대응하고자 노력했다. 부패와 관련된 모든 요소를 고려하는 '전체적 접근(holistic approach)'을 통해 '국가적 반부패 시스템(National Integrity Systems)'을 구축해야 한다는 국제투명성기구의 제안과도 상통하는 것이었다. 노 대통령 자신이 직접 4대 중점과제 중 하나로 언급한 바 있지만, 도대체 부패를 청산하고 특권을 해체하지 않고서 실현 가능한 참여정부의 장기과제란 찾아보기 어려웠다. 독점과 유착을 해소하지 않고 '자유롭고 공정한 시장'을 건설할 수 없고, 교육계에 만연한 특권과 부패를 청산하지 않고서는 우리 아이들을 망국적 입시지옥에서 해방할 수 없다. 참여정부는 균형발전을 위해 막대한 예산을 배정했는데, 그것이 만일 지역의 일부 토착특권층의 배를 불리는 데만 사용된다면, 지방화라는 참여정부 과제는 실패할 수밖에 없을 것이다.

특권철폐나 부패청산은 단순히 사회의 부정과 불공정을 바로잡는 작업에 머무르지 않는다. 특권과 부패가 존재하는 한 구성원 모두가 비정상적 방법으로 이를 추구할 것이고 혁신은 저해될 수밖에 없다. 이공계를 나와 봐야 기술인력으로 사회에 기여한 만큼 대접받지 못한다는 생각이 국민 사이에 널리 퍼졌다면, 그리고 법조계 같은 특정 계통에서는 각종 특권적, 경쟁 제한적 이익을 누릴 가능성이 여전히 클 것이라는 기대가 가능하다면 학생들이 각자의 미래를 위해 어떤 선택을 할지 자명하다. 속칭 '고시낭인'이 넘치고, 출세를 위해서 자신의 경쟁력을 키우기보다 '줄을 잘 대는' 일이 더 중요한 한 경쟁력의 원천인 인적 자본 축적은 요원할 것이다.

특히 정부부문에서 독점적 이익이나 부패가 존재할 경우 자금 등 로비력이 부족하고, 정부와 기존에 형성한 관계가 없는 외부자일 가능성이 큰(신생) 혁신 중소기업은 각종 인허가를 획득하는 데 어려움에 부딪힐 수밖에 없고, 혁신활동에 심각한 지장을 받을 수밖에 없다.[15] 특권과 부패의 척결로 각자의 행동 동기를 근본적으로 바꾸고 부족한 자원이 더 창의적이고 생산적인 곳으로 흐르도록 해야 한다. 이렇게 본다면 부패 척결은 정의 실현을 넘어서 공정한 경쟁과 혁신을 촉진하기 위해 필요불가결한 요소다. 정의의 바탕 위에서만 지속적 성장이 가능하다.

특권과 부패의 해소를 위해 무엇보다 먼저 필요한 것은 정부 먼저 혁신의 고통을 떠안겠다는 솔선수범의 자세와 엄정한 법 집행 의지다. 2014년 4월 16일 세월호 참사 이후 여과 없이 드러난 공직 비리의 사슬은 우리나라의 발전을 좌우할 아킬레스의 건이 되었다고 해도 지나친 말이 아니다. 세월호 참사에서 드러났듯이 비리가 심각한 교통·건설 부문이나 공기업, 인허가를 맡은 행정 분야에 대해 특단의 대책을 마련하여 단호한 개혁을 해야 한다.

홍콩은 부패공무원을 기소하여 승소하는 비율이 50%에 이르지만, 우리는 10% 미만에 머물러 있다고 한다. 부패 경찰을 300명씩 파면했던 영국의 사례를 굳이 들지 않더라도, 자기 자신부터 고치겠다는 공직사회의 뼈를 깎는 의지와 노력이 절실한 때다. 좌우 눈치 보는 한국 검찰로는 비리 척결에 한계가 있으므로 고위공직자비리수사처(고비처) 신설을 심각하게 논의할 필요가 있다. 참여정부 시절 논의하던 고비처 신설 문제는 권력기관 간의 힘겨루기 끝에 결국 물 건너갔지만 언젠가는 다시 논의해야 할 것이다.

---

15 Murphy, Shleifer, and Vishny, 1993

자유롭고 공정한 시장질서를 세우다

참여정부의 시장개혁 과제는 '자유롭고 공정한 시장질서 구축'이라는 표현으로 요약된다. 고도성장 단계를 지나 외환위기를 거치면서 나타난 시장 왜곡을 치유하겠다는 의지의 표현이다. 시장의 왜곡은 한편으로는 정부의 불필요한 규제나 강력한 시장개입에서, 다른 한편으로는 재벌 중심 경제체제의 한계에서 비롯되었다.

사실 왜곡된 시장질서의 문제는 한국의 공업화 및 경제발전 과정에서 오랜 역사적 연원을 갖고 있다. 공업화 초기 자본이 부족하고, 국내시장도 협소했던 당시에는 경제개발에서 정부 역할이 매우 중요했다. 정부는 진입장벽이나 무역장벽의 구축, 집중적 자금지원, 각종 특혜와 보조금으로 재벌이 대규모 투자를 지속할 수 있도록 지원하였고, 이를 통해 고도성장을 달성하였다. 개발연대 혹은 국가주도적 성장체제라고 흔히 평가되는 1980년대 중반까지의 시기는 정부가 독과점을 용인함으로써 재벌의 성립과 성장을 지원했던, 말하자면 정부가 시장경제를 '전략적으로 왜곡했던' 시기였다.[16]

이러한 구도에 변화가 나타나게 된 것은 1980년대 후반에 들어서다. 1987년 이른바 '노동자대투쟁'을 분기점으로 노조가 강력한 세력으로 등장하게 되고, 강력한 정책수단으로 기능하던 금융이 금융 자율화의 물결과 함께 정부의 직접적 영향에서 벗어나기 시작했다. 노조뿐 아니라 시민사회의 역량과 영향력이 확대되면서 정부에 의한 권위주의적 통제는 점차 어렵게 되었다. 그와 함께 국가의 역할이 후퇴하고 시장경제가 비로소 제 역할을 찾아갈 계기를 마련하였으나, 사실 여기에도 한계가 있었다. 왜냐하면, 정부의 보호 속

---

16 이병천, 1997.

에 성장한 재벌이 상당수 제2금융권까지 소유하게 되고 광범위한 비관련 다각화를 추구하면서 시장의 독과점구조가 한층 강화되었기 때문이다. 1997년 외환위기는 한편으로는 과도한 채무 누적이나 순환출자, 왜곡된 소유지배구조, 중복투자 등 재벌체제의 문제점이 폭발한 결과이기도 했다. 한국의 고도성장에 중추적 역할을 담당했던 재벌이 동시에 시장 왜곡을 일으킨 주요인이었던 것도 사실이다.

이상과 같이 발전국가 체제와 그 유산인 재벌 중심 경제구조로 인해 한국에서 시장은 지금껏 제대로 작동하였다고 보기 어렵다. 순환출자에 의한 소유구조 왜곡, 부실한 금융이나 내부 이사회 등 취약한 지배구조, 정비되지 않은 시장, 회계인프라로 인해 공정한 경쟁이나 투명경영, 책임경영의 원칙은 수시로 훼손됐다. 특히 순환출자는 지분을 훨씬 뛰어넘는 의결권으로 계열사 전체를 지배하는 수단이었다.

이와 같은 권한과 책임의 불일치야말로 책임경영을 사실상 공염불로 만들었고, 도덕적 해이와 과잉투자를 낳은 주요인의 하나였다. 재벌 계열사로 편입된 금융기관은 기업에 대한 감독,견제를 수행하는 데 한계가 있었고, 중소기업과 비 재벌기업은 계열사의 막강한 지원을 등에 업은 재벌 대기업과는 애초부터 공정한 경쟁을 하기 어려웠다. 소비자 보호 역시 미약하였기 때문에 경제 전반에 걸쳐 견제와 균형, 책임의 원리가 보장되기 어려웠다.

외환위기는 사실 이러한 문제에 정면대응하기 매우 좋은 계기였다. 재벌개혁에 대한 광범위한 국민적 공감대를 바탕으로 국민의 정부는 이른바 '5+3' 원칙으로 불리는 재벌개혁 조치를 의욕적으로 추진하였고, 기업재무구조의 건전성을 높인다든지, 외형보다는 수익성 위주로 주주 이익을 보다 존중하는 경영행태를 유도하는 등 일정한 성과를 거두었다. 금융개혁 정책으로 금융부실을 상당수 털어내 금융기관의 수익성과 건전성을 높이고 금융 선진화를 위한 기반을 마련하기도 했다. 그러나 출자총액제한제도나 금융계열사 의결권제한 제도가 임기 후반부로 가면서 완화되는 등 재벌체제의 본질적인 문제라고 할 수 있는 소유지배구조의 왜곡을 바로잡는 데는 성공하지 못했다. 사실 업종 전문화나 경영 투명성 강화, 기업지배구조 개선을 위한 정책 등 재벌체제를 개혁하고자 하는 시도가 과거 정부에도 항상 있었지만, 경기침체나 재계의 반대 등으로 실패로 돌아가고 말았는데, 국민의정부도 예외가 아니었다.

게다가 외환위기를 극복하는 과정에서 금융의 국제화가 급속히 진행되고 금융기관이 수익성, 안정성을 중시하는 보수적인 경영원칙을 강조하게 됨에 따라 일부 극소수 우량대기업을 제외한 중견기업이나 중소기업에 대한 대출이 전반적으로 감소했고, 대기업은 경제적 어려움이 나타날 때마다 불공정 거래를 통해 그 부담을 하청 중소기업에 전가하곤 했다. 극소수의 수출 대기업을 제외한 나머지 기업, 특히 중소기업의 경영난은 심각해졌고, 그 결과 대기업-중소기업 간 격차가 커지면서 경제의 양극화가 심화하였다. 이와 같은 시장구조의 양극화는 한국 경제의 잠재력을 심각하게 고갈시키고 있다.

결국, 참여정부 앞에는 이 모든 시장 왜곡을 극복해야 하는 과제가 놓여 있었다. 국가주도형 성장체제가 남긴 관치경제의 잘못된 관행을 바로잡아야 하고, 재벌 중심 경제의 한계를 극복해야 하며, 양극화 경향이 더 방치되어서는 안 된다는 복합적 난제가 중첩되어 있었다. 정부의 간섭 최소화나 규제 합리화는 기업하기 좋은 환경을 조성하는 작업일 뿐만 아니라 지난 고도성장기 이후로 정부가 지속해 온 불필요한 개입 관행을 줄이는 일이었다.

　참여정부는 무엇보다도 공정거래위원회가 2003년 말 발표한 「시장개혁 3개년 로드맵」에 따라 대기업집단의 소유지배구조 왜곡을 개선하는 정책을 꾸준히 추진하여 시장의 투명성, 책임성을 높여나가려고 노력했다.[17] 사외이사제의 실질화, 출자총액제한제도의 계속 유지, 금융계열사 의결권 행사범위의 단계적 축소 조치뿐 아니라 소액주주, 금융기관, 소비자 등 기업의 다양한 이해관계자가 피해를 구제받을 수 있도록 하는 다양한 장치를 마련하려고 노력했다. 2004년 말에 도입한 증권집단소송제는 개선의 여지가 있긴 하지만 대주주가 회사에 손해를 끼치는 행위를 상당히 줄이는 효과가 있을 것으로 기대된다.

　혁신은 자유로운 기업가정신과 창의력, 그리고 노력에 대해 정당한 보상이 주어지는 체제에서만 촉진될 수 있다. 불공정거래에 시달리는 중소기업이 어떻게 기술혁신을 이룰 수 있겠으며, 소비자나 소액주주를 무서워하지 않는 경영자나 대주주가 책임지는 경영을 할 수 있겠는가? 이런 점에서 자유롭고 공정한 시장은 혁신과 경쟁력 제고의 기본 조건이다. 시장의 '자유'와 '공정성'을 저해하는 요소들을 제거하는 것이 바로 시장개혁이다. 이를 통해 기업과 관련된 이해관계자 간에 견제와 균형, 자율과 책임의 원리를 바로 세우고 시장의 원리를 회복할 수 있다. 참여정부는 과거 용두사미로 끝난 돌발적, 충격적 재벌개혁 대신 온건하면서도 점진적이고 예측 가능한 방식의 개혁을 추구했는데, 그 성과에 대해서는 찬반양론이 있을 수 있겠다.

17　상세한 내용은 이 책의 강철규, '공정거래' 참조.

관료사회 바꿀 정부 혁신 추진

정부혁신은 거대한 관료조직의 한계와 경직성을 극복하고 효율성을 높이려는 데 초점이 있다. 참여정부는 특히 정부혁신을 중시하였는데, 그 이유는 사회 전반의 개혁을 요구하려면 먼저 정부 스스로 개혁하지 않으면 안 되기 때문이다. 다산 정약용은 엄벌주의보다 스스로 자세를 올바로 해서 아래 사람들에게 감동을 주어 스스로 바꾸도록 하는 방식의 개혁을 선호했는데, 오늘날에 되돌아보더라도 참으로 배울 바가 있다.

과거에도 정부개혁은 더러 있었으나 대체로 성공을 거두지 못했다. 그것은 정부혁신의 초점이 정부 규모 줄이기, 공무원 구조조정, 공무원 적대시 등으로 불필요한 갈등을 불러왔기 때문이다. 참여정부가 추구한 정부혁신은 그런 것과는 달랐다. 참여정부는 오히려 필요하면 공무원 숫자를 늘릴 필요가 있다는 인식을 하고 있었다. 실제로 한국 공무원의 숫자는 그렇게 많은 것이 아니다. OECD 평균 공무원 숫자가 인구의 7%인데, 한국 공무원의 숫자는 인구의 2%에 불과하다.

그리고 '작은 정부'만이 정부개혁의 능사가 아니다. '작은 정부'를 지향하여 가장 성공을 거둔 나라로 평가되는 뉴질랜드는 1980년대에 공무원 숫자를 많이 줄였지만, 분야에 따라서는 오히려 숫자를 늘린 분야도 있는데, 교육, 보건, 복지 등의 분야다. 이런 분야의 인력이 태부족한 한국의 현실에 비추어 보더라도 뉴질랜드의 정부개혁은 우리에게 상당한 시사를 준다고 하겠다. 한국에서 공공부문에서 일하는 인력의 비율이 5%인데, 스웨덴은 30%나 된다. 우리가 시장모델의 전범(典範)으로 여기는 미국에서도 이 비율이 15%이니 우리나라의 공공부문이 얼마나 취약한가를 알 수 있다.

하나의 예를 들어보자. 참여정부 시절 문제가 된 만두 파동과 감기약 파문으로 연거푸 식약청이 여론의 도마 위에 올랐다. 당시 식약청의 인력이 8백 명이었는데 미국 식약청은 2만 명이나 되니 두 나라는 아예 비교되지 않는다. 이렇게 적은 인력으로 만두나 감기약을 일일이 감시하기는 어렵지 않겠는가. 우리는 지금까지 지나치게 소홀히 해왔던 건강, 교육, 복지 등에 보다 많은 일자리를 만들 필요가 있다. 최근 우리나라에서는 외환위기 이후 비판 없이 수입된 시장만능주의가 팽배하여 무엇이든 시장에 맡기는 것이 최선인 것처럼 여기는 경향이 있으나 다른 나라의 거울에 비춰보면 우리나라는 지나치게 시장모델에 편향되어 있어서 최소한의 공공의 역할조차 내버리고 있는 게 아닌지 반성할 필요가 있다.

참여정부가 하려는 정부개혁의 중요한 부분은 정부의 효율성을 높이려는 것이었다.[18] 업무혁신을 통해서 정부의 효율성을 높이고 서비스를 개선할 여지는 매우 많다고 판단된다. 이런 일을 하는 데서 공무원은 필연적으로 개혁의 동반자가 되는 것이지 결코 개혁대상이 아니다. 성공한 정부개혁은 공무원의 사기를 높여주고, 개혁의 동반자가 될 때 가능하다는 교훈은 음미할 만하다.[19] 다만 관료사회의 전관예우 악습이나 구조적 비리구조를 제대로 청산하지 못한 점은 깊이 반성해야 할 점이다. 세월호 참사를 보면 한국 관료사회의 뿌리 깊은 부패구조는 단순한 정부개혁으로는 해결할 수 없는 차원이라는 것이 명백해졌다. 이를 척결하는 것이 미래에 올 진보정권의 숙제가 될 것이다.

---

18 참여정부 정부혁신의 내용에 대해서는 이 책 허성관 글 참조
19 윤성식, 2002.

개방 필요하나 FTA 신중한 접근 아쉬움

참여정부는 개혁과 개방을 동시에 추구했다. 다 알다시피 최근 세계의 대세는 개혁과 개방이다. 이런 현상은 특히 중국, 베트남 등 구 사회주의권에서 특히 두드러지지만, 자본주의 시장경제라고 해서 예외가 아니다. 개혁과 개방이란 관점에서 우리의 지난 100년의 역사를 돌이켜 보면 아주 대조적인 두 개의 정권을 만날 수 있다. 대원군은 국내 개혁에서 서원 혁파 등 상당히 과감한 조처를 하여 큰 성과를 거둔 면이 있으나, 개방을 거부하여 결국 망국으로 치닫는 데 상당한 원인을 제공한 책임을 면하기 어렵다. 반대로 박정희, 전두환 정부는 개방과 수출지향 공업화를 통해 양적 성장은 달성했지만, 사회 전반의 개혁과 민주화를 탄압함으로써 경제적으로 보자면 유연한 혁신 주도적 성장체제로 전환하는 것을 방해하였다.

우리는 몇 년간의 천신만고 끝에 2004년 칠레와 FTA를 맺었다. 한국으로서는 처음 맺은 FTA이다. FTA는 다소 문제가 있으나 수출주도형 경제구조를 가진 우리로서는 세계화와 개방의 거대한 물결에 동참이 불가피한 면이 있다. 칠레와의 FTA를 추진하던 막바지에 칠레에 대한 우리의 자동차 수출 대수가 급감하는 현상이 벌어졌는데, 그 이유는 우리의 경쟁국들이 연달아 칠레와 FTA를 맺으면서 우리로서는 더 이상 가격경쟁이 불가능하게 되었기 때문이었다. 이처럼 FTA 체결은 최근 세계 정세상 불가피한 면이 있다.

현재 세계에는 300개가 넘는 FTA가 체결되어 있으며, 21세기 들어와서 FTA의 급속한 증가 속도는 놀라울 정도다. 흔히 말하는 대로 'FTA가 지구를 덮고 있다'는 표현이 결코 과장이 아니다. 지구가 온갖 FTA로 뒤덮여 '스파게티 접시'같은 혼잡한 모양을 하고 있다. 수출주도형 경제를 가진 우리로서는

FTA 물결에 동참이 불가피한 면이 있다. 물론 FTA는 무역자유화 방식 중에서 이상적이라고 간주하는 다자간 개방이 아니고, 소수의 나라끼리의 국지적 개방정책이며, 다른 나라를 차별한다는 점에서 단점이 있는 것이 사실이다. FTA를 맺는 나라와 배제된 나라 사이에 차별과 불공평이 발생한다.

그러나 도하 라운드가 교착 상태에 빠지면서 다자간 무역자유화가 난관에 봉착한 이래 각국이 각자도생의 길로 가고 있고, 이런 세계적 추세 속에서 우리만 이상을 추구하며 독야청청할 수는 없다. 따라서 FTA 체결은 불가피하다고 하겠다. 문제는 그 범위와 속도다. 한국이 칠레와 FTA를 맺을 2004년 당시에는 전 세계에 FTA를 하나도 맺지 않은 나라가 한국을 포함 5개국밖에 없을 정도였으므로 우리나라는 FTA에 관한 한 대단한 지각생이었다. 그러나 그 뒤 10년간 대단히 민첩하게 FTA를 맺어와 지금은 결코 적은 숫자가 아니다. 오히려 지금은 속도가 너무 빠른 것이 문제가 될 정도다.

FTA는 개방이므로 치열한 국제경쟁에 노출되는 과정이며, 따라서 경쟁력이 떨어지는 산업, 기업, 개인에서 피해가 속출한다. 이런 상처를 치유해가면서 개방을 해가야 하므로 반드시 사회안전망 구축이 필요하다. 수출주도형의 유럽국가들이 모두 사회안전망을 잘 갖춘 복지국가라는 것은 우연한 일치가 아니고 논리적 정합성이 있다. 그러나 한국은 다 알다시피 사회안전망이 대단히 부실한 나라이면서 FTA 체결에는 무모할 정도로 속도를 내고 있어서 상당한 부작용이 우려된다.

특히 한미 FTA는 국내 진보 진영의 반대를 무릅쓰고 참여정부에 의해 추진됐고, 그 바람에 정권의 기반이 크게 흔들리기도 했다.[20] 2007년 대선에

---

20 한미 FTA를 둘러싼 논란에 대해서는 이 책 김양희 글 참조.

서 민주당이 참패한 것도 지지층 이반이 중요한 패인이었고, 한미 FTA 추진이 하나의 배경으로 작용했을 가능성이 있다. 한미 FTA는 수출 증대의 잠재적 이득이 자동차, 섬유 등 아주 제한되어 있으면서 다른 나라와의 FTA와는 달리 국가의 정책 주권이 위협받을 수도 있는 소위 '투자자-국가 제소제(ISD: Investor-State Dispute)'[21]의 위험이 도사리고 있어 신중한 접근이 필요했다. 게다가 한번 맺으면 뒤로 물러설 수 없는 시간적 불가역적 성격을 갖는 톱니(ratchet) 조항 등 몇 가지 독소조항이 문제가 됐는데, 참여정부와 이명박 정부에서 너무 빨리 추진한 것이 아닌지 앞으로 깊이 검토할 필요가 있다.

IV : 서울과 지방이 함께 살 길을 모색하다

세계 최고의 수도권 집중이 나라를 망친다

한국은 수도권 집중이 그 유례를 찾기 힘든 기형적 상황에 있다. 세계적으로 유명한 대도시의 인구는 대개 100만 명을 넘지 않는데, 서울은 무려 1천만 명이다. 게다가 인근 경기도 인구까지 합하면 2,300만 명이니 전국 인구의 48%가 수도권에 살고 있다. 도시 국가를 제외하고 이렇게 수도권 집중이 심한 나라는 찾아보기 어렵다. 서울은 거대한 자석처럼 전국의 자원과 인재, 돈을 흡수하고 있다. 이호철의 명작 〈서울은 만원이다〉가 나온 게 1966년이었는데, 그 뒤 수도권 인구는 몇 배로 불어났으니 지금은 만원을 넘어서 초과밀 현상이다. 적정 도시 인구가 몇 명인가 하는 문제는 확실한 답을 내리기가 어

---

21 Investor-State Dispute

려운 문제지만 어떤 각도에서 보더라도 현재 수도권의 인구집중은 그 정도가 지나치다고 하지 않을 수 없다.

물론 집적으로 인한 플러스 효과도 있을 수 있고, 그 역의 마이너스 효과도 생각할 수 있는데, 현재의 수도권 집중은 마이너스가 플러스를 능가하는 것으로 나타난다. 국토연구원의 연구에 의하면 서울에 투자하는 것보다는 지방에 투자하는 것의 소득증대 효과가 더 큰 것으로 나타났다. 교통체증, 스트레스, 환경악화 등 집적의 비용은 엄청나다.

세계 어느 나라에서도 우리만큼 수도에 인구가 집중된 나라는 없다. 일본이 수도권 집중이 심하기로 소문이 난 나라지만 도쿄의 집중률이 33% 정도로서 우리보다는 훨씬 낮다. '파리와 기타 프랑스의 사막(Paris and the French Desert)'이라 부를 정도로 수도권 집중이 심한 프랑스에서도 파리권의 인구는 19%밖에 되지 않아서 서울과는 비교되지 않는다. 서울에 모든 것이 집중되어 있고, 좋은 것은 모두 서울에 모여 있다. 정치, 경제, 문화, 학교, 의료 등 무엇이든 최고는 서울에 있다. 이렇게 한 곳에 자원의 압도적 비율을 모아 놓는 것은 효율성 면에서 불합리할 뿐 아니라 자연재해 등 예상 밖의 위험을 가상할 때 안전성에서도 문제가 될 수 있다. '계란을 한 바구니에 담지 말라'는 말은 만고불변의 진리인데 우리는 서울에 최고의 자산을 총집중해 놓고 있다.

최근 지방 경제는 특히나 어려움을 겪고 있다. 그나마 지방에서 잘 나가던 소수의 중소기업조차 그 자리를 오래 지키지 못하고 서울에 올라온다. 지방에 사는 우리나라 절반의 인구는 자부심을 갖고 살아가기 힘든 구조 속에서 매일 살아간다. 이것이 외국과의 큰 차이다. 외국에서는 지방 소도시에 살든 대도시에 살든 관계없이 누구나 자부심을 느끼고 살아가는데 우리는 그렇지 못하다. 지방이라 하면 뭔가 서울보다 뒤떨어진다는 느낌을 받게 된다. '지방 대학 교수'라는 말도 한국에만 있는 말이라고 한다. 인구의 절반을 이런 열등 심리상태로 방치하는 것은 건강한 사회가 아니다.

우리 사회의 심한 서울 집중은 결코 어제오늘의 일이 아니다. 그레고리 헨 더슨(G. Henderson)의 명저 『한국: 소용돌이의 정치(Korea-The Politics of the Vortex)』를 보면 서울 집중은 이미 조선 시대 500년을 통해 꾸준히 있었으며, 다른 나라에서 보기 힘든 특이한 현상이라고 한다. 헨더슨은 진단하기를 서 울은 마치 거대한 소용돌이처럼 모든 것을 흡인하고 있었고 지방은 공백에 가 까운 상태였다는 것이다.

1894년부터 시작해서 네 차례 한국을 방문한 영국의 여류 지리학자이자 최 초의 여성 왕립회원이었던 이사벨라 버드 비숍(I.B.Bishop)은 『조선과 그 이웃 나라들(Korea and Her Neighbors, 1897)』이란 흥미로운 책을 썼는데, 이 책은 당 시 서울 집중의 폐해를 생생하게 묘사하고 있다. 비숍 여사는 불편한 교통 사 정에도 불구하고 지리학자답게 전국 방방곡곡을 다녔는데, 그 중 지방 관아 를 세 차례 방문한 기록이 우리의 관심을 끈다.

비숍 여사가 지방관아에서 발견한 세 가지 공통점은 다음과 같다. 첫째, 고 을의 수령은 부재중인데, 어디 가셨는지를 물어보면 공통적인 대답이 서울 가 셨다는 것이다. 둘째로, 관아는 청소하지 않아 누추하기 짝이 없다는 것이다. 셋째, 관리들은 온종일 장죽을 물고 노름을 하고 있는데, 하는 일이라고는 아 침저녁으로 시간 알리는 북을 치는 일밖에 없는 것 같다는 것이다. 시골 수령 중에는 심하면 처음 부임해서 고을에서 뜯어낼 것을 다 뜯어낸 뒤 다시는 한 번도 얼굴을 비치지 않은 경우조차 있었다고 하니 이들이 얼마나 지방을 무시하고, 서울의 세력가에게 잘 보이는 데만 급급했던가를 알 수 있다. 이들은 서울의 권문세가에 뇌물을 바쳐 더 좋은 자리로 옮겨가는 게 최고의 인생목표였으며, 그렇게 하기 위해서는 부지런히 시골의 고혈을 빠는 것이 주요 일과였다. 그러니 시골 백성의 살림살이 따위야 어디 안중에 있었으랴!

그로부터 100년 뒤 지금의 지방 정부를 생각하면 괄목상대할 정도로 비약적인 발전을 이룬 것이 사실이고, 비숍 여사의 관찰은 금석지감이 있다. 그러나 그때와 달라지지 않은 게 있으니 서울 집중 현상은 오히려 훨씬 더 심해졌다는 점이다. 해방 후 역대 정부는 말로는 지방분권, 균형발전을 외치지 않은 정부가 없었으나 대개는 구두선에 그쳤고, 마음에서 우러나오는 열성이 없었기 때문에 서울 집중의 거대한 자석의 힘을 막기에는 역부족이었다. 그리하여 서울 집중은 날로 심해져 오늘에 이른 것이다. 이 추세대로라면 수도권 인구가 과반이 될 날도 멀지 않았다. 분산과 균형을 시장의 힘으로 달성하기는 이미 기대할 수 없으니 정부가 나설 수밖에 없다. 그것도 보통의 방책으로는 안 되고, 행정수도 이전과 같은 특단의 대책이 심각하게 요구되는 단계가 아닌가 한다. 그러나 헌법재판소는 '관습헌법' 운운하는, 도저히 상식으로는 이해할 수 없는 궤변으로써 행정수도 이전을 무산시켜버렸으니 천추의 한을 남겼다고 하지 않을 수 없다.

지역 분권·분산으로 국가경쟁력 높여야

참여정부는 과거 정부에서 실패했던 분권과 분산을 본격적으로 추진했다.[22] 이를 통해 효율과 형평을 동시에 높이는 것이 가능하다고 본 것이 참여

---

22 성경륭, 2004, 2013

정부가 과거 정부와 달랐던 점이다. 2003년 말 국회에서 압도적 다수의 지지를 얻어 통과한 지방분권특별법, 균형발전특별법, 신행정수도 특별법이라는 균형발전 3대 입법은 이런 취지에서 하나의 패키지로 추진되었다. 이 세 가지 법은 서로 시너지효과를 가지면서 오랜 세월 동안 서울로 집중되어 온 우리 역사(歷史)의 물줄기를 되돌리려는 거대한 지방화 역사(役事)의 시작이었다.

여기에 맞물린 문제가 수도권의 동북아경제중심 사업이었다. 행정수도가 이전하고 나면 지금 수도권의 발전을 가로막고 있는 각종 불합리한 규제를 풀 계기가 마련되니 수도권은 동북아의 경제중심으로 획기적 발전을 기약할 수 있다. 지금은 지방과 서울이 서로 발목을 잡고 발전을 가로막고 있는 형국이라 상생, 발전이 거의 불가능한 상황이다. ①균형발전, ②지방분권, ③신행정수도, ④동북아경제중심, 결국 이 네 가지 사업은 우리나라의 국가경쟁력을 몇 단계 상승시킬 수레의 네 바퀴와 같다고 할 수 있다. 이 네 바퀴 중 한 개만 빠져도 수레는 앞으로 굴러갈 수 없는 관계에 있다. 수레를 움직이는 작업은 더 늦어지기 전에 해야 할 국가적 과제인바 그 성공을 위해서는 비상한 노력이 요구된다. 일이 이런 지경에 이르기 전에 훨씬 일찍 물줄기를 돌려놓는 작업을 해야 했는데, 만시지탄의 감이 있다.

참여정부의 균형발전 과업은 옳은 방향이었고, 시의적절했으나 그 추진이 쉽지는 않았다. 균형발전에 대한 보수 진영의 반발이 만만찮았고, 특히 신행정수도에 대한 반대 여론이 상당한 수위에 이르렀다. 반대 중에는 꽤 근거 있는 반대도 있었고, 별로 근거가 없는 막연한 불안에서 나온 반대도 있었다. 예를 들어 신행정수도로 이전하면 서울의 집값이 폭락할 것이라는 불안이 꽤 퍼졌는데, 이는 신행정수도를 둘러싼 대표적 오해다. 신행정수도로 이전하더라도 서울 부동산의 가격 폭락은 생기지 않을 것이다. 정부가 그런 일을 예방하기 위해 징책수단을 쓸 것이고, 만에 하나 집값이 다소 하락하는 일이 생긴다 치더라도 크게 걱정할 일은 아니다. 왜냐하면 집값이 하락하면 서울 주민 중 집 없는 절반의 인구와 집이 한 채밖에 없는 다수의 가구에는 비로소 집을 처음으로 사거나 지금 가진 집보다 큰 평수로 늘려 갈 기회가 생기니 현재보다 유리해질 수 있다. 얼핏 보면 개인의 자산 가치의 손실이 발생하는 것처럼 보이지만 그것은 환각이며, 오히려 많은 사람의 삶의 질은 개선될 것이다. 이로 인해 손해를 보는 사람이 있다면 그것은 여러 채의 집을 가진 소수의 부동산 부자들에 불과하다.

참여정부의 지방발전 전략은 과거와 많이 달랐다. 그 핵심은 지역혁신체계(Regional Innovation System)의 구축에 있었는데, 지역별로 특성에 맞는 전략산업을 선정하고 이를 근간으로 혁신체계를 구축하는 것을 목표로 했다.[23] 지역혁신체계는 ①특정 지역에서 ②특정 산업의 집적과 연계를 통한 산업클러스터를 기반으로 ③개별 혁신주체의 혁신역량 강화 및 공동 학습, 정보와 성과의 교류·확산을 촉진하기 위한 ④제반 제도와 환경, 거버넌스 구조를 총체적으로 의미한다. 이러한 지역혁신체계는 크게 산업클러스터와 지역혁신 인프라, 지역 거버넌스의 3요소로 구성된다. 산업클러스터는 지역별 특성에 맞게 집적,연계된 산업군으로서 지역혁신체계 형성의 거점 역할을 한다. 지역 금융·회계·법률·컨설팅 등 전문서비스, 인력수급 및 교육·훈련제도, 지역 특유의 문화나 법제도 등 지역에서 혁신을 촉진하는 데 필요한 제반 인프라를 기초로 산(産), 학(學), 연(硏), 관(官) 등 지역의 개별 혁신주체 간에 역할을 분담

23   국가균형발전위원회, 2004

하고 유기적으로 조정하는 수단이 필요하게 되는데, 이것을 가능케 해주는 것이 바로 지역 거버넌스다.

　과거에도 산업단지 건설 등 지역의 산업 역량을 확충하기 위한 정책적 노력이 있었고, 과거 공업화 과정에서 어느 정도 성과를 낸 것은 분명하다. 그러나 최근 생산기능과 연구개발기능이 유기적으로 연계되지 못하면서 지역경제의 혁신 역량이 점점 쇠퇴하고 지역경제가 어려움을 겪고 있다. 따라서 참여정부는 이런 현상을 타개하기 위해 각 지역의 실정에 맞는 지역혁신체계를 구축하여 국가균형발전에 이바지함과 동시에 국가경쟁력을 배양하려는 방향을 잡았다. 여기서 참여정부가 목표로 한 것은 과거처럼 중앙정부 주도의 분산 정책이 아니라 자립적 지방화였다. 각 지방에서는 여러 주체가 모여 창의적인 아이디어를 내어 스스로 살 길을 모색하는 것이 목표였는데, 지역혁신협의회가 중추적인 역할을 맡게 되어 있었다. 중앙정부는 이와 같은 지역 차원의 활동을 통제하고 지시하는 것이 아니고, 어디까지나 지역의 자율을 보장하면서 뒤에서 적극적으로 지원해주는 방식으로 지방화 과제를 추진하겠다는 것이었다.

　참여정부의 이런 노력은 옳은 방향이었으나 일의 성격상 단기간에 성과를 기대하기는 어려운 것이 사실이다. 이명박, 박근혜 정부가 이런 정책을 계승, 발전시켰으면 좋았을 텐데 안타깝게도 그리되지 못했다. 오히려 이들 정부는 균형발전이란 개념 자체에 알레르기 반응을 보이면서 참여정부가 해놓은 일을 부정하고 허무는 데 열심이었다. 그 뒤 지역발전이란 개념은 살아남았으나 대통령이 관심이 없으니 위원회는 유명무실, 아직 명맥은 붙어 있으나 형식적 위원회에 머물고 있을 뿐이다. 개점휴업이라 해도 할 말이 없을 것이다.

언젠가 진보개혁 정권이 들어서면 균형발전과 지방의 발전이란 소중한 가치를 다시 꺼내어 먼지를 털고 새로 추진해야 한다.

V : 단기 부양책 버리고 장기주의 따르다

장기 관점에서 정책의 일관성을 지키다

케인스보다 먼저 유효수요의 원리를 발견한 것으로 존경받는 폴란드의 경제학자 미하일 칼레츠키(M. Kalecki)는 일찍이 2차 대전 중에 주목할 만한 논문을 하나 발표했는데, 그것은 전쟁이 끝난 뒤 각국이 정치적 목적으로 경기를 조절하는 이른바 '정치적 경기변동(political business cycles)'이 나타날 것이라는 가설이었다. 그 뒤 각국의 실증자료 분석은 대체로 이 가설이 상당한 설명력을 갖는 것으로 보고 있다. 선거가 임박하면 돈을 풀고, 확장정책을 써서 인기를 얻고, 선거가 끝나면 다시 긴축으로 바뀌는 것이 많은 나라에서 나타나는 전형적인 정치적 경기변동 모습이다. 이렇게 되면 소위 경기 부양과 경기 억제가 번갈아 나타나는 소위 온탕냉탕 정책(stop-go policies)이 나타난다.

이런 틀에서 벗어나지 못하는 나라가 많이 있다. 그러나 참여정부는 2004년 봄 총선을 앞두고도 3대 거품 붕괴로 인한 경기불황에 대한 대대적 경기대책을 내놓지 않고 원칙을 지키며 자제하였으니 이것은 인기영합주의와는 정반대였다. 물론 전혀 경기대책이 없었던 것은 아니고 2003년 두 차례에 걸쳐 추경예산을 편성하였으며, 일자리 창출을 위한 투자세액공제 정책, 특소세 인하 등 몇 가지 조처는 취하였다. 그러나 부작용을 가져올 무리한 경기부양책은 쓰지 않았다.

경기가 나쁠 때 경기정책을 쓰는 것은 모든 나라에서 볼 수 있는 당연한 현상이다. 경제학 교과서에는 정부의 경제정책의 3대 목표로 자원배분의 효율성, 경기의 안정, 적정한 분배의 달성을 들고 있다. 그러니 정부가 불황기에 경기부양책을 쓰는 것은 너무나 당연한 일이다. 다만 한 가지 조심할 일은 나중에 부작용이 나타날 미봉적 부양책은 경계해야 한다는 것이다. 무리한 경기부양은 당장은 좋은 효과가 있어 보이지만 그 효과는 결코 오래가지 않고 나중에 후회할 일이 반드시 생기기 때문이다. 참여정부 초기에 겪었던 카드 대란과 부동산 대란은 우리에게 생생한 교훈을 준다. 경기부양책 자체는 필요에 따라 취해야 하나 미래에 큰 부작용을 가져올 미봉적 부양책은 피해야 한다. 이 점은 한국에서 특히 중요하다.

이런 관점을 갖는다는 것은 말하기는 쉬워도 실행하기는 참으로 어렵다. 우리나라는 지난 50년간 고도성장을 해왔기 때문에 국민이 고율의 성장, 고용, 소비에 익숙해져 있다. 그러니 짧은 기간의 불경기, 실업도 좀처럼 참지 못하고 정부가 나서서 손을 쓰기를 바라는 경향이 있다. 언론에서 흔히 하는 비판이 "정부가 손을 놓고 있다"는 비판이다. 정책 당국도 이런 국민의 요구, 압력을 견뎌내기가 쉽지 않다. 때로는 무책(無策)이 상책(上策)일 수 있고, 아플 때 약을 안 먹고 견디는 것이 장기적으로 건강을 위해 좋은 처방일 수 있는데, 한국에서는 환자들이 병원에 가면 으레 주사나 약을 기대한다. 경제에 대한 인식도 아주 비슷해서 정부가 뭔가 해주기를 바란다. 그러니 국민의 요구와 정책당국의 습관이 상호 일치하여 단기 처방이란 작품이 만들어지곤 하는데, 그중에는 부작용이 큰, 취해서는 안 될 무리한 정책도 자주 등장하는 것이다. 참을

성과 일관성이 정부 정책의 기본 덕목임을 명심할 필요가 있다.

역대 정부에서 추진하던 개혁과제들이 경제가 어렵다는 이유로 도중하차해 버린 사례가 적지 않다는 점을 주목해야 한다. 대표적인 것이 재벌개혁이다. 정권이 바뀔 때마다 서슬 푸르게 재벌개혁의 칼을 뽑아들었다가 경제가 나쁜데 개혁은 무슨 개혁이냐는 논리가 슬그머니 자리 잡으면서 개혁은 뒷전으로 밀리고 마는 경우가 비일비재했다. 5·16쿠데타 직후의 재벌 소환부터 국민의 정부가 추진했던 5+3원칙에 이르기까지 정도의 차이는 있으나 시작은 거창했으나 나중에는 용두사미가 되고 말았다는 공통점이 있다. 그래서 지나놓고 후회한 적이 한두 번이 아니다. 사실은 정말 개혁 의지가 있었는지조차 의심스러운 경우도 있다. 참여정부가 추진한 시장개혁 3개년 계획은 그런 식의 개혁과는 다른 개혁을 추진하려고 했다. 미리 개혁 청사진을 제시하고 점진적, 합리적으로 재벌체제의 개선을 위해 노력하겠다는 것이고, 그런 점에서 과거 방식과는 근본적으로 차이가 있었다. 다른 말로 하면 일관성을 중시한 시장친화적 개혁이라고 할 수 있을 것이다.

참여정부는 이처럼 장기적 관점에서 구조개혁 및 경제의 체질개선에 주력했다. 다른 예를 하나 든다면 10·29 부동산 대책이 있다. 10·29대책은 보유세의 점진적 인상, 3주택 이상 보유자에 대한 양도세 강화, 서민들을 위한 임대주택 확대를 기조로 하는데, 이는 우리나라의 부동산 문제를 옳은 방향으로 접근한 최초의 정책이었다고 평가할 수 있다. 과거에도 학자들은 늘 우리나라 부동산의 보유세가 너무 낮다는 지적을 해왔으나 어느 정부도 이것을 해결하려는 노력을 기울인 적이 없다. 문민정부에서는 보유세 인상이 선거공약이었으나 공수표가 되고 말았고, 국민의 정부에서도 출범 초기에 이것이 중요한 대통령 지시사항이었으나 얼마 안 가서 흐지부지 실종되고 말았다.

참여정부는 임기 초 36% 수준이던 토지과표 현실화 비율을 매년 3%씩 높여나가서 임기 말에는 50% 수준으로 올릴 것이라고 예고하였고, 점진적 인상을 위해 노력했다. 우리나라의 부동산 세금이 지나치게 거래세 중심이고, 보유세 비중이 작다는 것은 다 아는 사실이고 오랜 숙제인데 문제는 보유세를 높여나가자니 조세저항 때문에 이를 한꺼번에 시행하기가 어렵다는 점이다. 그러니 점진적 보유세 인상을 미리 예고하고 점진적으로 추구해나갈 필요가 있었다.

참여정부에서 보유세를 강화하기 위해 종합부동산세를 도입한다는 방침이 확정된 것은 2003년 9월 초였다. 이 때 종부세 도입의 소감을 묻는 기자에게 필자는 '역사적 쾌거'라고 답했는데 그날의 감격은 아직도 기억에 생생하다.[24] 부동산 투기는 오랫동안 국민을 괴롭히고 국가경쟁력을 좀먹은 한국의 고질병인데도 불구하고 역대 정부의 부동산정책은 장기적 청사진 없이 오락가락했고, 심지어 단기적 경기부양 수단으로 자주 악용되었던 것이 숨길 수 없는 사실이다. 그에 비해 참여정부의 부동산 정책은 그야말로 코페르니쿠스적 대전환이었으며, 부동산투기에 대한 최초의 원칙적, 장기주의적 대응이었다고 해도 지나친 말이 아닐 것이다. 이렇게 해서 국민의 신뢰를 얻게 되면 오랜 고질병인 부동산투기가 잠재워질 것이다. 이것은 우리나라 빈부격차의 가장 큰 몫을 해결하는 동시에 국가경쟁력 강화의 초석이 되기도 할 것이다.

그런데 문제는 그 뒤 투기가 조금 고개를 숙이는 기미를 보이자 정부와 열

---

24 〈매일경제신문〉 2003.9.3 "역사적 쾌거… 대만족" 기사 참조. 종부세의 흥망에 대해서는 이 책 김수현 글 참조.

린우리당이 안이한 태도를 보이면서 우왕좌왕하는 모습을 보였고, 이것이 시장에서 개혁 후퇴의 신호로 비쳐지면서 부동산투기를 재발시켰다는 점이다. 오호통재라! 참여정부 부동산 정책의 시행착오 과정을 돌이켜보면 호미로 막을 수 있었던 것을 가래로도 못 막은 안타까운 느낌이 들지 않을 수 없다.

국정과제위원회 통해 장기적 관점과 대책 마련

참여정부가 장기적 관점을 갖고 국정을 운영했다는 점을 보여주는 또 하나의 증거로서 대통령 자문기구인 12개의 국정과제위원회를 들 수 있다. 이들 위원회는 장기 전략과제를 개발, 입안하는 것이 주요 임무였다. 참여정부는 기존의 19개 정부 부처와 새로 생긴 12개 국정과제위원회를 종횡으로 엮어 매트릭스 정부 조직을 추구했는데, 이는 과거에 볼 수 없었던 새로운 시도이며, 아마 세계적으로도 보기 드문 사례가 아닌가 한다. 이 새로운 조직과 국정 운영 방법이 성공하느냐 여부는 단기정책을 다루는 부처와 장기정책을 다루는 위원회 사이의 역할 분담이 명확히 이루어지고, 양자 간에 정책 협의가 얼마나 원만히 이루어지느냐에 달려 있다.

물론 장기정책의 입안 과정에서도 관련 부처와의 협의가 필수적이고, 입안된 정책을 추진하는 것은 역시 각 부처이므로 위원회의 등장에도 불구하고 부처의 중요성은 전혀 줄어들지 않는다. 위원회의 역할은 장기정책의 입안과 사후 점검에 국한된다. 다만 부처에 단기, 장기 과제를 동시에 줄 경우 아무래도 급한 단기 과제에 시간과 관심을 뺏기는 것이 인지상정인지라 장기 과제는 우선순위에서 뒤로 밀릴 수밖에 없는데, 역대 정부에서 장기 과제가 소홀히 취급된 이유도 바로 여기에 있다. 그런 공백을 메워주는 역할을 바로 위원회에서 기대할 수 있다. 특히 우리나라처럼 장관의 수명이 짧은 나라에서는 그런 필요성이 더욱 크다고 할 수 있다.

참여정부는 위원회의 전성시대였다. 국정과제위원회에서 주최하는 대통령 주재 국정과제회의가 1주일이 멀다 하고 열렸고, 여기서 중요한 장기 정책들이 채택되어 실천에 옮겨졌다. 한 차례의 국정과제회의를 열기 위해 사전에 수십 차례의 준비 회의가 열렸으니 참여정부는 토론정부라는 말이 무색하지 않다. 혹자는 이를 빗대어 참여정부는 토론만 하고 실천은 하지 않는 'NATO[25] 정부'라고 참여정부를 조롱하기도 했으나 이는 정부 운영의 실상을 잘 모르는 소리다. 많은 토론 끝에 정책이 채택되고, 채택된 정책은 하나하나 착실히 추진되었다. 번갯불에 콩 구워 먹듯 졸속으로 밀어붙이는 정책보다는 토론을 거듭한 정책은 성공 가능성이 클 수밖에 없다.

돌이켜 보면 당시 정부 부처와 위원회의 정책 협의는 상당히 원만하게 진행됐다. 각 부처의 관료들과 위원회의 위원들, 외부 전문가들이 수시로 만나 정책을 논의하다 보니 차츰 의견의 접근이 이루어지고, 과거에 볼 수 없던 신뢰가 형성되어 가고 있었다. 웬만한 것은 몇 차례의 협의 과정에서 합의에 도달할 수 있었고, 어떤 경우에는 끝까지 견해 차가 좁혀지지 않는 경우도 있었는데, 이런 경우 대통령 주재 국정과제회의에서 최종 결론이 내려졌다.

위원회는 주로 학자들로 구성되면서 상대적으로 이론에 강하고, 이상이 높은 대신 실무 지식의 취약, 현실성 부족이 단점일 수 있는데, 그런 단점을 잘 보완해주는 것이 관료들이 가진 실무적 지식이다. 그러므로 관료들과 위원회의 분업체제는 상당히 장점이 많았다. 이런 분업 체제가 계속 잘 운영된다면

---

25 No Action, Talk Only

선반 위에서 먼지만 쌓여 있던 많은 장기개혁 과제들을 국정과제로 올려 추진하는 것이 가능하므로 장기적으로 우리나라의 국가경쟁력 제고를 위해 크게 기여하는 바가 있을 것이다.

조선 시대 27명의 왕 중에서 가장 성공적인 왕을 꼽아보라고 하면 세종과 정조로 꼽는 데 누구도 이견이 없을 것이다. 두 임금의 공통점은 스스로 공부하기를 좋아하고, 학자를 중시해서 집현전, 규장각에 당대 최고의 학자들을 모아놓고 왕과 토론하면서 중요한 정책을 결정했다는 점이다. 과거 나라를 이끌던 사대부(士大夫)는 공부하는 선비(士)와 나라를 다스리는 고위관료(大夫)가 분리되지 않고 한 몸이라는 뜻에서 나온 말인데, 그만큼 선비들은 평소 글을 읽고 학생들을 가르치다가도 나라가 부르면 나아가서 현실참여를 했다. 그래서 사대부란 말이 나온 것이다. 그런데 지금은 어떤가. 지금은 사대부를 '폴리페서'라고 욕하는 분위기가 강하다.

그런 분위기 속에서 참여정부 시절 학자들의 현실참여는 보수언론의 끊임없는 시비 대상이었다. 보수언론은 국정과제위원회를 가리켜 옥상옥이라는 둥, 실물경제를 잘 모른다는 둥, 끊임없이 공격했다. 무엇보다 유감스러운 일은 이명박, 박근혜 정부가 사사건건 참여정부 지우기에 주력하는 바람에 많은 개혁이 수포가 되었을 뿐 아니라 위원회 제도도 힘을 잃어버렸다는 사실이다. 몇몇 위원회가 명목상 남아 있긴 하지만 대통령이 스스로 위원회의 의미를 알지 못하고, 힘을 실어주지 않으니 장식용 위원회에 불과하다. 혹시 다음에 좋은 정부가 들어선다면 참여정부에서 실험했던 위원회 제도를 꼭 부활시켜 국가발전의 원동력으로 삼는 것이 좋을 것이다. 사대부의 부활은 시대적 요청이다.

: 마치면서 인기영합 아닌 원칙의 경제, 그러나 아쉬움도

참여정부는 해방 후 두 번째로 등장한 진보개혁 정부였다. 해방 후 60년은 보수 정권이었고, 진보개혁 정권은 딱 두 차례, 10년밖에 없었다. 그만큼 우리나라는 보수가 강하고, 진보는 승리는커녕 살아남기조차 어렵다. 사실 국민의 정부가 등장한 것도 거의 기대하기 어려운 일이었는데, 1997년 말 대통령 선거에 임박해서 터진 단군 이래 최대 국난이라고 하는 IMF 외환위기, 그리고 김종필과 동상이몽적 정치연합 등의 요인에 힘입어 가까스로 정권을 잡은 것이다. 참여정부의 등장도 사실 있기 어려운 일이 일어난 것이고, 거의 기적에 가까운 현상이라고 봐야 한다. 정몽준 후보와의 연대와 선거 하루 전날의 연대 파기, 이런 이상한 일이 겹쳐서 기적처럼 승리한 것이다.

다만 국민의정부와 참여정부의 큰 차이는 전자는 김종필이라는 보수세력과 연합 때문에 끊임없이 시달리고 눈치를 봐야 했지만 후자는 운 좋게도 홀가분하게 출발할 수 있었다는 점이다. 그러나 출범 직후 상황은 아주 좋지 않았다. 북핵 위기, 이라크 파병 요구, 카드 대란, 부동산 투기의 재발 등이 어렵게 등장한 진보개혁 정권의 운신 폭을 좁혔다. 처음으로 등장한 진보개혁 정권 10년 동안 경제성장률은 4%대에 머물렀다. 이는 과거 독재 혹은 보수정권 시대에 비하면 많이 낮은 실적이다. 정책상의 실수, 시행착오도 많았다. 그러나 이를 진보개혁 정권의 무능이나 책임으로만 돌려서는 안 된다.

성장률이 초기에는 높다가 뒤로 갈수록 떨어지는 것은 거의 자연스러운 현상이고, 특히 1997년 외환위기 이후 미국과 IMF가 요구해서 우리나라의 경제체제와 경제 체질이 완전히 바뀐 것도 성장률 하락, 양극화 심화에 한몫했다. 따라서 10년 동안의 경제실적 저조를 순전히 정권 탓으로 돌리는 것은 과문의 소치다. 물론 진보개혁 정부가 잘못한 점도 많고, 판단착오도 많았다. 그리고 좀 더 잘할 여지도 충분히 있었다. 이런 점에서 미래의 진보개혁 정권의 부활을 위해서도 지난 시절을 철저히 반성할 필요가 있다.

그러나 이 시기 경제실적이 저조하다고 해서 그것을 진보 정권 탓으로만 돌리고, 심지어 '잃어버린 10년'과 같은 식으로 매도하는 것은 온당치 못하다. 그 시기가 '잃어버린 10년'이라면 그 뒤의 시기는 '왕창 잃어버린 10년'이 될 것이다. 국민의정부와 참여정부 10년 시기의 저성장과 양극화는 1997년 외환위기 이후 한국의 경제체제와 경제운용 철학이 근본적으로 바뀐 데에서 비롯된다. 참여정부는 이런 시대적 전환과정에서 나름대로 원칙을 지키려고 노력했다. 특히 과거 정부가 분배를 무시하고 성장에만 집착했던 것을 반성하고, 분배, 복지에 보다 관심을 두고 예산을 늘리려 노력한 점은 지금과 같은 저출산·고령화 시대에 지극히 시의적절했던 조처였다. 만일 그때 그렇게 하지 않았으면 지금 얼마나 더 나빠져 있겠는가.

중앙정부의 예산 중 복지예산의 비중이 참여정부 출발 시기에 20%에 불과했으나 임기를 마칠 때는 28%로 높인 것은 아주 잘한 일이다. 유감스러운 것은 이 숫자가 그 뒤 한 발짝도 나아가지 못하고 여전히 제자리걸음을 하고 있다는 사실이다. 이 숫자가 50%를 넘을 때 비로소 복지국가로 분류된다. 현재 OECD 국가 대부분이 50%를 넘는다. 그런데 우리는 이를 높이려고만 하면 보수 진영에서 '복지 포퓰리즘' 운운하면서 사사건건 발목을 잡으니, 언제쯤 50% 선을 넘어 복지국가가 될까.

참여정부는 다방면의 개혁을 열심히 추진했고, 그러면서 동시에 개방으로 나아갔으니 개방과 개혁을 동시에 추진한 거의 최초의 정부라고 불러도 좋을 것이다. 과거 독재정권들은 개방은 열심히 추진했으나 개혁을 거부했고, 개방 과정에서 필연적으로 발생할 경제적, 사회적 낙오자들을 품을 사회안전망 마련에 지극히 인색했으니 우리는 지금 수출주도형이면서 사회안전망이 부실한 기형적 국가가 되어 있다. 참여정부는 개방, 개혁과 더불어 사회안전망 구축에 관심을 두고 노력했으니 그것도 나중에는 인정받을 날이 올 것이라고 본다. 다만 한미FTA의 경우에는 여느 FTA와는 달리 우리의 정책 주권이 위협당할 수 있는 위험이 있는바, 충분한 국민의 의견 수렴 없이 밀어붙인 느낌이 있다.

참여정부는 공간적으로는 서울 집중을 지양하고, 지방을 살리는 문제에 눈을 돌려 신행정수도, 균형발전, 지방분권을 위해 전력을 기울인 거의 최초의 정부였다. 보수파에서는 균형발전을 포퓰리즘이라고 비난하고, 수도이전을 큰일이나 난 것처럼 반대해서 결국 헌법재판소에서 '관습헌법' 운운하는 궤변으로 신행정수도에 위헌 결정을 내리고 말았는데, 이는 참으로 유감스런 일이다. 무조건 서울이 수도여야 한다는 관습헌법이 세상에 어디 있는가. 얼마나 반대할 논리가 궁색하면 있지도 않은 관습헌법까지 동원했을까. 참여정부의 균형발전 노력은 시작일 뿐이다. 그 과정에서 일부 부작용도 분명히 있었고, 개선할 여지가 많다. 그러나 중요한 것은 서울 집중을 그냥 방치하거나 조장해서는 안 되겠다는 결심이다. 여기서 참여정부의 기여가 발견된다. 서울 집중이 워낙 크고, 심각해서 5년의 노력으로는 계란으로 바위 치기에 불과하나 앞으로 올 정부에서 계승, 발전시켜야 할 것이다.

시간적 차원에서 보면 참여정부는 단기적 성과에 연연하지 않고 국가 장기

발전을 위해 원칙을 지켰던 거의 유일한 정부였다고 할 수 있다. 과거 정부는 늘 눈앞의 성과에 지나치게 집착하여 1년이 멀다 하고 장관을 교체해가면서 성과지상주의로 치달았으니 이는 지극히 단견으로서 국가백년대계를 위해 옳지 않은 일이다. 노무현 대통령은 자기 성격대로 인기영합을 포기하고 원칙을 지키는 쪽을 택했다. 당장 눈앞의 경기가 나쁘고 국민이 살기 어렵다고 아우성을 치는데도 과거 정부가 늘 취했던 인위적 경기부양 정책을 멀리하고 묵묵히 원칙을 지키면서 장기적 관점에서 국가 장기 경쟁력 강화에 힘썼던 점은 잘한 것이다. 부동산정책도 과거 정부보다는 비교적 원칙을 지키고 보유세 강화, 장기임대주택 확대, 거래의 투명성 확대 등 큰 업적을 세우기도 했으나 다만 종부세, 양도소득세 등 정책에서 일관성을 잃고 갈팡질팡했던 점은 천추의 한을 남겼다.

참여정부의 경제철학은 분명 그 앞뒤의 정권들과 많이 달랐다. 같은 민주정부로 분류되는 국민의 정부와도 많이 달랐다. 성장과 분배의 조화, 개혁과 개방의 동시 추진, 서울과 지방의 상생발전, 장기주의적 국정 운영, 이런 철학을 가진 정부는 일찍이 한국에 없었고, 그 뒤로도 없다. 이 네 가지 특징은 하나하나 따져 보면 별것 아닌 것처럼 보이고 상식적인 것으로 비칠지도 모른다. 그것은 시간이 지나고 우리의 인식이 발전해서 그렇게 된 것이고, 사실 참여정부 당시 사방, 팔방에서 쏟아진 온갖 비방을 기억해보면 한국에서 이런 철학을 갖고 국정을 운영한다는 것이 대단히 어렵다는 것을 알 수 있다.

참여정부는 당시 경기가 워낙 나빠서 욕을 많이 먹었고, 그 결과 어떤 경제정책을 써도 도무지 인정받지를 못했다. 물론 참여정부 자체의 실수와 우왕좌왕도 많아서 비판받을 소지가 있다. 초기에 참여했던 개혁적 학자들이 물러나고 후기에는 관료 위주로 가면서 정책의 보수화 경향이 심해진 것도 사실이다. 다만 지금까지 참여정부 경제정책은 너무 저평가되고, 너무 많은 오해를 받아왔으므로 이 책이 그런 오해를 풀고 참여정부의 참모습을 파악하는 출발이 될 것이라고 기대한다. 무엇보다 참여정부가 역대 정부와 달랐던 점은 멀리 보고 원칙을 지킨다는 정신이었다고 생각하는데, 그러므로 참여정부의 경제철학은 시간이 지날수록 국민에게 조금씩 인정받게 될 것이고, 먼 훗날에 가서 올바른 역사적 평가를 받게 될 것이다.

2장

자유롭고 공정한 시장, 끝나지 않은 여정

: 참여정부 공정거래정책

강철규 | 서울시립대 명예교수, 전 공정거래위원회 위원장 |

    2006년 3월 9일, 3년의 임기를 마치고 공정거래위원회 위원장 이임식을 하는 날. 보통 때 같으면 강당에 이임식이라는 큰 간판을 달고 직원들이 모인 자리에서 식순에 따라 국민의례와 이임사 그리고 악수를 하며 헤어지는 형식이 될 터였다. 그러나 얼마 전 허선 사무처장이 "이임식은 그저 저희에게 맡겨주세요"라고 귀띔하며 '예고'한 것처럼 좀 별난 형식이 연출되었다. 우선 공정위 소강당을 꽉 채운 직원들이 마치 스탠딩 리셉션을 하듯 옹기종기 모여 서 있는 가운데 사회자가 시작을 알렸다.

    "강철규 위원장 재직 시 10대 업무를 먼저 보시겠습니다."

    시작부터 별났다. 벽에 걸린 화면이 열리더니 직원들이 뽑았다는 열 번째 업무부터 시작됐다. 열 번째에 이어 아홉 번째, 여덟 번째…. 나는 다음다음으로 이어지는 하나하나가 궁금했지만 역점을 두었던 '시장개혁 3개년계획'이 몇 번째일까 기다려졌다. 세 번째였다. 딴에는 가장 역점을 두었던 정책이었기 때문에 1번 아니면 2번일 줄 알았는데 3번으로 나왔다.

    그러면 1위는 무엇이란 말인가? '아하, 미국 마이크로소프트(MS)사 끼워팔기 사건인가보다. 그럴 만도 하지.' 조사만 장장 3년, 공개심판 6개월, 그리고 윈도즈 미디어플레이어(WMP)와 윈도즈 메신저(WM) 및 윈도즈 미디어서버

(WMS) 등 소프트웨어를 윈도즈 운영체제(OS)에 끼워팔기를 해 시정명령과 더불어 법 위반에 대한 과징금 325억 원을 부과한 역외심판이 2005년 국내외의 큰 관심과 반향을 일으켰기 때문에 아마도 1위로 뽑혔을 거라고 상상했다. 그런데 1위가 아니라 2위로 마이크로소프트사 사건이 화면에 튀어나왔다. 물론 그 순위는 직원들이 투표로 정한 것이라 했다. 도대체 1위는 무엇이란 말인가? 나는 궁금증이 바짝 더했다.

이윽고 2위 화면이 사라지고 1위 화면이 나타났다. 뜻밖의 일이 벌어졌다. 전혀 예상도 하지 못한 내용이 화면에 떴다. 위원장 3년 재임 중 업적 1위는 '소비자보호원(현 소비자원)'을 기획재정부에서 공정위로 이관'한 것이란다. 솔직히 뜻밖이고 당황스러웠다. 물론 공정위로서는 산하기관이 처음으로 생기는 것이어서, 또 이 나라 시장경제의 경쟁 질서를 바로잡는 역할을 하는 공정위가 기업의 불공정행위를 심판할 뿐만 아니라 손해를 입은 소비자까지 보호하고 구제할 수 있게 돼 훨씬 더 효율적으로 임무를 수행하는 계기를 마련했다는 점에서 높은 점수를 주었을지 모른다. 그러나 보기에 따라서는 자기 영역을 확대하려는 부처 이기주의의 발로가 아닌가 하는 생각도 들었다. 공무원들은 이러한 일을 매우 중요시한다는 것을 겨우 깨달았다.

이 글에서 나는 참여정부 시작과 더불어 3년 동안의 임기를 지키면서 역점을 두었던 일, 의미 있었던 일, 재미있었던 일들을 중심으로 그 내용을 간략히 살펴보고자 한다. 참여정부의 공약사항이기도 했던 시장개혁 3개년계획을 포함하여 출자총액제한제도 개선방안, 선진적 지주회사로 전환 유도, 4대 재벌 회장들과 개별 회동, 마이크로소프트사 끼워팔기 사건 처리 전말, 그리고 재벌의 거센 반발을 겪었던 금융계열사 의결권 제한 강화를 위한 법 개정

등을 차례로 살펴보고자 한다.

I : 참여정부 공정거래정책의 핵심, 시장개혁 3개년 계획

참여정부의 공약 중 하나는 '시장개혁'이었다. 시장개혁을 공약으로 내건
것은 시장경제를 바탕으로 한 우리 경제의 발전과정에서 시장의 실패나 왜곡
이 심각한 수준에 이르렀고, 독점적 기업집단의 반칙행위가 날로 더하여 이
를 개혁 수준으로 바로잡겠다는 의미였다. 이 공약이 자본주의 시장경제를 부
정하는 것은 아닌가 의심하는 사람들도 간혹 있었으나 그것은 잘못된 인식이
었다. 올바른 시장경제를 구현해보자는 것이 참여정부의 일관된 입장이었음
을 확실히 하고 싶다.

시장개혁은 '대기업'아닌 '대기업집단'의 문제

시장의 효율적 자원배분 기능을 훼손시키는 두 가지 강력한 힘은 독점력과
정부 규제이다. 참여정부는 한국의 재벌이 독점력을 행사해 시장을 크게 왜
곡시키고 있으므로 이를 바로잡는 것이 정부가 해야 할 중요 정책이라는 인
식을 가지고 있었다.

재벌의 독점력 행사가 문제라고 할 때 그것을 흔히 '대기업'의 문제로 인식
하는 경향이 있는데 실제로는 대기업이 아니라 '대기업집단', 통칭 재벌의 문
제로 보는 것이 옳다. 대기업은 중소기업과 더불어 언제나 건강한 산업구조
속에 함께 존재하는 필수 구성요소이다. 대기업의 순조로운 성장이 경제발전

에 크게 기여하는 것임은 두말할 나위도 없다.

물론 대기업의 횡포도 있을 수 있다. 그러나 우리나라에서 개혁해야 할 만큼 문제가 되는 것은 대기업의 횡포가 아니라 대규모 기업집단의 잘못된 소유지배구조와 불공정 거래행위에 의한 시장 교란행위이다. 대기업집단의 문제를 대기업의 문제로 변질시켜 '대기업 규제가 경제발전에 해롭다'는 식의 주장을 펴는 것은 본질을 왜곡하는 일이다. 어떻게 기업의 규모가 크다는 사유만 가지고 규제대상으로 삼겠는가. 규모가 크기 때문에 무조건 규제한다는 것은 타당하지도 않거니와 사실에 부합하지도 않는다.

반면 대규모 기업집단은 다르다. 집단의 힘으로 시장을 크게 왜곡시키고 있기 때문이다. 중소기업의 발달을 저해하는 것은 물론이고 유망 잠재기업들의 시장진출 자체를 원천적으로 봉쇄해 장기 발전에도 나쁜 영향을 미친다. 그나마 기업집단의 소유지배구조가 건전하게 형성된 것이라면 문제가 덜할 수 있다. 본질은 총수의 지분이 2%~3% 이하임에도 불구하고 계열사 간 순환출자를 통해 만든 계열사 지분율로 기업집단을 소유·지배하는 왜곡된 구조에 있다. 기업집단에 의한 시장 진입장벽 설치와 부당내부거래 및 각종 시장지배적 사업자의 권한 남용행위가 이렇게 형성된 왜곡된 소유지배로부터 발생하기 때문이다.

따라서 시장개혁의 중심은 시장기능을 크게 훼손하고 있는 기업집단 즉 재벌개혁이 되었다. 물론 이것이 잘못되면 시장의 실패를 초래하는 정부 규제가 될 수도 있다는 점을 참여정부는 잘 알고 있었으므로 각종 불필요한 규제를 개혁하는 내용 또한 시장개혁에 포함했다. 기업집단의 개혁과 정부 규제개혁을 동시에 포함한 것이 시장개혁 3개년계획이라 보면 된다.

오늘날 자주 논의되는 경제민주화도 목적은 결국 재벌에 의한 부당한 경제력 집중을 억제하자는 데 있다. 극단적으로 심화하는 경제 양극화와 이에 따른 신분 격차 심화, 기회의 불평등과 같은 문제를 지금 해결하지 않으면 안 된다는 국민의 뜻을 여야 정치권이 수용한 것으로 본다. 참여정부의 시장개혁 3개년계획은 이를 미리 실천하고자 한 정책이었다.

'건강한 시장' 위해 독과점 타파, 진입장벽 낮춰야

3개년계획은 시장개혁을 통해 모든 잠재적 기업들이 시장에 참여할 수 있도록 진입장벽을 낮추고 시장에 참여한 기업 간에는 공정한 경쟁을 통하여 자원을 효율적으로 배분한다는 내용을 담고 있다. 이를 통해 궁극적으로 소비자와 생산자의 잉여를 극대화하고 우리 경제의 장기 발전을 기할 수 있는 토대를 마련코자 했다.

시장개혁 3개년계획을 통해 우리가 지향한 바는 세 가지이다. 첫째, 시장의 진입장벽을 낮춰 잠재적 기업의 진입·퇴출이 자유롭게 이루어지도록 하자는 것이다. 우리 경제는 이미 재벌들에 의해 높은 진입장벽이 쳐져 있다. 유망 잠재기업들을 가로막고 있는 이 장벽을 낮춰 시장 진입의 길을 터주자는 것이다. 진입장벽을 낮추면 수많은 유망기업이 시장에 등장하고 그들 중 기술력과 경쟁력을 갖춘 우수기업들이 중견기업으로 혹은 대기업으로 성장할 수 있는 토대가 만들어진다. 그러한 취지와 목표를 3개년계획의 목표 슬로건 중 하나로 내세운 '돈과 사람이 생산적인 곳으로 흐르는 경제 건설'에 담았다.

둘째, 우리 경제를 마셜이 말하는 '건강한 숲'이 되도록 이끌어가려는 것이다. 경제학자 마셜은 한 나라의 경제가 큰 나무와 중간 크기의 나무들 그리

고 작은 나무들이 고루 섞여 자라는 건강한 숲과 같아야 한다고 역설했다. 이
에 비추어보면 우리 경제는 큰 나무 몇 개만 듬성듬성 자라고 있는, 장래가
매우 불안정하고 엉성한 숲의 형상을 하고 있다. 이렇게 된 중요한 이유가 재
벌주도 성장과 규모가 커진 재벌이 설치해놓은 진입장벽 때문이다. 이들 장
벽은 대기업집단의 독과점 유지·강화 노력으로 점차 고착되면서 더욱 높아
지고 있다.

셋째, 기업집단의 독과점은 자원배분을 왜곡시켜 궁극적으로 소비자와 생
산자 모두에게 손실을 떠안긴다. 대기업집단은 집단의 힘을 활용하여 독점력
을 강화, 유지하므로 자유경쟁을 통해 소비자와 생산자가 잉여를 극대화하는
이점을 축소한다. 독과점가격으로 인해 소비자가 경쟁시장에서 결정되는 시
장가격보다 비싼 가격을 지급하고, 생산자는 독점이익을 누리지만 자유경쟁
시장과 비교하면 생산량은 축소된다. 세계시장으로 수출이 늘어나면 생산량
이 증가하지만 국내 독점가격과 수출가격이 다른 경우 이중가격을 통해 국
내 소비자들이 피해를 볼 수도 있다. 결과적으로 사회 전체로는 경제적 순손
실이 발생한다. 특히 기업집단 내 기업들과 경쟁 관계에 놓일 수 있는 잠재기
업들의 시장진출 기회가 막혀, 선택할 수 있는 상품의 다양성이 축소되는 등
동태적 발전을 제약하는 사회적 손실을 초래한다. 결국 경제위기가 닥쳐왔을
때 기업집단이 동반 부실화 할 수 있다는 점에서 취약한 경제구조가 되는 것
이다. 1998년 외환위기 시 수많은 재벌의 도산을 경험한 바 있고 일부 재벌
의 경우에는 비교적 건실한 기업조차도 계열사 상호출자로 인한 동반 도산 혹
은 부실화를 경험했다. 그 사회적 손실은 수십 년씩 걸려서야 회복 가능할 만
큼 큰 것이었다. 모든 부담은 고스란히 국내 소비자와 생산자들의 몫이었다.

기업집단에 의한 독과점화가 우리 경제의 고질인 것은 일반 국민도 알고 있다. 그렇게 된 배경에는 정부 주도 고속성장전략과 이를 재벌 지원을 통해 달성하려 했던 친재벌정책의 남발이 한몫하고 있다. 재벌들은 개발연대 이후 금융·수출·토지 지원, 조세 감면, 심지어 전기요금, 철도요금 감면까지 다양한 지원을 받아 수출경쟁력을 키웠고 문제가 발생하면 부실기업 정리 혹은 산업합리화 조치라는 구조조정을 통해 구제하거나 조정해주었다. 1972년에는 8·3 긴급조치를 통해 대통령 명령으로 사채동결을 감행, 부실기업들을 구제한 일도 있다.

투명하고 공정한 시장경제 구현 위한 개혁과제 담다

참여정부의 시장개혁 3개년계획은 대통령의 공약을 실천에 옮기고자 만들어진 것이다. 그중 핵심은 기업 지배구조 개선, 출자총액제한제도 개선, 금융계열사 의결권 제한, 정부규제 완화 등이었다.

노무현 대통령은 참여정부 출범과 함께 2003년 4월 2일 국회 시정연설에서 시장개혁 3개년계획의 비전과 목표를 명확히 제시했다. 이어 5월부터 민관합동 T/F를 구성해 의견을 모았다. 계획의 목표는 '돈과 사람이 생산적인 곳으로 흐르는 경제 건설', '성실히 일한 사람이 일한 만큼 대접받는 사회 건설'이었다. 이를 위해 투명하고 공정한 시장경제를 이룩하고자 했다. 투명성과 공정성의 수준을 평가하기 위해 한국개발연구원(KDI)에 연구를 의뢰, 기업의 내부와 외부의 견제시스템이 현재 어느 수준으로 갖추어져 있고 작동하고 있는지 측정했다. 당시 연구결과[1]를 보면, 기업 외부 견제시스템은 그간의

---

1 〈시장개혁 추진을 위한 평가지표 개발 및 측정〉, 한국개발연구원(2003)

개혁으로 제도상으로는 어느 정도 수준에 도달했으나 여전히 상당한 개선 여지가 있었다. 외부 견제시스템과 회계제도는 벤치마크 대상이던 미국에 근접한 수준이지만, 실제 작동수준은 아주 미흡했으며 기업 내부 견제시스템(제도 및 운영), 기업집단 소유지배구조 등은 개선할 부분이 많은 것으로 나타났다.[2]

민간기업집단의 소유지배구조 개선은 3개년계획의 핵심 가운데 하나였다. 지배주주가 적은 지분으로 계열사 간 순환출자를 통해 지배권을 확장해 실질소유권과 의결권 간의 괴리가 점점 커지는 것이 문제였다. 계열사 지분율을 통해 투자지분 이상으로 지배권을 부풀려 지배주주가 의사결정권을 독점함으로써 기업 내·외부 견제시스템의 작동을 무력화시켜 버린다. 소액주주의 희생 위에서 지배주주가 사익을 추구하는 부작용도 크게 나타났다. 이런 한국기업의 지배구조 문제는 대외적으로 우리 기업에 대한 상대적 저평가(Korea Discount)의 원인이 되고 있었다. 국민경제 차원에서는 계열사 진입·퇴출을 저해함에 따라 과잉설비를 불러오고, 위기 시 순환출자 계열사들이 동반 부실화할 위험이 커지며, 불공정경쟁으로 중소·중견기업의 발전을 가로막아 양극화를 더욱 확대하는 요인이 된다. 경제학적으로 말하면 경쟁 제한으로 국민경제가 보유한 자원 활용의 효율성을 떨어뜨리고 시간이 흐름에 따라 성장잠재력을 더욱 훼손시키는 것이다.

---

2 이 연구에서 외부견제시스템은 제도 36개, 집행 20개 항목으로 평가했다. 외부감사의 독립성, 공시의 적정성, 민사소송 등 사적 견제와 감독기구의 실효성, 회계 투명성 등 제도의 도입 면에서 우리나라 기업의 수준은 미국의 89점에 비해 80점 수준이었다. 그러나 제도가 실제로 잘 집행되고 있는지에 대한 평가는 대단히 미흡하여 겨우 45점에 머물렀다. 민사소송 등 경영진에 대한 책임추궁이 미흡하고 투자자에 대한 정보제공이 부족하며 외부감사의 독립성도 낮았다. 주주 권리행사의 용이성 정도, 이사회 구성 및 운영 (사외이사의 비중 및 독립성, 경영견제기능) 등 59개 항목으로 평가한 내부견제시스템은 76점으로 미국의 97점에 비해 아직 낮은 수준이었다. 주주 의결권 행사방법의 다양성 부족(Pfizer의 경우 전화, 인터넷, 서면투표 등 주주의 의결권 행사방법이 다양함), 사외이사의 비중과 독립성 부족, 이사회의 경영감시 기능 미흡 (Pfizer는 등기이사 15명 중 독립적 사외이사가 12명, 전원 독립적 사외이사로 구성된 지배구조위, 감사위, 보수위가 실질적으로 경영권 견제함) 등이 지적됐다.

투명하고 공정한 경제시스템 구축은 이러한 문제를 개선하는 과정이자 결과이기도 했다. 이를 위해 세 가지 시장개혁의 목표를 내세웠다. 첫째 기업집단의 지배구조 개선, 둘째 투명·책임경영 강화, 셋째 경쟁 촉진이 그것이다.

기업집단의 지배구조 개선을 위해서는 기업집단 계열사 및 친인척 간 지분 보유관계를 매년 알기 쉽게 공개하는 등 관련 정보 공개를 강화하고, 출자총액제한제도를 합리적으로 개선해 소유-지배 괴리 축소와 기업집단체제의 발전 그리고 선진국형 지주회사 체제로 전환을 유도하기로 했다.

또 투명·책임경영 강화를 위해 주주·이해관계자의 권익 제고, 매년 기업 내·외부 견제시스템 및 회계 투명성 측정·평가, 증권집단소송제 도입, 회계법인 교체 의무화 등 회계제도를 개선하기로 했다. 국회 계류 중인 외부감사법, 증권거래법, 공인회계사법 등의 개정이 필요한 사안이었다. 주주의 의결권 행사가 쉽도록 전자투표제 도입(상법 개정 필요), 기업의 서면투표제 채택 유도를 위한 증권예탁원의 의결권 행사제도 개선(증권거래법 개정 필요) 등도 검토해 기업 내·외부 견제시스템을 보완하고자 했다. 아울러 구조조정본부와 같은 지배주주 보좌기구의 기능과 활동내용, 경비조달 및 사용내역, 계열사 간 비용분담 계약을 공개하도록 유도하는 등 지배주주의 책임 강화 방안을 강구했다. 이를 통해 독립·책임경영의 여건을 정착시키고 지배주주의 사익 추구 행위를 차단하며, 이해관계자의 권익 제고를 이루고자 했다.

경쟁 촉진을 위해서는 170여 개 경쟁 제한적 제도의 타당성 검토 및 정비방안을 마련하고, 기업결합 규율 시 경쟁제한성과 효율성을 고려하는 한편 독과점 형성을 구조적으로 예방하는 데 중점을 두었다. 시장경제 제1의 적이라고 하는 카르텔을 차단하고 경쟁적 시장구조로 이행을 도모하기 위해 과징금 상향 조정, 제보자 보상 확대 등을 추진했다. 또 민사상 손해배상청구 활성화를 위해 법원의 손해액 인정제도 및 공익소송제 도입을 검토하기로 했다. 이를 통해 피해구제를 쉽게 하고 시장감시 기능을 강화한다는 취지였다.

이 가운데 출자총액제한제도와 지주회사 전환 유도 그리고 금융계열사 의결권 제한제도 등에 대해서는 뒤에서 자세히 살펴볼 것이다.

3개년 계획 전과 후, 유의미한 성과만큼 과제 남기다

일련의 계획은 참여정부 전반기에 어느 정도의 성과를 거두었다. 참여정부는 '시장개혁 3개년 로드맵'에서 기업집단의 소유지배구조 개선, 투명·책임경영 강화, 시장경쟁 제고 등 3개 분야별 총 27개 과제 및 추진일정을 제시했다. 이들 과제 대부분이 공정거래법, 상법, 증권거래법, 증권관련 집단소송법, 법인세법 등 법령 관련 사안이었다. 2006년에 이미 3개 분야 27개 과제 중 20개 과제를 수행했다(진행률 74%).

당시 진행 중인 과제로는 전자투표제 도입, 증권예탁원 의결권 행사제도 개선방안, 자회사·손자회사 지분율 상향 유도를 위한 연결납세제도 도입, 지배주주의 책임 강화를 위한 대기업집단 구조조정본부 기능 및 활동 내용, 경비조달과 사용 내역 공개를 유도하는 것도 포함돼 있었다.

그러나 참여정부 후기에 이런 과제들은 흐지부지되거나 중단된 경우가 많았고 출자총액제한제도는 이명박정부 시절인 2008년에 폐지됐다. 졸업 기준과 관계없이 모든 기업집단에 고삐가 풀린 셈이었다. 이로 인해 계열사 수가 점점 늘어 2배로 증가했고 국민경제의 양극화는 더욱 심화했다.

그 결과 2012년 총선에서 여야를 막론하고 경제 민주화를 대국민 공약으로 내걸었고 순환출자를 금지하겠다고 선언했다. 박근혜정부에서 순환출자 금지를 위한 법 개정이 2014년에 이루어졌다. 유감스럽게도 이것은 앞으로 하는 신규출자의 경우만 금지한다는 것이고 과거 순환출자는 그대로 인정하는 비정상적 타협안이었다. 기존의 순환출자로 늘려온 계열사의 기득권은 인정하겠다는 것이다. 논리적으로 맞지 않지만 정치적으로 그렇게 어정쩡한 결정을 해버렸다. 이로 인해 앞으로 계열사 출자를 통한 신규 기업집단 형성이나 계열사 확장은 불가능하게 됐다. 이전 방식으로 기존과 같은 대규모 기업집단은 출현하기 힘들게 된 것이다. 반면에 이미 순환출자로 수많은 계열사를 거느린 기업들은 기득권을 보장받았다.

지주회사 전환은 이제 대세가 되었다. 점점 많은 기업집단이 지주회사로 전환했거나 전환을 검토하고 있다. 문제는 지주회사와 과거의 계열사 제도를 병행해 각자 편리한 대로 활용하고 있다는 점이다. 지주회사로 전환하려는 원래 취지는 순환출자로 얽힌 기업집단의 계열사들을 독립적으로 경영하도록 바꿔나가자는 것인데 이를 병행·운영하면서 어떤 경우는 계열사로, 어떤 경우는 지주회사로 남게 되었다. 독립경영체제라는 애초 취지가 퇴색하거나 무색해진 것이다.

II : 시장 개혁의 첫 발, 출자총액제한제도의 합리적 개선

출자총액제한제도는 정확히 말해 1987년 공정거래법을 개정하면서 도입된 것으로 재벌들의 계열사 간 간접 상호출자를 제한하기 위해 만들었다. 순

환출자는 간접 상호출자의 하나로, 계열사 간의 직접 상호출자를 피해 3개 이
상의 계열사가 순환적으로 상호출자를 하는 방식이다. 이는 적은 지분을 가
진 총수가 계열사 지분율을 높여 많은 계열사를 거느리는 전형적인 소유지
배 방식이다. 총수지분율은 불과 1% 미만이거나 많아야 2%~3%이지만 계열
사 지분율을 모두 합하면 40%~50%가 넘게 된다. 그러면 결국 계열사를 모두
이끄는 총수가 지배주주가 되어 완전한 경영지배를 할 수 있으므로 이를 시
정하기 위해 계열사 출자를 제한한다는 것이 출자총액제한제도의 취지였다.

상법에서 A사와 B사 간의 상호출자는 가공자산을 만들어 계열사를 늘려가
는 것이기 때문에 이미 이를 금지하고 있다. 반면 A사가 B사에 출자하고 B사
가 C사에, C사가 다시 A사에 출자하는 식의 순환출자는 양사 간 직접 상호출
자에 해당하지 않는다. 재벌들은 편법으로 이를 활용하여 계열사를 확장해왔
다. 기업집단 내 순환출자가 가공자산을 만들어 계열사를 늘려가고 또 경영
지배를 강화하는 유력한 수단이라는 점에서는 직접 상호출자와 같은데 이에
대한 제재가 없다는 점을 교묘히 활용해 그룹을 형성해온 것이 한국 재벌의
성장사라고 할 수도 있다.

그 때문에 1987년 공정거래법 개정에서 순환출자를 완전히 금지하지 않
은 대신 부분적으로나마 이를 제한할 목적으로 타 회사 출자총액한도제를 도
입한 것이다. 최초 도입 시에는 그 한도를 각 기업 순 자산의 40% 이하로 제
한했으며 점차 25%까지 낮추었다. 그러나 일정한 한도가 정해졌을 뿐 순환
출자는 인정한 것이었고, 재벌들은 아주 적은 지분밖에 보유하지 않은 총수
가 그룹의 계열기업을 확장하여 경영을 지배하는 수단으로 이를 활용해왔다.

그 피해는 1998년 외환위기 시에 극적으로 나타났다. 순환출자로 얽힌 모

든 계열기업이 동시에 파산하거나 부실화한 것이다. 당시 30대 재벌 중 절반 이상이 이러한 상황에 빠졌다. 그 피해가 종업원과 거래기업 그리고 일반 국민 모두의 부담으로 돌아갔다는 사실은 우리가 경험한 바와 같다. 외환위기 당시인 1998년부터 구조조정을 위해 출자총액제한제도를 잠시 풀어놓기도 했으나 계열 확장 등 또다시 피해가 늘어나자 2002년에 재도입됐다.

재벌기업들은 이 제도의 폐지를 줄기차게 주장하고 있었다. 출자총액제한 제도 대상 기업집단에 속하면 마음 놓고 계열사 확장을 하기 어렵기 때문이었 다. 그뿐만 아니라 대상 기업집단들은 부당내부거래 등 여러 가지 조사를 받 을 수 있는 범주에 들어간다. 재벌들의 상황을 대변한 전국경제인연합회 등 은 직접 혹은 언론플레이를 통해 '경기도 어려운데 출자를 제한하는 제도는 폐지해야 한다'고 입버릇처럼 주장했다. 그러나 계열사 순환출자는 신규투자 와는 다른 개념이고 이것을 제한하는 것이 투자를 억제한다는 주장도 근거 없 음이 학계의 연구결과 나타났다. 한때 이와 반대되는 주장을 하는 전경련과 논쟁이 고조되기도 했다.

2004년 전반기까지만 해도 참여정부 안에서도 일부 경제부처장관들은 기 회 있을 때마다 출자총액제한제도 폐지 발언을 곧잘 했다. 그러나 이 제도 개 선안은 2003년 경제부총리와 산자부장관 등 관계부처장관 합의를 거쳐 시장 개혁 3개년계획의 핵심 중 하나로 마련됐고 경제장관회의에서 확정해 대통 령 보고 후 승인을 받아 발표한 것이었다.

참여정부는 학자들을 포함한 자문위원회를 구성, 전문가들의 연구결과를 토대로 이를 졸업시키는 방법을 고안해냈다. 일정한 조건을 갖춘 기업에 대 하여 출자총액제한제도의 졸업을 허용하는 제도이다. 예컨대 지주회사제로 탈바꿈하는 재벌기업에 대해서는 졸업을 승인해 이 제도의 적용대상에서 제외하는 식이다. 지주회사 내의 자회사들은 상호출자를 하지 않게 돼 있다. 지주회사와 자회사 간의 수직적 출자만 할 뿐 자회사 간에는 상호출자를 하지 않는 것이 지주회사제도이므로 구태여 출자총액제한이라는 규제를 할 필요가 없다.

이외에도 소유지배구조 개선과 투명경영을 유도할 수 있는 다양한 졸업 기준을 마련했다. 그 하나가 소유-지배의 괴리도가 낮은 기업집단은 소속계열사 모두 출자총액제한 대상에서 제외하는 방안이었다. 예를 들어 집단 전체 의결권 승수가 2.0 이하인 경우 적용대상에서 제외하기로 했다. 의결권 승수란 실제 소유지분에 비추어 실제로 행사하는 의결권의 비율이 얼마인가를 나타내는 숫자이다. 당시 재벌들은 이 비율이 3배~4배에서 5배~6배까지 다양하였으나 대체로 2배가 훨씬 넘는 수준이었다.

또 계열회사 수가 일정 수 이하(예를 들어 5개)로서 3단계 이상 출자가 없는 기업집단도 출자총액제한제도를 적용하지 않기로 했다. 사실상 계열사가 많지 않은 기업집단을 뜻한다. 내부 견제시스템을 잘 갖춘 기업에 대해서도 같은 조치를 했다. 집중투표제와 서면투표제를 도입하여 소액주주를 포함한 주주들에게 의사결정에 참여할 기회를 활짝 열어놓은 기업의 경우를 말한다. 아울러 전원 사외이사로 구성된 내부거래위원회를 설치한 기업 또한 적용대상에서 제외하기로 했다.

이 같은 계획은 소유-지배 괴리를 축소해 지배주주의 부당한 지배와 사익 추구를 예방하고 계열사별 경영의 독립성을 강화하고자 한 것이다. 기업 내·외부 견제시스템이 효과적으로 작동될 경우 출자총액제한제도 폐지 및 기업별 자율규제 방식으로 전환을 검토하고자 함이었다.

이후 4대 재벌 회장들과 단독 회동을 하는 등 취지를 설명하고 시장개혁 3 개년계획에 따라 4개 항의 졸업조항을 검토해 졸업할 것을 종용했다. 그리고 성과가 좋을 경우 2007년에 결과를 평가한 뒤 출자총액제한제도 폐지까지 포함한 이 제도의 미래를 검토하기로 했다.

그 뒤 논쟁은 잠잠해졌으나 2008년 이명박정부가 집권하면서 '비즈니스 프렌들리'정책으로 출자총액제한제도는 아무런 대응장치 없이 폐기됐다. 이에 따라 대규모 기업집단의 계열사 수가 다시 급격히 늘어나고 기업집단으로 부의 집중이 급속히 진행됐다. 수출과 내수, 수도권과 지방, 대기업과 중소기업 간의 양극화가 심화했다. 이러한 현상의 상당 부분은 순환출자가 급속히 증가한 때문에 일어난 것으로 볼 수 있다. 2012년 대선 과정에서 경제 민주화를 내걸었던 박근혜정부는 2014년 신규 순환출자는 금지한다는 공정거래법 개정안을 통과시켰다. 결국 과거의 순환출자로 성장한 기존 기업집단들의 기득권은 그대로 인정한 채 신규 순환출자만 금지한다는 모순된 제도가 도입됐다. 앞으로 기존 순환출자를 어떻게 해소할 것인가가 과제로 남아 있다.

III : 선진적 지주회사제도 도입… 기업 다각화·독립경영 길 열다

공정거래위원회 위원장으로 취임한 후 모 언론사와 가진 첫 생방송 인터뷰에서 지주회사제도의 도입을 적극적으로 권장했다. 지주회사제도는 이미 법으로 도입됐으나 그 조건이 까다로웠다. 지주회사제도를 권장한 이유는 앞에서도 잠시 언급한 것처럼 첫째, 지주회사와 자회사 간 수직적 출자만 허용되고 자회사 간에 상호출자와 순환출자는 허용되지 않기 때문이다. 재벌들이 부담스러워하는 출자총액제한 같은 제도도 불필요하게 된다.

둘째, 경영실적이 부진한 자회사의 시장 퇴출이 용이하다. 다른 기업과 상호출자가 없으므로 동반부실화 문제로부터 자유롭기 때문이다. 조용히 부실 기업만 정리하면 된다.

셋째, 유망한 신규 분야가 출현하면 이 분야에 자회사를 설립하면 된다. 다시 말해 타 기업에 부담을 주지 않으면서 다각화가 가능해진다. 한 마디로 신규진입과 퇴출이 쉽다. 이처럼 대재벌의 계열사들이 무더기로 동반 부실화 했던 1998년 외환위기와 같은 치명적 사태에서 벗어날 수 있는 것이 지주회사 제도이다. 세계적으로 보면 제너럴 일렉트릭(GE)사가 수많은 업종으로 다각화한 지주회사 형식으로 운영하는 대표 기업이다.

선진국형 지주회사로 전환을 유도하기 위해 출자총액제한제도 졸업을 연계한 것은 앞 절에서 본 바와 같다. 지주회사로 전환하면 적용대상에서 제외하겠다는 것이다. 기업들도 시차는 있으나 지주회사 전환을 시도했다. 그 때문에 2005년 이후 오늘날까지 지주회사로 전환한 기업 군이 계속 늘어나고 있다. 그런데 문제는 상호출자에서 지주회사로 완전하게 전환한 것이 아니라는 점이다. 일부는 전과 같은 순환출자 고리를 가지고 계열사를 거느리며 일부만 지주회사 형태로 바꾸었다. 부분적 지주회사 전환이다. 이렇게 되면 '꿩 먹고 알 먹고' 형식의 전환밖에 안 된다. 중요 순환출자는 그대로 유지한 채 일부만 지주회사로 바꾼 기업집단에서는 순환출자의 폐해를 막는 취지가 전혀 살아나지 않기 때문이다. 이렇게 된 책임의 일단은 2008년 이명박정부에서 아무런 장치도 없이 무조건 순환출자제도를 폐지한 데에서 찾을 수 있다.

물론, 지주회사제도 선환 유도를 위한 검토과정에서 실무적인 고민이나 어려움이 없던 것은 아니었다. 수직적 출자를 어느 손자회사까지 허용할 것인가, 지주회사가 자금을 조달하려면 외부차입이 필요한데 부채한도를 얼마로 제한할 것인가 등이 문제였다. 이를 위해 자회사의 손자회사에 대한 지분율 요건을 신설(비상장 50%, 상장 30%)했고 자회사, 손자회사 외에는 일정 지분 이상의 주식 소유를 금지했다. 당시에는 부채비율을 100%로 한정했으나 점차 완화해 200%까지 확대했다. 그 밖에도 금융사를 지주회사의 자회사로 둘 수 있는지, 외국인 투자가와 합작할 때는 규제를 다소 완화할 것인지 등도 논의됐다.

여러 가지 개선할 점이 있는 것은 사실이다. 그런데도 지주회사제도는 순환출자로 얽힌 기업집단이 다각화를 이루면서 건전한 독립경영의 자회사를 가진 대기업 군으로 전환하기 위한 하나의 유력한 방식임이 틀림없다.

IV : '재벌개혁의 하이라이트' 금융계열사 의결권제한 강화

2004년 10월경, 총리 주재 국무회의가 한창 진행 중인데 총리실 연락관이 쪽지를 전해줬다. "VIP 전화"라는 것이다. 'VIP'는 대통령이다. 회의장 밖으로 나와 전화를 받았다. "지금 국회 상임위에서 논의 중인 금융보험사 의결권 제한 강화 법 개정안이 통과될 경우 우리나라 대표적인 기업의 경영권이 혹시 외국인 투자가에게 넘어가는 것 아닙니까?"라는 요지의 질문이었다. "예,

그런 일은 절대 없습니다. 제가 이미 전문가들과 함께 검토해 보았는데 그런 일은 절대로 일어나지 않습니다. 걱정하지 않으셔도 됩니다."이것이 나의 답변이었다. 며칠 뒤 노무현 대통령에게 항간의 주장과 달리 법이 개정돼 외국인 투자자에게 경영권이 넘어가는 일은 전혀 없을 것이라는 점을 구체적인 자료를 가지고 보고했다.

산업자본과 금융자본의 분리, 왜 필요한가

산업자본과 금융자본은 수레의 두 바퀴와 같아서 서로 보완적으로 경제발전을 이끄는 역할을 한다. 그러나 이 두 종류의 자본은 서로 일정하게 분리돼 그 역할을 수행해야지 함께 붙어버리면 외바퀴 수레가 쓰러지듯이 경제를 파멸로 이끌 수 있다. 그래서 선진국들도 이들 산업자본과 금융자본을 엄격하게 분리하는 조치를 취해왔다. 전전 독일에서 금융자본이 중심이 되어 산업자본을 지배하는 금융과두제에 의한 파시즘이, 전후 미국에서 금산복합체제의 문제가 발생한 일도 있으므로 상호 소유분리를 철저히 하는 제도적 장치를 마련해 운영해온 것이다. 한국은 제2차 세계대전 이후 광복과 더불어 초기 공업화가 정부 주도로 진행됨에 따라 산업자본 중심으로 발전했고 재벌로 성장한 산업자본이 어느 단계 이후부터 점차 금융자본을 지배하는 방식으로 두 자본 간의 관계가 형성돼왔다.

산업자본은 위험부담을 안고 여러 분야에 투자하는 모험성과 수익성을 중요시하는 반면 금융자본은 인체의 혈맥과 같은 존재로 안정성과 공공성이 매우 중요하다. 심장이 불안하면 생명이 위협받듯이 금융자본의 안정성이 무너지면 경제시스템 자체가 위태롭다. 따라서 수익성이 다소 낮더라도 안정성을 유지하는 것이 건강한 경제를 만들어가기 위한 금융자본의 필수 요건이다. 이처럼 성격이 명백히 다른 두 자본이 서로 독립적으로 발전하지 못하고 개별 산업자본이 금융자본을 지배하게 되면 금융 안정성이 훼손되는 치명적 문제가 발생할 수 있다.

예를 들면 산업자본의 금융지배는 과도한 경제력 집중뿐만 아니라, 금융회사의 고객과 산업자본의 지배주주 간 이해 상충, 공공성을 가져야 할 금융이 지배주주의 사금고로 전락하는 자원배분의 왜곡, 산업자본의 부실이 발생할 경우 국민경제 전체의 시스템 리스크로 확대될 가능성 등의 문제가 발생한다.

우리나라도 이러한 이유로 은행에 대해서는 소유제한 등 일정한 규제를 하고 있으나 금융시장의 발달이 지지부진해 보험·증권 등 제2 금융기관에 대해서는 오래전부터 산업자본의 금융기관 소유를 허용해왔다. 하지만 대기업집단의 금융지배 추세가 날로 심화하고 이에 따른 폐해가 발생하기 시작하자 1986년 12월 대기업집단 금융보험사의 계열사 주식 취득 및 보유는 허용하되 보유 계열사 주식에 대한 의결권 행사를 전면 금지했다(공정거래법 제11조).이후 1998년 외환위기를 거치면서 국내 기업에 대한 외국인의 적대적 인수·합병(M&A) 위협이 제기됨에 따라 2002년 1월 대기업집단의 금융보험사가 보유하는 주식의 의결권 행사를 예외적으로 30%까지 허용하는 조처를 한 바 있다.

문제는 의결권 행사 금지에 대한 예외 인정 이후 금융지배 현상이 오히려 심화했으며, 애초 도입 취지인 적대적 인수·합병(M&A) 방어를 위해 이 예외조항이 실제로 사용된 일은 거의 없고 계열사 확장의 수단으로 자주 이용됐다는 점이다.

의결권 행사 지분율 30%에서 15%로 낮추다

이에 따라 참여정부는 2003년 말 발표한 '시장개혁 3개년 로드맵'과 '산업자본의 금융지배에 따른 부작용 방지 로드맵'에서 의결권 행사범위를 단계적으로 축소하기로 하고 2005년 공정거래법 개정 시 이를 반영했다. 금융계열사 의결권 제한 강화를 위한 법 개정은 참여정부의 재벌정책 관련 제도개혁에서 가장 확실한 성과로 꼽을 수 있다. 당연히 가장 저항이 컸던 개혁조치이기도 했다.

공정거래법 11조에 규정된 대기업집단 소속 금융보험사 의결권 제한제도는 출자총액제한제도 등과 더불어 1987년에 도입됐다. 국내 우량기업에 대한 외국인의 적대적 M&A 위협이 증가하고 있다는 재계 주장을 받아들여 2002년 예외로 30%까지 의결권 행사를 인정한 법 개정 이후 2003년 8월 공정위가 실제 운용상황을 점검했다. 점검 결과, 법 개정 당시의 재계 주장과는 달리 경영권 방어보다는 금융보험사를 통한 계열사 유지·확장의 수단으로 이 예외조항을 활용해왔음이 확인됐다. 이는 명백히 고객이 맡긴 금융보험사의 자금을 활용해 계열사 확장과 지배를 도모한 불공정 행위였다. 그 때문에 2003년 4월 활동을 시작한 '산업자본의 금융지배방지를 위한 T/F'에서 '산업자본의 금융지배에 따른 부작용 방지 로드맵'을 수립하면서 관련법 개정을 추진한 것이다.

개정내용은 대규모 기업집단의 금융보험사 의결권 인정 범위를 현행 30%에서 2006년 4월 1일부터 매년 5%씩 단계적으로 낮추어 2008년 4월 1일에는 다른 특수관계인 지분을 포함해 15%가 되도록 한다는 것이다.

실상과는 판이했던 적대적 M&A 우려

의결권 행사를 15%까지로 낮춰도 외국인에 의한 M&A 위협은 없을 것이라는 게 당시 정부의 생각이었다. 법 개정과정에서 나온 재계의 거센 반발과 주장은 그동안 재벌이 성장시켜온 한국의 대표적인 우량기업들이 외국인의 손에 넘어갈 수 있고, 외국 금융기관에 비해 국내 금융기관을 오히려 역차별한다는 것이었다. 이들 주장을 자세히 검토한 결과, 사실과는 거리가 멀었다.

2002년 법 개정 이후 33개 금융보험회사의 의결권 행사 기록 총 688건을 실사했는데 외국인 인수합병 방어를 위해 사용한 경우는 단 한 건도 없었다. 경영권 방어에 대한 우려 또한 현실과 달랐다. 검토 결과, 당시 외국인 투자 비중이 높았던 S 전자 등 한국의 대표적 대기업들이 경영권을 방어하는 데 법 개정은 문제가 되지 않는 것으로 나타났다. 금융자본과 산업자본의 분리는 선진국의 관행이므로 은행, 보험 등 정상적인 외국 금융기관이 한국기업에 출자하여 경영권을 확보할 가능성은 희박하다. 외국의 단기투자회사들이 단기수익을 목적으로 투자할 경우도 마찬가지였다. 이들 투자자본의 속성과 그 지분을 자세히 검토해본 결과 단일회사는 물론 전체 외국인 투자지분을 모두 더해도-그들이 외국인이라는 이유만으로 경영권을 획득하기 위해 서로 단결하지도 않을 것이지만-인수합병 혹은 경영권 지배를 가능하게 할 정도의 의결권에 이를 수는 없었다.

외국 금융회사의 출자에 대해서는 의결권 제한을 두지 않으면서 우리 금융보험회사에는 의결권을 제한하는 것이 역차별이라는 주장도 이미 말했듯이 타당하지 않다. 우리나라는 후발국으로서 급속한 공업화 과정에서 금융자본이 산업자본보다 상대적으로 낙후되어 금융보험사 등 일부에 한해 산업자본의 진출을 허용했는데 일반적으로 의결권 제한은 없다. 다만 자산 2조 원 이상의 기업집단 소속 금융보험계열사인 경우에만 계열사 확장으로 변칙 운영하는 것을 방지하기 위해 의결권을 제한한 것이다. 외국 금융보험사가 산업자본의 계열사로서 변칙 출자를 한다면 역시 제한을 받을 것이다. 도리어 문제는 재계의 주장이 가리고 있던 실상이었다. 대규모 기업집단 소속 금융보험계열사의 자산규모가 전체 금융보험사 자산의 절반을 훨씬 넘을 뿐 아니라 1997년~2001년 기업집단 부당내부거래의 86.7%가 금융회사를 통한 경우였고, 금융계열사가 직접 지원한 경우도 51.3%나 됐다. 당연히, 이를 제한할 필요가 있었다. 국내 금융기관에 대한 역차별과는 아무런 관계없는, 국내 산업자본과 금융자본 간의 문제였던 것이다.

전방위 반대로비 뚫고 법 개정 성사시키다

금융계열사 의결권 제한 강화는 참여정부 재벌정책의 하이라이트였다. 이 정책의 도입과정에서 재계, 정부 당국, 의회, 언론, 학계 전반의 많은 토론과 심각한 의견대립이 있었으나 결국 현행 30%에서 2008년까지 15%로 단계적으로 의결권 행사를 축소하도록 법을 개정했다.

법 개정안이 상정되자 당시 야당인 한나라당은 정기국회 시작 후 얼마 되지 않아 국회 정무위를 폐쇄하고 11월 중순까지 개회를 저지했다. 그렇게 된 배경에는 금융계열사 의결권 제한으로 가장 큰 비용부담을 갖게 되는 A 기업집단이 있었다. 이들이 국회의원과 보좌관 등을 상대로 전방위 로비를 벌이면서 저지하려 했기 때문이다. 당시 업계에서는 법 개정안이 통과될 경우 A 기업집단은 현 수준의 의결권을 유지하기 위해 4조 원의 자체 투자가 필요하다는 소문이 흘러나왔다. 이는 그동안 그만큼의 투자자금을 고객의 돈이기도 한 금융계열사 돈으로 충당하고 그 의결권은 지배주주가 행사해왔다는 방증이기도 하다. 겉으로 나온 명분이야 어떠하든 국회에서 여러 차례 논란이 지속한 저변에는 이러한 실질적 부담을 기업집단이 추가로 떠안는 것에 대한 반발이 깔렸었다. 그 때문에 해당 기업집단은 물불을 가리지 않고 전방위 로비를 했던 것이다.

개정안이 국회에서 가까스로 통과된 것은 역설적이지만 바로 이 '로비' 때문이었다. 국회 정무위에서 여야가 몇 차례에 걸쳐 한창 공방을 벌이고 있을 때 여당 간사가 결정적인 한 방을 날렸다. "솔직히 여기 야당의원들(한나라당) 중에 A 기업으로부터 로비를 받지 않은 사람이 한 사람이라도 있습니까?"이 말 한마디에 갑자기 분위기가 숙연해지고 언성을 높이던 비판의 소리도 사라졌다. 한두 사람씩 회의장을 나갔고 남은 사람들로 가까스로 정족수를 채워 개정안이 통과된 것이다. 예산국회 직전의 일이었다.

개정안이 국회에서 논의되는 중에 청와대 별관회의도 열렸다. 중요 사안이 있을 때마다 관계부처장관들과 청와대 정책실장, 대통령 경제보좌관이 자리를 같이하여 사안을 면밀히 검토하고 의견을 조율하는 장이었다. 금융계열사 의결권 제한 문제도 재정경제부장관 겸 부총리, 청와대 정책실장, 대통령 경제보좌관, 공정거래위원장이 함께 논의했다. 이 회의에서도 역시 외국 투자가에 의한 경영권 장악이 과연 가능한지 등을 놓고 검토가 이루어졌다. 논쟁은 있었으나 결국 법 개정 합의에 이르렀다.[3]

---

3   법 개정과 관련하여 청와대 서별관회의가 열렸다. 이헌재 경제부총리, 이정우 청와대 정책실장, 이희범 산자부 장관, 조윤제 경제보좌관, 공정거래위원장 등이 참석했다. 마지막까지 문제가 된 것은 금융계열사 의결권 제한 문제였다. 이 부총리는 이를 그대로 유지하거나 20~25%까지만 낮추는 안을 제안했다. 그러나 공정위는 당초

V : 시장 개혁, 4대 그룹 회장들은 무슨 얘기를 했을까

정부가 추진하고 있는 '시장개혁 3개년 로드맵'의 성공적 추진을 위해서는 재계 지도자들의 올바른 이해와 적극적인 협조가 필수적이었다. 이를 위해 필자는 4개 민영화기업 CEO(2004년 2월 6일), 엘지(LG) 구본무 회장(5월 27일), 에스케이(SK) 최태원 회장(5월 31일), 현대자동차 정몽구 회장(6월 3일), 삼성 이건희 회장(6월 15일)과 개별 회동을 했다.

회동은 2003년 12월 말 확정된 시장개혁 3개년계획의 성공을 위하여 영향력이 있는 4대 그룹 회장들에게 먼저 취지를 직접 설명하고 협조를 구하려는 자리였다. 의견을 청취해 반영할 것은 반영하고자 했다. 물론 이는 공정거래위원장으로서 의욕적으로 추진한 3개년계획을 성공하게 하기 위해 자발적으로 진행한 일이었다. 노무현 대통령은 이런저런 만남에서 "예, 강 위원장, 소신껏 하세요"라며 업무에 관한 한 일임한다는 취지의 언질을 수차례 주었기 때문에 그야말로 소신껏 추진했다.

맨 처음 회동을 주선한 것은 포스코, KT, KT&G 등 민영화한 전 공기업의 CEO들이었다. 민영화한 전 공기업들에 대해 나는 일종의 애정이 있었다. 이들 기업의 성공이 바로 다수 국민이 소유주인 대기업들도 전문경영인의 경영

첫해에 15%로 낮추고 장차는 이를 법 원문조항대로 금지하는 것으로 하자고 하였다. 주로 적대적 M&A 우려를 놓고 논쟁이 이루어졌다. 공정위 입장에서는 대표적으로 제기된 S전자의 M&A 우려에 대해 세밀하게 조사한 결과 문제가 없음을 강조했다. 현 지분구조 하에서 15%로 낮추어도 상법상 특별의결권 조항의 2/3 찬성 등 엄격한 조항이 있고, 기존 소유구조상 상위 10대 외국인 투자가 대부분은 경영권에는 관심이 없는 펀드(fund)들이라서 그 가능성이 희박한 반면 지배주주의 부당한 지배권 행사에 이 예외조항이 남용되고 있다는 점을 근거로 제시했다. 조윤제 보좌관은 원칙상 금융계열사의 의결권을 지배주주가 지배목적으로 사용하는 것이 선진국에서는 인정되지 않는 잘못된 경우임을 금융전문 학자답게 강조했다. 논의 결과는 15%로 낮추되 그 시행을 단계적으로 하여 첫해인 2006년 4월 1일에 25%로, 2007년 4월 1일에 20%로, 마지막인 2008년 4월 1일에 15%로 하기로 합의했다. 개정안은 2004년 12월 9일 국회를 통과했고 2005년 4월 1일부터 시행했다.

을 통해 좋은 성과를 낼 수 있음을, 그리고 한국에서도 기업들의 다양한 소유
지배구조가 가능함을 입증해주는 것이기 때문이다. 그래서 4대 재벌기업의
지도자들과 개별 회동을 하기 전에 4대 민영화기업의 CEO들과 같은 취지의
자리를 만들었다.

4대 그룹 회장과 첫 번째 회동은 LG 구본무 회장이었다. LG는 이미 정부가
목표의 하나로 삼은 지주회사체제로 전환을 자체 추진하고 있었다. 그 때문
에 정부로서는 3개년계획 협조요청이 비교적 쉬웠고 기업에서도 부담 없이
수용할 수 있었다. 실제로도 구 회장은 협조적이었다. 다음에 SK, 현대, 삼성
순서로 회동이 이어졌다.

회동내용은 우선 시장개혁 3개년계획의 취지와 내용에 대한 설명, 적극적
으로 협조해달라는 요청에 이어 재계의 애로를 듣고 논의하는 식이었다.

대체로 협조적이었다. 다만 기업에 따라 온도 차이가 있었다. 가장 적극적
으로 협조 의사를 밝힌 곳이 LG였고 당시까지 추진은 다소 지지부진하나 신
념을 지니고 지주회사체제로 전환하겠다는 의지를 보인 곳이 SK였다. 그리
고 현대는 다소간의 시간이 필요하므로 대략 4~5년 기간을 달라는 취지의 뜻
을 밝혔다. 삼성 이건희 회장과 회동에서는 나라 경제 차원에서 많은 토론을
하였다. 특히 중소기업과 관련된 문제에 관심을 보였는데 나는 주로 하도급
업체, 협력업체 등 거래관계에 있는 중소기업들의 제품 단가 인하나 기술탈
취 등 당시 중소기업들의 피눈물 나는 애로사항을 이야기했다. 이 회장은 수
년 전 삼성은 협력중소기업에 대한 삼성직원들의 비리를 발견해 엄벌한 이후
비리는 거의 없는 상태이며 우리나라 중소기업들의 기술 수준이 너무 낙후된
것이 오히려 문제라는 취지로 말했다. "향후 중소기업의 기술발달이 우리나

라 경제발전의 중요한 관건이 될 것"이라는 요지의 발언도 했다. 지극히 타당한 말이기는 하나 발주기업들의 횡포 혹은 구매업체의 '협력업체 관리'가 중소기업의 기술개발과 발전을 옥죄고 있다는 사실은 잘 모르는 것 같았다. 가령 납품단가 인하나 기술탈취 같은 직접적인 억압 외에 구매담당자들이 재무관리를 대신해준다면서 협력업체에 3% 정도의 이익만을 허용하도록 지도하는 일들이 관행처럼 이어지고 있는 것이 사실이었기 때문이다.

지주회사체제로 전면 재편하고 있는 LG와 달리 삼성은 아직 검토도 하지 않고 있었다. 삼성은 규모가 커서 지주회사로 전환하려면 너무 큰 비용이 들어가기 때문이라고 했다. 이는 이 회장의 직접 발언은 아니지만 삼성 주변에서 흘러나오는 이야기로, 천문학적 자금이 지주회사 전환에 필요하다는 말이었다. 당시 내 생각은 하나의 지주회사 안에 수많은 기업을 묶지 말고 이를 몇 개의 사업단위, 가령 전자, 금융, 엔터테인먼트 등으로 나누어 지주회사 전환을 추진할 수도 있지 않은가 하는 것이었다. 물론 이것은 나만의 생각이었을 뿐 전혀 실현될 조짐은 없었다.

현대 정몽구 회장의 말에는 분명한 메시지가 있었다. 정 회장은 "향후 5년 후에 세계 5위권의 자동차회사를 만들겠다. 이를 위해 남양만에 대규모 연구소를 설치해 운영 중이다.(당시 6천 명~7천 명의 연구원 근무) 위원장이 꼭 한번 방문해주기 바란다"는 것과 "이를 위해 다소간의 시간 유예를 해줄 수 없는가"를 얘기했다. 그 후 남양만 연구소를 방문해 직접 직원들을 격려한 바 있다. 그리고 현대는 실제로 몇 년 후 세계 5위 생산기업으로 발돋움했다.

SK 최태원 회장은 매우 솔직하게 "몇 달 동안 대학원에 다녀왔는데 그동안 지배구조에 대해 생각을 많이 했다. 반드시 지배구조 개선을 이루겠다"는 의지를 보였다. 여기서 대학원은 영어의 몸이 되었던 기간을 표현한 것이다. 당시로써는 그러한 의지가 매우 강함을 느꼈다. 그 후로도 몇 년간은 수시로 나에게 진척상황을 직간접으로 전해오는 등 지배구조 개선에 성의를 보였던 것이 사실이다.

4대 그룹 회장과 개별회동을 통해 얻은 것은 정부가 추진하려는 시장개혁 3개년계획의 취지와 목표에 대해 큰 반대 없이 이해를 받아냈다는 점이다. 이 계획에 대하여 근본적 반대나 비판을 받지는 않았다. 그러나 전경련은 3개년계획 중 출자총액제한제도의 졸업과 관련한 의결권 승수 항목을 놓고 거세게 반발했다.

졸업제는 의결권 승수 말고도 지주회사 전환을 하는 경우나 계열사 수가 5개 이내인 경우 등에도 허용됐다. 이들 조건 중 하나만 충족해도 출자총액제한제도 대상에서 벗어날 수 있었음에도 의결권 승수 반대를 들고 나온 것은 제도 자체를 부정하려는 의도라고 보았다. 실제로 이들은 "전 세계적으로 우리나라밖에 없는 제도"라거나 "가뜩이나 경기가 부진한데 계열사 출자를 금지하면 투자가 줄어들어 더욱더 경제가 침체할 것"이라거나 "계열사 순환출자를 없애면 국내 기업의 경영권이 외국인 손에 넘어갈 우려가 있다"는 등의 위협적인 주장을 늘어놓으면서 출자총액제한제도 폐지를 주장했다.

그러나 우리가 검토한 바에 의하면 그러한 주장들은 모두 근거가 없는 것이었다. 다만 세계적으로 희귀한 제도라는 점에는 동의하는데, 그럴 수밖에 없는 것이 계열사 순환출자를 통해 기업집단을 형성하는 방식 자체가 세계적으로 드문 사례이기 때문이다. 소액투자가를 비롯한 다수의 일반주주 지분이 포함된 계열사 자금을 그룹계열사 출자에 활용해 지배주주의 경영지배권을 확보하는 방식은 공정하지도 않고 정당하지도 않다. 그래서 이를 규제하는 출자총액제한제도가 도입된 것이다.

VI : 다윗, 골리앗을 잡다… 마이크로소프트사 '끼워팔기' 제재

재임 중 가장 심혈을 기울여 처리한 심결사건이 미국 기업 마이크로소프트 (MS)사의 끼워팔기 사건이다. 미국의 자존심이라고도 할 수 있는 세계적 기업 MS사를 조사해 325억 원의 과징금을 부과하는 동시에 끼워팔기를 금지하는 시정조치를 내린 사건이었다. 그 때문에 3년 임기를 마치고 이임식을 거행할 때 직원들이 뽑은 위원장 재임 기간 10대 업무 중 단연 1위가 MS 사건 처리일 거라 내심 생각하기도 했다. 물론 앞에서 잠시 언급했듯이 1위는 재경부 소속이었던 소비자보호원(이후 소비자원으로 이름을 바꿈)의 공정거래위원회 이관이 꼽혔지만 공정위 본연의 업무만 놓고 보면 MS사 사건이 단연 1위였다.

전담T/F 구성, 지지부진 조사에 박차 가하다
2003년 3월 공정거래위원장으로 부임한 후 국실별 업무보고를 받는 중 MS사 사건이 계류 중인 것을 알았다. 이 건은 다음(Daum)과 리얼네트워크스 (Real Networks)사가 MS사를 대상으로 윈도즈 메신저(Windows Messenger)라는 프로그램SW을 MS 운영체제인 윈도즈(Windows)에 결합판매(끼워팔기)하고 있다는 신고로 시작된 사건이었다. 당시 담당과에서는 이 사건을 거의 1년 이상 조사하였지만 크게 진전된 내용 없이 시간만 끌고 있었다. 담당과장은 사건 내용이 미미한 데 비하여 외국 회사이고 조사인력 부족 등으로 어려움이 있음을 호소했다.

MS사가 어떤 회사인가? IT 분야에서 미국뿐 아니라 전 세계 최고의 기업 아닌가? 그렇게 가볍게 처리할 일이 아니었다. 보완조사를 해서 다시 보고하라고 지시하였다. 3개월쯤 뒤에 다시 가져왔는데 역시 그다지 진전이 없었다. 다른 업무가 과중해 조사를 포기하고 싶다는 분위기가 감지되었다. 마침 교육에서 돌아온 허선 씨를 경쟁국장으로 임명하고 사건의 중요성을 강조하며 이 일을 맡겼다. 훗날 사무처장을 맡은 허 국장은 유능한 국장이었다. "위원장의 뜻을 잘 알았다. 면밀히 검토해서 보고하겠다"고 긍정적 자세로 일을 시작했다. 며칠 뒤 허 국장은 사건처리를 위해 T/F를 만들어달라고 요청하였다. 세계적인 외국 회사를 역외사건으로 처리한다는 것이 기존 소규모 과에서 감당키 어렵다는 이유였다. 공정위 직원 중 미국 변호사, 경제학 전공자, 사법행정양과 합격자 등 엘리트 직원 5명으로 팀을 꾸려주었다.

그 후 4개월 지나면서 성과가 나타나기 시작했다. 윈도즈 메신저(Windows Messenger)뿐만 아니라 윈도즈 미디어플레이어(Windows Media Player), 윈도즈 미디어 서버(Windows Media Server)까지 모두 3가지를 끼워 팔기 했다는 조사 결과가 나왔다. 이는 시장지배적 사업자가 지위를 남용하여 끼워 팔기를 하는 상품의 시장까지 독점하는 것이어서 경쟁 사업자들의 시장진출을 억제하거나 공정한 경쟁을 훼손하는 행위였다. 공정거래법에서 시장지배적 사업자의 지위남용 행위로 처벌 대상이 되는 것이다.

마리오 몬티 EU 집행위원장이 전화한 이유는?

MS사 끼워팔기 사건은 세계적으로도 주목을 받았다. 세계 최고의 기업이라는 점에서도 그렇거니와 미국에서 기업에 우호적 판결이 난 뒤 EU가 이를 다시 조사하고 있었고 한국 공정거래위원회가 EU에 이어 세계에서 두 번째로 조사를 시작했기 때문이었다. 우리보다 한발 앞서 MS사를 조사하고 있던 EU 경쟁당국과는 실무적으로 상호 협조하고 있었다. 이 사건을 담당한 EU 집행위원은 이탈리아 출신 마리오 몬티(M. Mario)로 공정거래분야에서는 세계적으로 알려진 인물이었다. 그는 2011년에 이탈리아 수상을 역임했다.

그런데 바로 마리오 몬티가 2004년 3월 25일 오후 4시경 내게 전화를 걸어왔다. 내용은 "EU 경쟁당국에서 방금 MS사 끼워팔기 사건을 종결짓고 지금 아침 8시인데 9시 EU 집행위원회에 부의하기 위해 위원회로 가는 중이다. 과징금은 4억9천만 유로(달러로 7억4천만 달러)이다. 시장획정은 다른 나라 경쟁당국(공정거래위원회)들이 각기 자기 지역 시장을 대상으로 처리하도록 EU 지역으로 한정했다"는 내용이었다. 나는 "탁월한 결정(excellent decision)"이라고 화답하고 한국 공정위도 현재 이 사건에 대한 조사를 진행 중이라고 설명했다. 한국 공정거래위원장인 내게 특별히 이를 알려주는 이유는 당시 82개 정도였던 세계 공정거래위원회 중에서 MS사 조사를 하는 나라는 EU 외에는 한국밖에 없었기 때문이었다.

또 하나의 사유는 2주 뒤인 4월에 한국에서 세계 공정거래위원장 회의인 ICN[4] 총회가 열리는데 몬티 위원이 전야제는 어렵고 다음 날부터 참여할 수 있다는 말을 직접 전할 겸 전화를 한 것이다. 몬티 위원과는 그 후 한국에서

4 International Competition Network

한-EU 양자 공식회의를 개최하였고 EU에서도 두 차례 공식회의를 가지면서 양자 협정을 맺는 등 긴밀한 협조관계를 유지했다. 그리고 그는 10년간 두 번의 임기를 마치고 2006년 이탈리아로 돌아가 볼로냐대학 총장을 거친 다음 수상까지 역임했다.

미국 측 로비에 정면 대응 "한국 공정위는 독립기관"

이 사건의 중요성에 비추어 미국의 로비도 만만치 않았다. MS사 사건을 조사 중이던 어느 날 갑자기 미국 국무장관을 지낸 헨리 키신저의 서신이 나한테 전달되었다. 내용은 비교적 간단했다. 끼워 팔기 사건으로 MS사를 위법처리하면 한국 소비자에게 큰 손실을 줄 것이라는 요지였다. 알고 보니 키신저는 MS사의 공식 로비스트로 등록된 인물이었다. 또 하나는 미국 하원의원(Congressman) 6명이 연서를 해 보낸 편지인데 키신저보다 저급한 언어로 표현된 위협적인 내용이었다. MS사에 대한 위법처리는 부당하며 이를 강행할 경우 한국 소비자는 물론 공정위 및 한국에 매우 불리하게 되므로 즉각 조사를 중단하는 게 좋을 것이라는 내용이었다.

그 외에도 MS사가 로비스트들을 동원해 청와대 인사, 국회의원, 정부 고위관료 등 전방위 로비를 전개하는 것이 포착됐다. 잘못하면 사건처리가 무산되거나 불공정하게 처리될 우려마저 느껴졌다. 기획재정부장관, 통상교섭본부장, 청와대 정책실장과 함께 조찬회동을 열어 MS사 사건과 관련된 업무조정회의를 했다. 그간의 사정을 설명하고 사건처리가 공정위의 독립적 고유업무임을 상기시키고 일체의 로비에 흔들림 없이 대처해 달라고 요청했다. 이후 모두가 공정위의 사건처리를 믿었고, 개입하거나 의견을 제시하는 일은 전혀 없었다.

심리는 6차에 걸쳐 진행됐는데 MS사의 전방위 로비가 감지되던 어느 날이었다. 나는 공정위 심판정에서 심리에 앞서 미국에서 온 부사장 이하 24명의 MS 측 관계자들과 반대 측 참여자들에게 위원장 모두발언을 통해 주의를 환기했다.

"한국의 공정거래위원회는 독립적인 기관이며 누구의 지시나 간섭을 받지 않는다. 혹시라도 정관계 인사들에게 로비해 심판결과에 영향을 미치려는 어떠한 생각이나 행동이 계획되어 있다면 이를 삼가기 바란다."

그 발언이 주효하였는지 그 후 로비는 다소 진정되는 것 같았다.

그러나 2005년 독일 본에서 열린 ICN 총회에서 미국 경쟁 당국인 법무부(DOJ)의 휴 페이트(H. Pate) 대표가 나와 단독회담을 요청해왔다. 회담 내용은 주로 MS사 사건처리와 관련된 것이었다. 페이트는 조심스럽게 "미국에는 동의명령제가 있는데 한국 공정위의 MS사 사건 처리도 이 제도로 처리해줄 수 없는가"라고 타진해왔다. 동의명령제는 신고자와 피신고자 간에 합의로 사건을 종결할 수 있는 제도지만 한국에는 아직 도입되지 않은 상태였다. 따라서 사건 처리의 신속성이나 이해당사자 간의 합의 등 그 제도의 장점을 이해하지 못하는 바는 아니지만 이번 MS사 사건은 그런 방식으로 처리할 수 없음을 확실하게 못 박았다. 미국 연방거래위원회에서도 사건처리 내용을 파악하고자 실무자급 직원 파견을 요청하여 이는 받아들였다.

절차와 내용에 신중 거듭… 전원회의서 6차에 걸쳐 심리

공정거래위 전원회의에서 국내 심리는 통상 1회로 끝난다. 사건조사와 심결서가 완성되어 이미 신고자와 피심인 측 모두에게 공지한 후 열리는 심판이기 때문에 그리 오래 걸리지 않는다. 오히려 전원회의를 구성하는 9명의 합의 과정에 많은 시간이 소요된다.

MS사 사건은 좀 달랐다. 역외사건이고 그 대상이 미국 최대 기업으로 전세계적 관심사였기 때문에 절차에 하자가 없도록 최대한 배려하였다. MS사 본사 부사장을 포함하여 변호사, 경제전문가 등 관련자 24명과 국내 로펌 대리인, 그리고 신고자와 그 대리인 등 수십 명이 심리에 참여했고 동시통역 부스를 만들어 언어장벽에 대처했다. 중요 사안마다 양측의 의견을 충분히 듣고 필요에 따라 증인심문도 받아들였다. 각각의 견해를 대변하는 경제전문가들의 연구결과나 의견 또한 청취했다. 하고자 하는 의견을 최대한 수렴한 셈이다.

공정위의 주심인 서동원 상임위원과 심판관리실에서 양측의 요구를 최대한 수용하는 프로그램을 만들었으며 절차에 관한 한 세계 어느 공정거래 당국의 심판보다도 공정하고 철저하게 심사했다는 평가를 받았다. 끼워 팔기로 인해 어려움을 겪거나 도산 우려가 있는 국내 중소기업들의 생생한 진술도 들었다. 그로 인한 소비자의 피해가 얼마나 되는지도 경제전문가들의 계산으로 보고되었다.

소비자에게 선택권 돌려준 시정조치 및 과징금 결정

전원회의 심리결과 다음과 같이 결론이 났다. 피심인들이 윈도 PC 운영체

제와 피심인의 메신저, 윈도 미디어플레이어, 윈도 미디어서버 등이 별개 제
품인데도 이를 결합해 판매한 행위는 피심인의 메신저 등을 원하지 않는 소
비자에게 구매를 강제하는 결과를 초래하므로 정상적인 거래 관행에 비추어
부당한 행위라는 것. 이와 같은 피심인들의 행위는 피심인 메신저 등의 편재
성을 초래하고 이로 인해 발생한 네트워크 효과 및 고착 효과를 통해 메신저
등의 시장 경쟁을 제한한다는 것. 그뿐만 아니라 그 거래내용 및 경쟁수단이
불공정하지만 그로 인한 효율성 증대 효과는 미약하다는 것. 그 때문에 불공
정한 거래행위라고 인정되는 '끼워팔기'에 해당한다는 내용이었다. 다시 말
해 MS사가 독점력을 가진 PC 서버운영체제에 윈도 미디어서버, 미디어플레
이어 프로그램, 메신저 프로그램을 결합 판매한 행위는 부상품 시장의 경쟁
을 봉쇄하고 독점화해 주상품인 PC 서버운영체계 및 PC 운영체계 시장에 대
한 진입장벽을 설치한 것으로, 이는 시장경쟁을 제한하고 소비자 이익을 저
해한다고 판단한다.

　실제로 고화질 미디어서버 시장의 경우 2002년 디디오넷 등 국내 벤처기
업들이 90%를 차지하고 있었으며, 저화질 시장에서는 미국 회사이자 신고자
중 하나인 리얼네트워크스사가 1999년 말 90%의 점유율을 가지고 있었다.
그러나 2004년 8월이 되자 고화질, 저화질을 막론하고 MS사가 시장의 90%
를 점유했다.

　또 다른 부상품인 미디어플레이어 시장에서도 2000년 말 MS 점유율은
39%, 리얼네트워크스는 37%였으나 2004년 8월에는 MS가 60% 이상을 점
유한 반면 리얼네트워크스는 5%로 급감했다. 메신저 시장 또한 2000년 말
에는 다음 메신저가 20%를, MS가 13%를 점유하고 있었다. 그러나 2004년

4월 시장점유율은 MS는 65.2%로 급등했고 다음 메신저와 네이트온은 각각 5.3%, 3.3%로 대폭 축소되었다. 결국 MS사는 독점력을 이용한 결합판매로 부상품인 소프트웨어(WMS, WMP, WM) 시장에서 경쟁기업을 축출하고 선택권과 기술혁신을 저해하는 등 소비자 후생의 감소를 초래한 것이다.

더구나 이들과 깊은 연관이 있는 콘텐츠 시장까지 영향을 미쳐 한쪽으로 편중되게 하는 쏠림현상(tipping)을 강화한다고 전원회의는 보았다. 전원회의에서는 특히 EC 등 다른 나라와 비교할 때 피심인들의 시장 독점화 정도가 높다는 점, 초고속 인터넷 등이 발달하여 미디어플레이어와 같은 소프트웨어를 다운로드 받는 데 시간이 적게 소요된다는 점 등의 국내 여건이 중요하게 거론됐다. 이러한 상황에 비추어 볼 때 피심인들의 결합판매는 효율성 증대 효과는 크지 않았지만, 경쟁사업자를 배제하고 소비자 이익을 저해하는 등의 경쟁제한 효과는 매우 심각하여 적극적인 시정조치가 필요하다고 봤다.

이에 따라 공정위는 다음과 같은 시정조치를 내렸다. 피심인들이 부상품이 분리된 버전과 부상품을 탑재하되 경쟁제품에 대한 접근기회가 보장된 버전 등 두 가지 버전의 윈도 PC 운영체제를 PC 제조업체와 소비자에게 제공토록 했다. 이를 통해 소비자에게 부상품 없는 주상품을 구매할 수 있도록 하고, 경쟁제품이 탑재된 버전의 경우 경쟁사업자가 피심인들 제품과 대등한 수준의 판촉 및 소비자 접근기회를 가질 수 있도록 하는 등 소비자에게 상품 선택권을 제공한 것이다. 또한 법 위반에 대한 과징금으로 325억 원을 부과했다. 세부 부과기준에 따라 자세히 검토한 결과였다.

굵직한 역외사건 처리 줄이어… 'G7 기관' 평가도

MS사는 공정위 시정조치와 과징금 부과에 불복, 상소했다가 2008년에 돌연 이를 포기했다. 공정위 결정을 받아들인 것이다. MS가 공정위의 최종 심결이 나오기 직전 리얼네트워크사와는 약 7억 달러로, 다음과는 300억 원으로 합의했다는 소문이 들렸다.

공정위 직원들은 MS사 사건을 계기로 자신감이 생겨 그동안 맡기를 꺼리던 역외사건을 앞다퉈 담당하려는 자세로 바뀌었다. 이에 따라 인텔, 퀄컴 등 굵직굵직한 역외사건들을 계속 처리해나갔다. 세계적으로 권위 있는 경쟁분야의 잡지인 GCR[5]이 매년 발표하는 세계 경쟁 당국 순위에서 2006년 한국 공정거래위원회가 G7에 오르는 기염을 토하기도 했다. 한국 공정위의 국제적 위상이 크게 높아진 것이다. 그러나 2012년 이후 GCR 순위는 10위권 밖으로 밀려났다. 공정위가 공정거래질서를 바로잡는 본연의 역할을 다하지 못하고 물가 당국의 기능을 수행한다는 인상을 줬기 때문이라는 국제적 평가가 나오고 있다.

VII : 보상체계 강화로 실효성 높인 리니언시 프로그램

2005년 9월 5일 제4회 서울경쟁포럼이 개최되었다. 거기서 미국대표단으로 참여한 전직 FBI 직원과 잠시 대화를 나눈 일이 있다. 우리는 카르텔 자진 신고자 감면제도 즉 리니언시 프로그램(leniency program)에 관해 이야기하였

---

5 Global Competition Review

다. 그는 뜻밖에도 리니언시 프로그램의 최초 입안자 중 한 사람이었다. 그 자신과 그의 동료 그리고 상사가 이 제도를 최초 도입한 장본인이라는 것이다. 1980년대 후반 경제적 피해가 큰 카르텔의 은밀성에 비추어 적발률이 너무 낮아 고민하던 차에 고육지책의 하나로 리니언시 프로그램을 고안해냈다는 설명이었다.

리니언시 프로그램의 내용은 비교적 단순하다. 카르텔 당사자 중에서 누군가가 먼저 경쟁 당국에 자진신고를 하면 과징금과 형사처분 등을 면제해준다는 내용이다. 이 직원은 카르텔이 적발되어 형사처분을 받거나 거대규모의 과징금을 내는 것보다 미리 자진신고 해 면제받는 편이 유리하다고 판단되면 비록 담합 관련자들로부터 배신자라는 낙인이 찍히더라도 신고를 감행할 것이라는 기대를 하고 출발했다고 이야기했다. 실제로 이 제도 도입으로 카르텔 적발에 적지 않은 성과를 거뒀으며 리니언시 제도가 두려워 카르텔 시도 자체가 줄어드는 긍정적인 효과도 있었다고 강조했다.

그 후 많은 나라가 이 제도를 도입했다. 미국, EU 등 선진국은 물론 우리나라도 1996년에 제도를 도입해 시행 중이었다. 그러나 우리나라에서는 2004년까지 그 효과가 미미했다. 업계에서 배신자로 낙인찍히는 두려움이 너무 커서 자진신고를 감행하지 못하는 것이라는 추측도 있었다. 그런데 이유를 조사해 보았더니 그게 아니었다. 제도 자체가 신고자에게 그다지 매력적이지 않았다. 신고 후 배신자로 낙인찍히는 부담을 충분히 상쇄하지 못하는, 실효성 없는 수준에서 운영해왔기 때문이었다. 자진 신고자에 대한 혜택이 충분히 크면 신고가 늘어날 것으로 생각했다. 그래서 법을 개정했다. 자진 신고자에 대한 보상체계를 강화한 것이다.

1996년 한국의 공정거래위원회가 이 제도를 도입할 때에는 최초 신고자에게 과징금을 최대 70%까지 면제해줄 수 있도록 하였다. 이후 매년 평균 1건씩 제보가 있었으나 카르텔 조사 전체 건수에 비하면 그다지 큰 영향을 준 것은 아니었다. 2004년 이 제도를 바꾸어 최초 제보자에 대한 보상시스템을 강화하자 놀라운 효과가 나타나기 시작했다.

기존 규정에는 최초 제보자에게 최고 70% 감경, 그것도 공정거래위 심사 후 재량으로 판단하게 돼있었다. 실제로 과징금 감면은 30%~50% 정도의 저수준에서 다양하게 이루어졌다. 2004년에 감면기준을 대폭 개정해 실효성을 높였다. 제1 신고자에 대해서는 최고 70%가 아니라 일정한 조건이 맞으면 100% 면제해주는 것으로 강화하고 "감경할 수 있다"가 아니라 "감경한다"로 당국의 재량권을 대폭 제한했다. 제보자에게 크게 유리하도록 제도를 바꾼 것이다.

1997년~2004년 8년간 연평균 1건, 총 7건의 제보가 있었을 뿐이었으나 이 조치가 시행된 뒤 2005년 7건, 2006년 7건, 2007년 10건으로 늘어났다. 2008년에는 총 21건의 제보가 이어져 전체 카르텔 사건 43건의 절반을 차지하기에 이르렀다. 최근에는 카르텔 사건 대부분이 리니언시 프로그램으로 처리될 정도이다. 카르텔 조사가 시작되면 누가 최초 제보자인지가 매우 중요한 쟁점이 되었다. 로펌에서는 신속한 제보를 권유하는 게 일상사로 자리 잡았다. 제도의 개선 혹은 도입이 가져오는 효과가 그렇게 클 줄을 아무도 몰랐다. KT-하나로통신 담합, 지게차 담합, 배터리 제조업자 담합, 밀가루 담합 등 굵직굵직한 사례가 등장했고 국제적으로도 반도체 담합, 에어카고(Air Cargo) 담합 등 거의 중요한 사건은 대부분 이 리니언시 프로그램에 따라 조사와 심의가 진행되고 있다.

이 제도는 시장경제 제1의 적이라고 하는 카르텔에 대한 적발력을 강화할 뿐 아니라 미리 이를 방지하거나 줄이는 효과를 거두고 있다. 결과적으로 시장의 공정한 경쟁을 촉진함으로써 소비자 후생을 증가시키고 생산성을 높이는 데 기여하고 있다. 작은 제도일 수 있지만 시장에서 자유롭고 공정한 경쟁의 규칙을 지키게 함으로써 경제발전을 촉진하는 작지 않은 의의와 성과를 지니고 있다고 본다. 카르텔을 억제하고 시장경제를 보완하는 하나의 사회적 기술인 것이다.

VIII : 최초의 '공정위 산하기관'은 이렇게 만들어졌다

공정거래위원장 이임식에서 직원들이 꼽은 재임 10대 업무 중 1위가 소비자보호원을 재정경제부에서 공정위로 이관시킨 것이었음을 처음에 언급했다. 그만큼 공무원들이 영역의 확대에 관심이 많다는 점을 말해준 사례였다. 소비자보호원이 공정위로 이관돼야 하는 분명한 이유는 몇 가지가 있다.

첫째, 공정거래법 제1조는 "경쟁을 촉진함으로써 창의적인 기업활동을 보장하고 소비자를 보호함과 아울러 국민경제의 균형 있는 발전을 도모함을 목적"으로 한다고 돼 있다. 공정경쟁을 촉진하는 궁극적인 목적의 하나가 소비자를 보호하는 데 있는 것이다. 따라서 공정거래위원회는 소비자 보호를 전담하는 소비자보호원을 산하에 둘 필요가 있다.

둘째, 공정거래위원회가 기업의 위법행위를 조사하고 위법 시 시정조치와 과징금 부과 등 벌칙을 내리는 것은 기업에 대한 일이다. 비록 소비자가 신고를 했어도 소비자의 피해를 보상해주는 것은 아니라는 말이다. 소비자보호원이 공정위 산하로 들어와 협력한다면 소비자 피해구제나 권익보호에도 일정한 역할을 할 수 있게 된다.

셋째, 소비자보호원의 활동을 통해 소비자 피해를 계측할 수 있다. 기업의 공정거래법 위반행위에 대한 과징금을 부과할 때 소비자 피해액을 계측할 수 있다면 그것은 매우 훌륭한 과징금 산정 기준이 될 수 있다. 소비자보호원의 전문인력들은 그러한 업무를 할 수 있다.

이러한 이유로 인해 소비자보호원이 재경부 산하에서 공정거래위 산하 기구로 이관되는 것이 업무연계 상 효율적이라고 할 수 있다. 그러나 이관은 대통령 주재회의에서 다뤘을 만큼 부처 간에 양보하기 쉽지 않은 일이기도 했다. 전임 위원장 시절에도 수차례 이관 시도가 있었지만 번번이 재경부의 반대에 부딪혀 실패로 돌아갔다. 공정위로서는 숙원사업의 하나였다. 그것이 참여정부 시절에 실현된 것이다.

또 하나, 공정거래조정원 신설 과정도 순탄치는 않았다. 2005년 여름휴가를 얻어 제주도에 내려와 있을 때였다. 청와대 비서관으로부터 전화가 걸려왔다. "대통령께서 만나자고 하신다"는 연락이었다. 지금 휴가로 제주도에 와 있다고 하자 잠시 후 다시 연락이 왔는데 서울로 돌아오는 수요일에 청와대로 들어오라는 것이었다. 무슨 일일까 고심하다가 대통령을 만나면 공정위 소망사항을 하나 요청하기로 했다.

공정거래업무를 추진하다 보면 우수 인력들이 행정업무를 매우 잘 처리하고는 있으나 시장경쟁에 관한 그리고 소비자 피해액 계측에 관한 전문적 연구가 부족하다는 아쉬움이 있었다. 그동안 공정위 내에 소규모 연구 부서를 하나 설치하기는 했다. 그러나 미국 연방공정거래위원회에 70여명이나 되는 경제학 박사 등 전문인력이 끊임없이 연구하고 계측하는 것과는 전혀 비교할 수 없는 수준이었다. MS사 사건에서도 그랬듯이 외부 연구인력에 용역을 주어 도움을 받는 방식이 계속됐다. 그래서 공정위 내에 연구기구를 설치하거나 그것이 어려우면 산하기관으로 연구소를 설립하면 좋겠다는 생각을 하고 있었다. 재경부는 한국개발연구원(KDI)이라는 훌륭한 씽크탱크가 있고 산업자원부는 산업연구원(KIET), 노동부는 노동연구원, 농림부는 농촌경제연구원이 있다. 시장경제의 공정경쟁을 다루는 공정위도 이 분야 전문가들이 참여하는 시장경쟁연구소를 설립하면 좋을 듯싶었다. 그래서 대통령과 면담 때 연구소의 필요성을 설명하고 설립을 건의하였다. 대통령도 별다른 이의가 없었다. 관련 부처와 협의해 설립하도록 승낙하고 추진을 지시했다.

그런데 관련 부처와 협의 과정에서 난관에 봉착했다. 우리나라에 국책연구기관이 너무 많다는 것이다. 지금 있는 기관들도 통폐합하려는 마당에 새로 설립하자는 건 무리라는 말이다. 그 말도 일리가 있다고 생각했지만 대통령 지시에도 불구하고 거의 부정적인 상황에 부닥치게 되어 난감했다. 그러나 어떻게 잡은 기회인가? 끈을 놓지 않고 부처 간에 많은 논의를 진행하게 했다. 공정위의 연구기능도 필요한데 너무 많은 정부출연 연구기관이 생기는 것도 문제다. 하지만 대통령의 지시가 있었던 만큼 없던 일로 할 수는 없다. 심도 있는 논의 끝에 타협안이 나왔고 '공정거래조정원'을 만드는 것으로 낙착되었다. 시장에서 발생하는 수많은 분쟁을 공정위까지 오기 전에 서로 조정할 수 있으면 조정을 하도록 하는 역할을 주로 맡고 그 안에 연구기능을 덧

붙이는 형식이다. 원래 바라던 바와는 거리가 있는 기구이긴 하나 운영의 묘를 발휘하면 연구기능도 살릴 수 있으리라 생각하였다. 이렇게 출범한 것이 공정거래조정원이다.

소비자원과 더불어 공정거래조정원을 공정위 산하에 두게 되자 공정위 직원들은 매우 흡족해하였다. 부처의 영역이 넓어질수록 기회가 더 많아진다고 생각하기 때문이다. 그동안 산하 기관이 없었으니 공정위로서는 여러모로 각별한 일이었다.

임기 중 여의도에 공정거래위원회 서울사무소를 설치한 것도 간단하게나마 언급해두고자 한다. 그동안은 과천에 있는 공정위가 전국적인 사건을 모두 다루고 있었다. 부산·대구·대전·광주사무소가 있기는 하였으나 전국적인 주요 사건은 모두 과천 본위원회로 몰려오기 때문에 항상 일이 넘치고 분주했다. 서울에 사건이 많으므로 서울사무소를 설치하면 업무를 상당 부분 분산시킬 수 있을 것으로 생각했다. 과천까지 오지 않아도 되니, 신고자들도 편리해진다. 결국 관련 부처 간 협의 끝에 서울사무소가 내 임기 중 설치되어 간판을 여의도에 걸었다. 직원들도 매우 좋아했다. 자리도 일부 늘어나지만 넘치는 업무를 분산시킬 수 있다는 점을 다들 큰 이점으로 들었다.

: 마치면서 경쟁당국은 경제권력에 어떻게 맞설 것인가

시장경제가 발전하기 위해서는 자유롭고 공정한 경쟁이 최대한 보장되어야 한다. 그래야 희소한 자원이 낭비 없이 생산적인 곳으로 흘러들어 가 소비자와 생산자 모두에게 이익이 된다. 그러나 나라마다 독특한 환경에서 시장경제를 발전시켜가기 때문에 각각의 과정에서 시장을 왜곡하는 특수한 걸림돌이 나타나기 마련이다. 공정거래정책은 시장의 실패를 바로잡기 위해 모든 나라에서 일반적으로 나타나는 불공정행위를 시정함과 동시에 각국에 적용되는 특수한 과제를 동시에 해결해야 한다.

우리나라에서 경쟁 당국이 중점을 두고 바로잡아야 할 첫 번째 과제는 시장 진입장벽을 제거하여 누구에게나 시장참여가 자유롭도록 하는 것이다. 이를 막는 권력은 민간부문의 독과점에서 나오기도 하고 정부의 과도한 규제에서 나오기도 한다. 우리 경제의 성장 과정에서 만들어진 가장 큰 진입장벽은 기업집단에 의한 독과점 구조이므로 이를 해결하는 것이 자유공정경쟁을 위해 선결돼야 할 과제이다. 정부주도 성장 과정에서 과도한 정부규제가 아직도 남아있으므로 이를 완화하는 일도 계속해야 한다.

둘째, 시장에 참여한 기업들이 공정하게 경쟁할 수 있어야 한다. 이와 관련해 담합이나 기업결합 등 독과점을 방지하는 일은 모든 나라의 경쟁 당국이 일반적으로 수행하는 중요한 업무이다. 시장 참여자들이 공정한 규칙에 따라 누구의 간섭도 없이 자유경쟁을 할 수 있도록 반칙을 감시하고 시장교란행위를 제거하는 일은 필수업무이다.

이 두 가지를 동시에 해결해야 시장의 실패와 왜곡이 완화될 수 있다. 문제는 그동안의 경제발전 과정에서 힘 있는 경제권력이 형성돼 기득권 유지·강화 차원에서 경쟁 당국의 자유경쟁 보호노력을 방해한다는 점이다. 경제권력은 행정은 물론이고 입법, 사법 등 모든 관계기관에 영향력을 행사할 만큼 큰 힘을 가지고 있다. 때문에 경쟁 당국은 확고한 원칙과 치밀한 계획 그리고 지속적인 추진노력 없이 이를 극복하고 바른 경쟁질서를 세우기가 어렵다. 자유롭고 공정한 시장경쟁 환경을 조성하는 일은 정권 차원을 넘어서 국가 백년대계 차원에서 독립적으로, 꾸준히 진행돼야 할 것이다.

3장

: 금융정책으로 본 참여정부 5년

이동걸 | 동국대 초빙교수, 전 한국금융연구원장 |

참여정부의 시대적 소명

대한민국 경제와 금융이 대전환을 겪었던 시점에 재임했던 참여정부는 무엇을 해야 했고, 무엇을 하고자 했나?

2003년 2월 국민의 정부를 뒤이어 집권한 참여정부는 국민의 정부와 정치·경제적 철학을 같이 하는 민주정부였다. 이 두 정부에 공통으로 흐르던 정책 이념은 민주주의와 자본주의의 조화로운 발전이었다. 국민의 정부의 '민주주의와 시장경제의 병행발전'이나 참여정부의 '균형발전'은 자본주의 시장경제의 효율성은 극대화하되 그로 인한 폐해는 민주주의의 패러다임과 절차에 따라 적극적으로 해결해 나감으로써 국민의 경제적 기본권을 보호하자는 취지이다. 이는 경쟁을 통한 시장경제의 효율성을 추구하되, 시장이 특정집단의 이익에 좌우되지 않도록 감시하고, 시장경쟁의 낙오자에 대해서도 배려함을 의미한다. '특권과 반칙이 없는 사회'에서 '자유롭고 공정한 시장질서'가 피어날 수 있다는 점을 강조하고 있다. 즉, 대한민국에는 자유로운 시장질서가 확립돼야 하지만, 그 질서는 힘 있는 자들에게만 편리하고 자유로운 질서가 아니라 모든 국민에게 '공정한 질서'여야 한다는 것이었다.

이는 자본주의 시장경제가 효율성을 유지하면서도 붕괴하지 않고 지속해서 발전하는 데 필요한 기본조건이고, 그런 관점에서 보면 지극히 당연한 말처럼 들릴지 모르겠지만 그 당시의 상황에 비추어 보면 국가 경제 운영에 관한 대단히 획기적인 사고의 전환을 의미한다. 당시 정부가 해야 할 첫 번째 일은 우선 구(舊)경제질서가 일으킨 국가파산을 조속히 정리·극복해 경제를 될 수 있으면 빨리 정상궤도에 올려놓는 일이었지만, 당시 정부의 임무는 거기에 그치는 것이 아니었다. 정부가 해야 할 또 다른 일은 다시는 그러한 경제적 재앙이 재발하지 않고 우리 경제가 건전하고 지속적으로 성장할 수 있도록 국가를 파산으로 몰고 간 '무너진 구질서'를 정리하고 '새로운 경제 질서'를 세우는 일이었다.

이는 그 이전의 정부와는 전혀 다른 국가 경제운영의 패러다임을 구축하는 대전환의 개혁 작업을 의미한다. 과거 권위주의적 군사독재정부로부터 YS정부에 이르기까지 일관되게 흘러왔던 '관(官) 주도'의 명령·통제방식 경제운영체제를 '민(民) 주도'의 자율적 경제체제로 전환하는 경제운영 패러다임의 대전환을 의미하는 것이었다.

완전히 무너졌다고 해도 과언이 아닐 파산한 국가 경제를 회복하고 새로운 경제 질서를 세우는 이런 거대한 국가경제 개혁 작업은 국민의 정부 5년 재임기간에 완성될 수 있는 간단한 작업이 아니다. 구질서의 기득권층이 보일 극심한 반발과 새로운 기회에 편승한 새로운 기득권층의 출현 등 극복할 과제를 생각하면 더욱 그렇다. 이는 국민의 정부를 뒤이은 참여정부, 그리고 그 참여정부를 뒤이을 정부가 10년, 20년 꾸준히 일관되게 이어가야 겨우 성공할 수 있는 작업이다.

이런 시대적 전환기의 맥락에서 볼 때 참여정부 금융정책의 시대적 소명은 국민의 정부 정책을 계승·완성하는 것이라고 할 수 있다. 즉, 국민의 정부에서 미진했던 정책은 마무리하고, 잘못됐던 것 또는 부작용이 생긴 것은 보완·수정해 선진금융을 위한 개혁 작업을 마무리하는 것이었다. 이를 구체적으로 보면 다음과 같이 크게 세 가지로 요약할 수 있다.

첫째, 국민의 정부가 못다 한 부실기업, 부실금융기관의 정리와 구조조정을 마무리하는 일이다. 국민의 정부 5년 동안 160조 원에 달하는 공적자금을 투입해 과감하고 신속하게 부실구조조정을 추진했지만, 대한민국 경제와 모든 금융기관이 부실해졌다고 해도 과언이 아닐 만큼 워낙 부실규모가 크다 보니 재임 5년 기간 중 미처 완료하지 못한 부실기업, 부실금융기관 정리 작업이 남아 있었다. 참여정부는 이를 조속하게 마무리함으로써 금융시장의 불안요인을 완전히 정리하고 금융시장과 금융산업이 정상적으로 작동하게 해야 했다.

둘째, 선진 금융 인프라를 구축·강화하는 작업을 마무리하는 일이다. 국민의 정부로부터 시작한 금융개혁 작업으로 무수히 많은 선진적 금융제도가 우리나라에 수입·이식됐으나 미진한 부분이 남아 있었고, 새로운 제도가 도입된 경우에도 관습적 또는 관료적 장애로 인해 제대로 정착·작동하지 않는 부분이 상당히 있었다. 이를 바로 잡아 정상적인 금융경제 질서를 새롭게 세움으로써 금융시장과 금융 산업의 선진적 기반을 다지는 일이다.

셋째, 이러한 기반 위에 금융 산업의 경쟁력을 높이고 금융 서비스를 개선해 금융 산업을 21세기의 핵심적인 지식기반산업으로 성장시키고, 금융의 실물경제성장 지원을 강화하는 일이다. 참여정부의 금융정책은 이러한 세 가지 목표를 중심으로 구성됐다. 평가도 그러한 관점에서 이뤄져야 할 것이다.

국민의 정부로부터 물려받은 유산과 참여정부 금융정책의 약속

1997년의 경제위기 이후 국민의 정부는 신속하고 과감한 금융·기업 구조 개혁을 추진해 금융시장이 안정되고 신인도가 높아지는 등 많은 성과를 거두었다. 금융산업의 수익성·건전성이 개선되면서 금융중개 기능도 대부분 회복됐다. 그뿐만 아니라 금융감독 제도의 개선, 금융기관의 리스크 관리 및 신용평가 강화 등 운영 측면에서도 선진금융의 기초는 마련했다.

그러나 몇몇 대형 부실금융기관의 처리가 이뤄지지 않는 등 부실구조조정이 완결되지 않아 금융시장의 불안요인이 되고 있었다. 당시는 우리 금융기관의 국제경쟁력이 미흡하고 금융시장의 신뢰도 높지 않았으며, 금융시장의 투명성·공정성이 낮아 국내외 투자자 등 시장 참여자들로부터 충분한 신뢰를 얻지 못했다. 증권시장의 불공정거래 등에 대한 투자자 보호 장치가 미흡하고 특히, 산업자본의 금융지배 현상이 만연했다. 이에 따라 금융기관에 의한 기업의 모니터링, 견제, 규율이 미약해 금융시장이 왜곡됐으며 건전한 금융시장질서 확립도 어려웠다.

더욱이 2001년 말 출자총액제한제도가 대폭 완화되고, 뒤이어 2002년부터 재벌그룹의 금융회사가 소유한 계열사 주식의 의결권 행사가 허용되면서 국민의 정부의 개혁 의지가 퇴조하는 것으로 받아들여졌고 그동안의 노력과 성과도 상당 부분 상쇄됐다.

한편 금융감독 당국은 구조조정업무에 치중한 나머지 엄격한 감독집행에는 다소 소홀했으며, 그 결과 금융시장의 규율 확립이 상당히 미흡했다. 금융감독 당국은 위법행위 적발 시에 관용적 조치를 취한 경우가 적지 않아 감독에 대한 신뢰가 높지 않은 실정이었다. 그뿐만 아니라, 당면한 위기 극복 과정에서 중산·서민층 금융이용자 보호에 상대적으로 소홀한 결과 경제의 균형 발전에도 지장을 초래했다.

산업 차원에서 볼 때 우리 금융 산업은 21세기의 핵심 지식기반산업으로 발전하면서 부가가치를 창출할 뿐 아니라 우리나라 실물경제의 지속적인 성장도 견인하는 기반을 마련해야 한다. 대외적으로 우리 금융회사들은 외국 금융회사와의 무한경쟁에 직면해 생존해야 하는 어려운 처지에 있었다. 글로벌화 및 정보통신기술의 발달로 전 세계적 금융 네트워크 형성이 가속화되고 국내 금융시장이 개방되는 등 급속도로 변하는 금융환경에서 대규모 IT 투자와 첨단금융기법을 갖춘 외국 금융회사와 경쟁은 피할 수 없기 때문이다. 이러한 상황에서 우리 금융시장의 효율성·건전성을 극대화하고 금융 산업의 경쟁력을 높이기 위해서는 공정한 경쟁질서에 기반을 둔 선진적 금융 인프라 구축이 시급한 과제로 떠올랐다.

이러한 현실적 이해를 근거로 참여정부는 금융정책 분야의 핵심 추진과제를 다음과 같이 선정했다.

첫째, 산업자본의 금융지배에 따른 시장 왜곡을 시정한다. 이를 위해 금융기관의 대주주와 주요출자자 자격유지요건 도입 등 자격요건 강화, 대주주 등에 대출한도의 단계적 축소, 대주주와 계열사에 대한 금융감독 및 검사 강화, 대주주 및 계열사와의 거래내용 공시 및 이사회 의결의무 확대, 비상장 금융회사에 대한 금융감독 강화 등 주요 세부정책과제를 약속했다.

둘째, 증권시장의 규율을 높인다. 이를 위해 세부과제로는 증권 관련(허위공시, 부실회계, 주가조작) 집단소송제 도입, 증권시장 불공정거래에 대한 조사 강화, 회계제도 및 공시제도 개선(사실상의 업무지시자에 대한 회계부정 책임 부과, 공시

범위 확대, 공정공시제도 정착 등)을 약속했다.

   셋째, 부실구조조정을 완결하고 상시구조조정 체제를 정착시킨다. 세부과제로 약속한 것은 공적자금 투입은행의 투명한 민영화와 민영화 이후의 합리적 지배구조 정착, 현투·한투·대투 처리, 부실 저축은행 및 신협 등 잔존부실 조기 정리, 상시감시체제 등 금융감독 강화 등이다. 넷째, 중산·서민층 및 중소기업 금융이용자 지원을 강화한다. 이를 위한 세부 추진과제로는 가계대출 연착륙, 개인워크아웃제도 활성화 등 신용불량자 채무조정방식 개선, 개인신용정보관리 체제 개선, 금융 약자에 대한 신용보강 지원 내실화 등이 있다.

   다섯째, 원칙에 따른 감독업무를 엄정히 집행하고 위반 시 제재를 강화하여 금융감독 규율을 확립한다. 구체적인 내용은 위법행위 관련자에 대한 금융업 종사 제한 및 과징금·과태료 등 금전적 제재 확대·강화, 특히 중대한 위법행위에 대해서는 금융업 영구 퇴출제도 및 징벌적 과징금·손해배상제도, 일별 과징금 부과제도 등의 도입 검토, 시장친화적 상시금융감독 시행 및 감독정책의 객관성 제고, 금융지주회사·자회사의 동시 종합검사, 금융그룹 소속 계열회사의 연계검사 실시 등 금융그룹 부당내부거래 예방 등이다.

I : 참여정부는 전대미문 카드대란을 어떻게 수습했나

카드대란 발생

   참여정부가 출범하면서 가장 먼저 처리할 일은 후일 '카드대란'이라고 불린 카드사 부실사태의 불을 끄는 일이었다. 2002년부터 연체율이 급증하며 시작된 카드사 부실사태는 2003년 들어 더욱 심각해졌다. 당시 영업 중이던 9개 전업 신용카드사 중에서 내출서비스를 하지 않던 비씨카드를 제외하고 다른 8개 신용카드사가 모두 막대한 손실을 보아 그대로는 존립할 수 없는 상황이 되었다. 카드사들이 도산하게 되면 카드사들이 발행한 채권(일명, 카드채) 또는 다른 금융기관으로부터 차입한 약 90조 원에 이르는 채무를 변제하는 것은 불가능해진다. 이럴 경우 금융기관의 연쇄부실과 금융시장의 대혼란을 피할 수 없게 된다. 자칫 잘못 처리하면 당시 악화하는 가계부채 문제와 함께 상승작용을 해 우리나라가 다시 금융위기를 맞을지도 모를 심각한 상황이었다.

당시 신용카드사의 상황은 좋지 않았다. 우선 다음 〈그림 3-1〉에서처럼 신용카드사의 총 당기순이익은 2002년 상반기 8,579억 원 흑자였으나 대규모 부실이 발생하면서 하반기에 적자로 돌아선 이후 적자가 눈덩이처럼 불어났다. 적자규모가 2002년 하반기에는 3,615억 원, 2003년 상반기에는 2조 7,592억 원, 2003년 하반기에는 7조 7,150억 원 규모였다. 상반기와 하반기를 합하면 2003년 한해에만 총 적자가 무려 10조 원을 훨씬 넘어설 정도였다. 카드사들이 2003년 한 해 동안 대손 상각해서 처리한 손실만도 무려 13조 6,217억 원에 이르렀다. 이는 전업 카드사만을 기준으로 한 것이다. 은행이 직접 겸영하던 신용카드 업무도 막대한 손실을 보아 이를 합할 경우 신용카드 업무 전체의 손실은 실로 엄청났다.

2003년 카드사별 적자규모는 LG카드 5조 5,988억 원, 외환카드 1조 4,304억 원, 우리카드 1조 3,206억 원, 삼성카드 1조 2,988억 원 등 1조 원 이상의 대규모 손실을 기록한 카드사도 4개나 되었다. 외환은행의 경우 경영상황이 좋지 않은 데다 이에 더해 자회사인 외환카드가 대규모 적자를 보게

됨에 따라 경영상황이 더욱 어려워졌다.

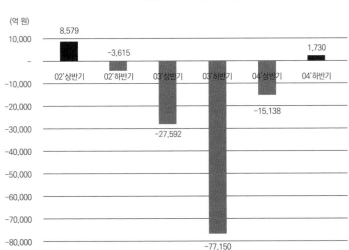

〈그림 3-1〉 신용카드사 당기순이익 합계 추이[1]

자료 : 금융감독원

카드대란의 발생과정 : 무분별한 규제 완화와 신용불량자 양산

카드대란은 국민의 정부가 추진한 신용카드 활성화 대책이 빚은 과도한 규제 완화와 가계부채 문제 등이 맞물려 나타난 결과였다. 국민의 정부는 한편으로는 소비를 촉진해 내수를 북돋움으로써 외환위기로 침체한 경기를 부양하고, 다른 한편으로는 무자료거래로 세금을 포탈하는 지하경제를 양성화해 부족한 세원을 발굴한다는 이중 목적을 가지고 1999년부터 대대적인 신용카드 장려정책을 폈다. 1999년 2월에는 총 여신액의 40% 이상으로 규정된 카

---

1 2002년, 2003년은 8개 전업카드사 실적 합계(국민카드 제외) / 2003년 하반기 국민은행에 흡수합병된 국민카드의 당기순이익은 2002년 −2,609억 원, 2003년 상반기 −4,876억 원 / 2004년은 6개 전업 카드사 실적 합계(모 은행에 흡수합병된 외환카드, 우리카드 제외)

드사 신용판매 취급 비중에 대한 규제를 폐지하고, 이어 5월에는 월 70만 원이던 신용카드 현금서비스 이용 한도를 폐지해 카드사가 자유롭게 여신업무를 하도록 했다. 이어 8월에는 신용카드 사용액에 대한 소득공제제도를 도입하고, 2000년에는 신용카드 영수증 복권 추첨제를 시행해 신용카드 사용을 적극적으로 유도했다. 그뿐만 아니라, 일정기준 이상의 사업자들에게 카드거래를 의무화함으로써 숨은 세원을 발굴하는 한편 소비자들의 카드사용 편의성을 높이는 등 적극적인 카드사용 확대정책을 추진해 나갔다.

그러나 가장 치명적인 조치는 카드사의 '가두 회원모집' 허용이었다. 일명 '길거리 모집'이라고 불리는 이 회원모집 행태는 카드사 간에 과당경쟁이 일면서 영업점을 벗어나 길거리에서 지나가는 사람들을 붙잡고 '아무에게나 카드를 발급해 주는' 그야말로 무모한 짓이었다. 이러한 무모한 행태의 위험성을 인식한 금융감독원이 2002년 2월과 4월 두 차례 길거리 모집에 대한 규제에 나섰으나 총리실 규제개혁위원회의 반대로 실패하기도 했다.

무분별한 규제 완화와 카드사 간 과당경쟁은 결국 무분별한 신용카드 발급으로 이어졌다. 길거리에서 소득 확인 없이 카드를 발급하니 실직자, 대학생, 심지어 사망한 사람 명의로까지 카드가 발급됐다. 신용카드 발급이 급증함에 따라 경제활동인구 1인당 카드 수는 1993년 1.0장이었던 것이 2000년에는 2.7장, 2002년에는 무려 4.6장으로 늘어났고, 총 신용카드 발급 장수는 2002년에 무려 1억 480만 장에 육박했다. 카드이용액은 2000년 224.9조 원에서 2002년 680.8조 원으로 불과 2년 만에 3배로 늘었다. (〈그림 3-2〉 참조)

갚을 능력을 제대로 파악하지도 않은 채 길거리에서 신용카드를 막 나눠주다시피 한 무차별 카드발급은 일부 무책임한 소비자들에게 '카드빚은 나중에

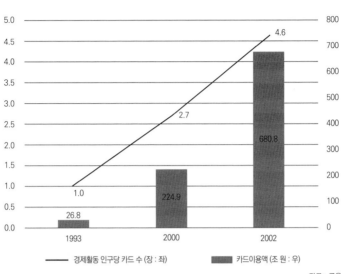

〈그림 3-2〉 신용카드 이용 추이

경제활동 인구당 카드 수 (장 : 좌)　　　■ 카드이용액 (조 원 : 우)

자료 : 금융감독원

다른 카드로 갚으면 된다'는 안이한 생각을 하게 했고, '무조건 카드로 긁고
보자'는 풍조를 낳는 데 일조했다.

다른 한편, 카드발급 활성화는 외환위기 이후 가계소득이 정체된 상황에서
가계부채를 더 빠르게 증가시키는 결과를 낳기도 했다. 카드사용은 위축된 가
계소비를 늘리는 데 물꼬를 트게 해주었다. 카드사 여신으로 다른 부채를 갚
을 수 있게 해주었기 때문이다. 카드사 여신액은 2000년 말 32.3조 원에서
2001년 말 72.0조 원, 2002년말 100.3조 원으로 불과 2년 사이에 세배 이상
증가하는 급증세를 보였다. (〈그림 3-3〉 참조)

그 결과는 신용불량자의 홍수였다. 외환위기의 여파로 우리 경제에는 이미
상당수의 신용불량자가 있었으나 2000년까지는 200만 명 내외로 안정되는
기미를 보였는데 카드 활성화가 시작된 2001년부터 다시 급증했다.

2003년 말에는 무려 372만 명에 이를 정도였다. 이는 경제활동이 가능한 15세 이상 인구 10명당 한 명 꼴에 해당하는 실로 엄청난 규모였다. 〈그림 3-3〉을 보면 카드신용불량자가 2000년 44.4만 명, 2001년 104.2만 명, 2002년 149.4만 명, 2003년 239.7만 명으로 늘어나면서 전체 신용불량자 수가 같이 급증했음을 알 수 있다. 전체 신용불량자 가운데 카드 신용불량자가 차지하는 비중이 2001년 42.5%, 2002년 56.7%, 2003년에는 64.4%로 증가했음을 보면 이 시기의 신용불량자 문제는 카드 신용불량에 기인했음을 알 수 있다.

이는 무분별한 카드 활성화로 결제능력이 없는 소비를 조장해 신용불량자

〈그림 3-3〉 카드사 여신 및 신용불량자 증가 추이

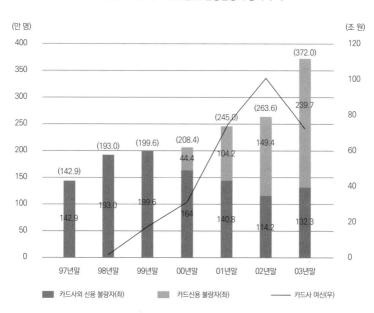

자료 : 금융감독원

가 순증한데 따른 바가 크지만, 다른 금융기관 부채를 카드로 갚은 데에도, 다시 말하면 카드여신이나 심지어는 소위 '카드깡'으로 다른 빚을 '돌려막기'한 데에도 부분적으로 원인이 있다. 당시 경기가 별로 좋지 않았고 카드신용불량자가 늘어났는데도 카드사 외 신용불량자는 오히려 감소한 것을 보면 그렇게 추측할 수 있다. 신용불량자 양산이 앞서 본 신용카드사의 대량 손실사태를 일으킨 원인이 되었음은 자명하다.

카드대란 극복과 신용불량자대책 실시

부실 카드사 문제는 금융기관의 연쇄부도와 금융시장의 대혼란을 가져올 위험요인이므로 시급히 극복해야 할 문제였다. 또 400만에 육박할 기세인 신용불량자 문제는 카드 사태를 악화시키는 요인이었을 뿐 아니라 그 자체로도 심각한 사회문제와 경제문제였다. 특히 외환위기 이후 가계소득 정체, 소득 양극화와 함께 점증하고 있는 가계부채 등 여러 문제와 맞물려 경기회복에 가장 큰 걸림돌이었다. 따라서 이 문제들은 참여정부의 가장 시급한 과제가 아닐 수 없었다. 그러나 2002년 하반기부터 시작된 경기침체가 길어지면서 2003년 하반기에야 겨우 저점을 통과하는 등 경기회복이 지연되는 바람에 많은 어려움을 겪어야 했다.

신용카드사 대책으로는 부실정리, 자본확충, 채무 만기연장 등이 추진됐다. 우선 기존의 부실을 조속히 정리하고 추가부실이 발생하지 않도록 영업 건전화를 추진했다. 이미 발생한 부실에 대해서는 카드사들이 자본을 확충해 스스로 흡수하도록 했다. 카드채 등은 채권금융사들이 만기연장을 해줌으로써 카드사들이 급격한 자금경색을 피할 수 있도록 지원했다.

카드사들의 영업행태 건전화를 위해 부당한 카드회원 모집을 금지하고, 현금대출 위주의 영업행태를 개선하도록 하는 등의 조처를 했다. 2001년 304.9조 원, 2002년 412.8조 원이던 카드사의 대출서비스 총액은 2003년 276.6조 원으로 33% 감소했다. 2004년 1~3분기에는 106.5조 원으로 전년 동기의 224.0조 원 대비 절반 이하로 감소하는 등 크게 개선됐다.

2003년 4월초에는 8개 전업 카드사가 자본확충 방안으로 4.5조 원의 증자계획을 확정하고 집행하기 시작했다. 그러나 은행계열의 전업 카드사(국민카드, 외환카드, 우리카드)들은 증자만으로는 불충분하다고 판단해 모은행에 흡수·합병토록 했다. 그리고 부실이 가장 크고 심각했던 LG카드는 모그룹인 LG그룹의 자금지원과 함께 채권은행이 3.5조 원의 채권을 출자전환해 인수함으로써 해결했다. 삼성카드는 삼성캐피탈과 합병하면서 1.5조 원을 증자해 자본 여력을 대폭 개선했다.

한편 경영개선과 부실처리의 결과, 앞의 〈그림 3-1〉처럼 카드사들의 경영수지도 대폭 개선됐다. 2003년 하반기 7조 7,150억 원에 이르던 카드업계 손실은 2004년 상반기 1조 5,138억 원으로 크게 감소했고, 2004년 상반기에는 1,730억 원의 흑자로 돌아섰다. 카드사별로 2004년 실적을 보면, 가장 문제가 심각했던 LG카드는 상반기 적자를 나타냈으나 4분기 흑자로 전환해 연간 816억 원의 당기순손실에 머무는 등 실적 개선이 컸다. 삼성카드는 1조 1,037억 원으로 가장 큰 폭의 적자를 나타냈으나 하반기에는 적자 폭이 크게 줄어 거의 정상화됐다. 비씨·롯데·신한카드 등 소형 3개사는 흑자였다. 이로써 2004년 초에 이르러 카드대란은 위험한 고비를 넘겼고 2004년 하반기에 접어들며 경영개선과 자본여력 확충으로 모두 마무리됐다.

참여정부의 신용불량자 대책은 매우 신중하게 추진됐다. 신용불량자 문제를 방치하면 심각한 사회문제와 더불어 경제의 발목을 잡을 위험요인이 될 수도 있었다. 그러나 신용불량자 구제대책이 과도할 경우에는 채무자의 도덕적 해이를 촉발해 부실대출이 급증하고, 금융시장의 혼란이 증가해 신용불량자 문제도 더욱 악화할 수 있었다. 따라서 참여정부는 채무자의 도덕적 해이를 일으키지 않는 선에서 필요한 지원을 해주는 적정한 방안을 모색하고자 노력했다.

우선 개별금융기관들이 신용회복 지원 노력을 강화하도록 유도했다. 신용불량자가 되기 직전의 한계 채무자에 대해 만기연장 등 신용회복 기회를 제공해 신용불량자가 되지 않게 하려는 의도였다. 단위 농·수협, 새마을금고, 신협 등 중소서민금융기관을 신용회복지원위원회에 포함해 그 기능을 확충했고, 여러 금융기관에 빚을 진 다중 신용불량자의 채무 재조정 지원을 원활하게 하는 등 개인워크아웃도 활성화했다. 금융기관 차원에서 해결되지 않는 경우에는 법원의 개인회생제도와 개인파산제도를 적극적으로 활용해 변제능력을 상실한 사람들이 경제적으로 조속히 새 출발 할 수 있도록 유도했다.

한편 신용불량을 벗어날 수 있는 좋은 방법은 취업이라는 점을 고려해, 각 채권금융기관과 신용회복위원회의 취업 알선기능을 강화, 일자리와 연계한 신용회복지원을 활성화했다. 또 금융기관의 개인신용 평가능력을 높임으로써 신용불량자가 발생하는 것을 사전적으로 억제토록 했다. 금융기관 자체 신용평가시스템의 유용성을 높이고, 개인신용평가회사(CB)를 활성화해 개인신용도에 따라 금융거래 조건을 차별화하는 시스템이 정착되도록 했다.

가계부채 연착륙을 유도함으로써 가계부채 문제를 해결하는 한편 가계부

채 충격으로 신용불량자가 대량생산되는 위험도 사전에 예방하도록 노력했
다. 이를 위해 각 금융기관이 가계대출을 선제적·경쟁적으로 회수하지 않도
록 하고, 주택금융공사(2004.3.2 출범)를 통해 3년 만기 위주 주택담보대출을
10년 만기 이상 장기대출로 전환하게끔 유도했다.

II : 부실구조조정 끝내고 금융제도 개혁하다

부실구조조정을 마무리하다

공적자금이 투입된 부실금융기관 가운데 국민의 정부가 경영정상화를 마
무리하지 못한 금융회사로는 현투증권, 한투증권, 대투증권 등 3대 전환증권
사(구 투신사)와 외환은행, 우리은행이었다. 이 중에서 현투증권은 2004년 2월
미국의 푸르덴셜금융에, 한투증권은 2005년 3월 동원금융지주에, 대투증권
은 2005년 5월 하나은행에 매각함으로써 3대 전환증권사의 민영화가 마무
리됐다. 참여정부는 구 투신사에서 전환한 이들 3개 증권사를 국내외 전략적
투자자에게 매각함으로써 이들 3개사의 경영정상화는 물론 국내 자산운용업
발전의 기반을 닦았다.

외환은행은 자본 여력이 부족해 추가적인 증자가 필요한 상태에서 자회사
인 외환카드마저 부실해지는 바람에 자본 확충이 더욱 시급해졌다. 외환카드
는 2003년 약 1조 5,000억 원대의 적자를 보는 등 부실이 심해지면서 자본
확충이 급해졌는데 모 은행도 자본 여력이 부족한 상황에서 외환카드에 증자
를 지원할 여력이 없었다. 따라서 외환카드를 은행에 흡수·합병하는 것 말고

는 다른 방법이 없었다. 따라서 외환은행의 자본 확충 필요성은 그만큼 더 커졌다. 론스타에 외환은행 지분 51%에 해당하는 신주를 매각하여 신규자본을 유입 받음으로써 외환은행의 경영정상화 문제는 해결했지만 후일 론스타의 대주주 자격과 관련한 논란을 불러일으키기도 했다.[2]

부실 상호저축은행 및 신협 등 지역 중소금융기관의 잔존부실도 정리해 금융시장 불안요인을 해소하고 지역·서민금융을 정상화했다. 이로써 참여정부는 외환위기로 발생한 부실금융기관의 구조조정을 마무리했다. 다만 우리은행의 경우에는 민영화 방법 및 시기 등에 대한 이견으로 말미암아 참여정부 임기 내에 민영화가 성사되지 못했다.

재벌의 금융지배 방지

산업자본의 금융지배는 금융기관의 사금고화, 대기업과 금융의 동반 부실화 등 많은 위험요소를 안고 있을 뿐 아니라 금융시장의 정상적인 자금 배분과 위험관리 기능을 저해함으로써 자본주의 시장경제를 왜곡할 우려가 매우 크다. 따라서 선진국에서는 엄격히 금지하고 있다.

우리나라에서는 은행에 관한 한 재벌의 소유·지배를 엄격히 제한해왔다. 은행법에 비금융주력자의 은행소유를 4%로 엄격하게 제한하는 소유제한규

---

2   론스타의 은행 대주주 자격요건에 문제의 소지가 있었지만 외환은행에 1~2조 원의 자본확충이 시급히 필요했고 (당시 외환카드 부실 문제까지 겹쳐 자본확충이 더욱 시급한 시점이었다.), 달리 필요한 자금을 조달할 방법이 없어 정부는 법령상 긴급필요조항을 원용해 론스타의 외환은행 인수를 인가했다. 공적자금은 당시 야당이던 한나라당 (현 새누리당) 의 정치 공세에 밀려 국민의 정부와 여야의 합의로 2002년 12월 31일을 기준으로 종결 처리됐고, 참여정부로서는 더 이상 공적자금을 추가로 조달할 방법이 없었다. 참여정부 내부에서 산업은행 또는 기업은행의 외환은행 인수를 검토했으나 이 경우 인수은행의 자본확충을 위해 최소 5,000억 원 이상의 재정 자금 지원이 필요한 것으로 계산됐다. 결국 그 대안도 포기하고 외환은행을 론스타에 매각하지 않을 수 없었다. 나중에 확인된 일이지만 외환은행 매각과정과 절차에 다소 불투명한 점이 있었고, 그 점 때문에 론스타의 대주주 자격문제는 더욱 의심을 받게 되었다.

정을 두어 재벌의 은행 소유·지배를 방지해왔다. 재벌이 은행에 대해 직간접의 영향력을 행사해 통제·지배하는 것도 엄격한 감시를 통해 금지하고 있었다.

그러나 우리나라에서 재벌의 2금융권 소유·지배는 심각한 수준에 이르렀다. 소위 2금융권이라 부르는 은행 외의 금융기관에 대해서는 은행법에서와 같은 소유제한이 없었기 때문에 상당수 재벌그룹이 이미 보험, 증권, 기타 여신전문업 등에서 주요 금융기관을 소유·지배하는 지배적 위치에 있었다. 외환위기 이후 많은 부실금융기관을 통·폐합 정리한 금융산업 구조조정을 겪으면서 재벌의 2금융권 지배력은 더욱 커졌다. 특히 국민의 정부의 실수라고 지적되는 출자총액제한제도의 대폭 완화(2001년 말), 재벌그룹 소속 금융회사가 소유한 계열사 주식의 의결권행사 허용(2002년) 등 공정거래법상의 완화 조처는 재벌의 2금융권 지배를 부추기는 데 결정적인 일조를 했다. 재벌이 증권, 보험사 등 2금융권 금융기관을 이용해 경제적 지배력을 확장할 길을 열어주었기 때문이다.

참여정부는 재벌의 2금융권 지배로 인한 폐해를 시정 또는 방지하기 위한 다양한 정책을 약속했고 실천했다. 우선 참여정부가 실행한 가장 중요한 조처로는 금융기관의 대주주와 주요출자자 자격유지요건을 도입하는 등 자격요건을 강화한 것을 들 수 있다. 학술적으로 '동태적 적격성 심사(dynamic fit and proper test)'라고 부르는 대주주 자격유지 요건으로 '금융기관의 대주주 또는 주요출자자가 되려는 자는 최초 지분취득 시에만 건전성, 자금출처, 위법행위 여부 등 대주주 자격요건에 대한 적격성 심사[3]를 받는 데 그치지 않고, 지

---

3 이를 '정태적 적격성 심사 (static fit and proper test) ' 라고 부른다.

분을 취득한 뒤에도 매 6개월 또는 1년 등 일정 주기로 일정 수준의 적격성을 유지하는지 심사를 받도록 한다는 것이다. 동태적 적격성에 미달할 경우 일정 기간 내 위반사항을 시정하거나 아니면 지분을 매각하고 해당 금융업에서 철수해야 한다. 금융기관의 대주주 또는 주요출자자가 재무적으로 부실해졌는지 또는 다른 위법행위를 하지는 않았는지 등을 주기적으로 확인함으로써 당해 대주주가 사익을 위해 불법적으로 또는 과도하게, 금융기관을 부실하게 경영하는 것을 방지하는 제도이다.

다음으로 대주주 변경 시에 출자자의 자격요건 심사제도를 도입했다. 즉, 대주주 자격요건을 금융기관의 설립 시뿐 아니라 인수 시에도 적용해 법 집행의 일관성을 높이도록 한 것이다. 한화그룹과 한화그룹의 회장이 생명보험사의 대주주 자격요건에 미달하지만 '설립'시에 대주주 자격요건을 심사한다는 보험업법의 규정상 맹점을 기술적으로 악용해 대한생명을 인수하도록 허용한 일이 2002년에 발생했는데, 이 일이 계기가 되어 유사한 일이 재발하지 않도록 취한 보완조치였다.

그리고 대주주와 계열사에 대한 금융감독 및 검사 강화, 대주주, 계열사와의 거래내역 공시 및 이사회 의결 의무 확대, 비상장 금융회사(특히, 재벌계열 비상장 금융사)에 대한 공시 및 금융감독 강화 등의 조처를 했다. 재벌이 계열금융사를 사익을 위해 악용함으로써 경영부실을 일으키고 금융소비자에게 피해를 주는 일을 방지하려는 목적이었다. 또 증권, 보험사를 이용한 재벌의 경제적 지배력 확장을 억제하기 위해 공정거래법을 개정해 출자총액제한제도 강화, 재벌계열 금융사가 소유한 계열사주식의 의결권행사 제한 조치 등

을 했다.[4]

다만 대주주 등에 대한 대출한도를 단계적으로 축소함으로써 재벌의 금융기관 사금고화를 사전에 방지하고, 금융기관을 경쟁력과 수익성 있는 기업으로 경영하고자 산업자본만 금융기관을 소유·지배하게 유도하려던 계획은 재벌그룹과 보수적 관료들의 극심한 반발로 성사되지 못했다. 또한 (금융)계열분리명령제는 시기상조라는 반대가 많아 추후 재검토하기로 하는 선에서 마무리 지었다.

증권시장의 공정거래질서 확립

자본시장이 발전하기 위해서는 전문투자자뿐 아니라 일반투자자들도 시장의 공정성을 신뢰할 수 있어야 한다. 이를 위해서는 증권시장에 엄격한 규율을 확립해 공정한 거래질서를 정착시켜야 한다. 이를 위해 참여정부가 취한 조처는 다음과 같다.

첫째, 회계 및 공시제도를 대폭 개선해 사실상 업무지시자가 회계부정의 책임을 지도록 했고, 공시범위를 확대했으며 공정공시 제도를 도입했다. 둘째, 허위공시, 부실회계, 주가조작 등 3대 증권 관련 사항에 집단소송제를 도입했다. 허위공시, 부실회계, 주가조작 등으로 피해를 본 불특정다수의 투자자가 더 쉽게 법적 소송을 통한 손해배상을 받게 하기 위함이었다. 선진국에서는 보편적인 집단소송제도를 우리나라에서는 처음으로 증권 관련 사건에 도입하였는데, 이는 이후 다른 분야에서도 집단소송제가 도입되는 선례가 되었다. 셋째, 내부자거래와 기타 불공정거래에 대한 조사를 강화해 그동안 증권

---

4 자세한 내용은 제 2장 공정거래 편 참조.

시장에서 관행상 은밀하게 행해졌던 불법행위를 강력히 처벌했다.

중산·서민층 및 중소기업 금융이용자 지원 강화

외환위기 이후 대기업 대출이 위축되면서 금융기관의 가계대출과 중소기업대출이 크게 늘었다. 이는 긍정적으로는 중산·서민층과 중소기업들이 제도권 금융을 많이 이용한 데 따른 것으로 볼 수도 있지만 내막을 들여다보면 반드시 그런 것도 아니었다. 가계대출은 주택담보대출이 대부분을 차지하고 중소기업대출도 대부분 담보대출 또는 보증대출이어서 담보력이 취약한 서민이나 중소기업은 여전히 제도권 금융을 이용할 기회가 제한됐고 금리도 매우 높은 편이었다. 가계부채의 급증과 함께 가계 연체율 상승과 채무 불이행자 급증 등 부작용도 나타났다.

참여정부는 가계부채의 연착륙을 유도하고 신용불량자 문제가 재발하지 않게 하는 한편, 담보력이 취약한 중산·서민층과 중소기업들이 담보 없이도 더 낮은 금리로 폭넓게 제도권 금융을 이용하도록 개인신용정보 관리체제 개선, 금융 약자에 대한 신용보강 지원 강화 등의 조처를 실행했다. 금융 약자들은 제도권 금융기관들로부터 불공정한 대우를 받는 경우가 많았는데 이로 인한 피해를 최소화하려는 조처도 했다.

첫째, 개인신용 관리 및 평가체제를 개선했다. 이를 위해 2005년 2월 코리아크레딧뷰로(KCB)라는 개인신용정보 평가회사를 설립했다. 크레딧뷰로(CB)는 은행, 신용카드사, 보험사 등 금융회사로부터 개인의 거래정보를 수집, 가공해 신용등급 산정 등 다양한 리스크관리 서비스를 제공하는 금융기관을 말한다. 이 회사의 설립에는 국내 19개 대형금융사, 국내 금융회사 대부분 회원

사로 참여해 개인에 대한 신용정보를 공급받고 있다. 개인신용정보 인프라를 확충하고 평가체계를 획기적으로 개선해 개인들이 금융기관으로부터 자신의 신용도에 상응하는 대우를 받을 수 있게 하는 한편 금융기관의 개인신용 위험 관리도 개선하는 여건을 만들었다.

둘째, 금융기관의 무리한 채권추심을 금지해 연체자가 기본권 침해 등 과도한 피해를 보지 않게 했다. 앞서 설명한 것처럼 신용회복지원제도를 개선해 회생 의지가 있는 사람들이 더 쉽게 정상적인 경제활동으로 복귀하도록 제원한 것이다.

셋째, 주택연금제도도 도입했다. 이를 위해 2004년 3월 주택금융공사를 설립했다. 주택연금제도는 만 60세 이상의 노인층이 보유·주거중인 주택을 담보로 금융기관으로부터 종신연금을 수령(또는 일정기간 연금을 수령)할 수 있게 주택금융공사가 보장하는 제도를 말한다. 집을 소유한 노인들이 집을 처분하지 않고서도 생활비를 조달하게 함으로써 노인복지 향상에 기여하는 선진적인 제도이다. 이외에도 주택금융공사는 유동화증권[5]을 발행, 금융기관의 대출재원을 확충해 국내 채권시장의 활성화에 기여했다. 국민의 주거안정을 위한 주택신용보증[6] 서비스도 시작했다.

넷째, 서민들을 고금리 피해로부터 보호하고자 이자제한법을 부활했다. 이자제한법은 1962년 제정됐으나 1998년 1월 외환위기를 맞아 IMF의 요구로

---

5 유동화증권 (MBS, MBB) 은 주택저당채권 담보부증권을 말한다. 주택금융공사가 금융기관으로부터 주택저당채권을 양도받아 이를 기초로 유동화증권을 발행, 투자자에게 판매함으로써 채권시장에서 장기저리의 자금을 안정적으로 조달하여 대출재원을 확충할 수 있는 자금조달 방법이다.
6 주택신용보증은 담보력이 취약한 주택수요자 (개인) 및 주택사업자가 은행에서 주택 관련 대출을 받고자 할 때 신용보증서를 제공하여 대출을 받을 수 있도록 하는 제도를 말한다.

폐지됐다. 이를 참여정부가 2007년 3월 부활시켜 최고금리를 연 30%[7]로 제한했다.

금융감독 규율 강화

참여정부는 금융감독을 원칙에 따라 엄정히 집행하고 위반 시 제재를 강화해 금융시장의 건전한 신용 질서와 공정한 금융거래 관행 확립, 금융소비자 보호, 금융기관의 건전성 제고, 건전한 영업행태 확립을 도모했다. 이를 위한 참여정부의 조처는 다음과 같다.

첫째, 위법행위 관련자에 대한 금융업 종사 제한을 강화했다. 그러나 중대한 위법행위에 대해 금융업 영구 퇴출제도를 도입하려던 계획은 실패했다. 둘째, 위법·위규행위에 대한 과징금·과태료 등 금전적 제재를 확대·강화했다. 그러나 금전적 제재의 실효성을 높이기 위해 시도한 징벌적 과징금 또는 징벌적 손해배상제도는 도입하지 못했다.[8] 셋째, 일별 과징금 부과제도(일명 이행강제금)를 도입해 금융감독 상 시정명령조치의 실효성을 높였다.[9] 넷째, 금융그룹 계열사 간의 부당내부거래를 예방하기 위해 금융지주회사와 자회사의 동시 종합검사, 금융그룹 소속 계열회사의 연계검사 실시 등을 제도화했다. 다섯째, 온-사이트 상시 금융감독을 제도화함으로써 금융기관의 경영실태를

---

7   법상 최고금리는 40%로 규정하고, 시행령에 의해 최고금리를 30%로 제한하였다.

8   그러나 금융분야에서 있었던 징벌적 과징금 및 징벌적 손해배상제도에 대한 활발한 논의로 이 제도에 대한 관심이 높아졌고, 후일 공정거래분야에서 대기업의 하도급업체 등에 대한 부당행위에 징벌적 손해배상제도를 도입하는데 어느 정도 기여했다고 할 수 있다.

9   이행강제금 제도는 선진국의 법령에는 보편화되어 있는 제도로서 우리나라에서는 금융법에 도입된 이래 다른 법령에도 점차 도입이 확산되어 환경개선 조치 등 행 정부와 법원의 시정명령의 실효성을 제고하는데 기여하였다.

상시로 파악하는 한편 금융기관에는 임점검사[10]의 부담을 완화했다. 여섯째, DTI(총부채상환율) 및 LTV(담보인정비율)[11] 제도를 처음으로 들여와 금융기관의 대출 건전성을 높이는 한편 과다한 주택담보대출을 제한해 부동산 투기를 억제하는 데도 기여했다. 일곱째, 고액현금거래보고 기준을 혐의거래로 한정된 보고의무에서 일정 금액 이상의 모든 고액현금거래 보고로 강화하고 보고기준 금액도 2,000만 원으로 낮추는 등 보고의무를 대폭 강화해 불법정치자금 및 뇌물 수수, 탈세, 자금세탁 등 불법자금거래를 억제했다.

III : 예상치 못한 문제들 **금산법과 삼성**

금산법 제24조 위반 건 적발

참여정부 출범 초 금융감독위원회의 한 젊은 사무관이 정말 우연한 기회에 다수의 재벌이 「금융산업의 구조개선에 관한 법률(약칭, 금산법)」 제24조를 위반하고 있다는 사실을 적발했다. 금산법 제24조는 금융기관을 이용한 경제력집중을 방지하기 위한(즉, 계열금융기관에 위탁된 고객의 돈으로 계열사를 지배함으로써 재벌 총수가 경제적 지배력을 확장하는 것을 방지하기 위한) 조항으로 기업집단 소속의 금융기관이 비금융 계열사 주식을 소유할 수 있는 한도를 설정하고 있다.[12] 즉, 기업집단에 속한 금융기관은 단독으로 또는 다른 계열금융기관과

---

10 임점검사는 금융감독원 직원이 직접 금융기관 영업점포에 나가서 행하는 검사를 말한다.

11 DTI (debt to income) 규제는 대출 원리금 합계가 소득의 일정비율을 넘지 않도록 제한하는 제도이고, LTV (loan to value) 규제는 대출액이 담보가액의 일정비율을 넘지 않도록 제한하는 제도이다. 선진국 금융기관에서 대출 건전성을 유지하기 위해 필수적으로 실행하고 있던 제도였다.

12 금산법 제24조는 금융기관 및 그 금융기관과 같은 기업집단에 속하는 금융기관 (동일계열 금융기관) 이 (i) 다

합해서 어떤 경우에도 다른 회사의 지분을 20% 이상 소유할 수 없을 뿐 아니라, 다른 비금융 계열사 간의 지분소유관계로 인해 기업집단에 소속된 것으로 간주하는 회사(계열회사)에 대해서는 5% 이상의 지분을 소유할 수 없도록 규정돼 있다.[13]

독자들의 이해를 돕기 위해 이 조항이 의미하는 바를 삼성그룹에 비추어 해석해보면 다음과 같다. 삼성생명, 삼성화재, 삼성카드 등 삼성그룹 내의 금융사들은 단독으로 또는 합해서 삼성그룹의 계열사인 삼성전자나 삼성에버랜드의 주식을 5% 이상 보유할 수 없다.

이 조항의 위반 건이 적발되자 삼성그룹을 제외한 다른 모든 재벌그룹은 위반사항에 대한 금융감독위원회의 시정명령을 순순히 따랐으나 유독 삼성그룹만은 시정명령에 불복하여 법적(?) 분쟁이 시작됐다. 삼성그룹이 금융감독위원회의 시정명령에 불복한 근거를 핵심만 요약하면 다음과 같다. 첫째, 금산법 24조 제정 이전에 이미 취득한 주식이 있었는데 그것은 위법이 아니라는 것이었다. 둘째, 의결권 행사제한 및 매각명령 등 시정명령 조항을 사후적으로 입법하여 적용할 수 없다는 주장이었다. 금산법 제24조는 1997년 1월 제정됐는데 제정 당시 위반사항의 시정을 강제할 수 있는 시정조치 조항[14]이

른 회사의 의결권 있는 발행주식 총수의 20% 이상을 소유하게 되는 경우, 또는 (ii) 동일계열 금융기관 또는 동일계열 금융기관이 속하는 기업집단이 사실상 지배하는 회사의 의결권 있는 발행주식 총수의 5% 이상을 소유하게 되는 경우 금융감독위원회의 승인을 얻어야 하도록 하고 있다. 또한 동 시행령 제6조는 금융감독위원회가 법 제24조의 규정에 의해 승인할 수 있는 기준으로 "당해 주식소유가 금융기관이 아닌 다른 회사를 사실상 지배하기 위한 것이 아니어야" 함을 명시적으로 규정하고 있다.

13 그러나 당해 주식소유가 금융기관의 업무와 직접적인 관련이 있거나 (예를 들면, 다른 금융기관, 추심회사 등) 또는 효율적 업무수행을 위해 필요한 사업을 영위하는 회사 (예를 들면, 정보·전산처리업무를 위탁 운영하는 회사 등) 의 경우에는 허용된다.

14 시정조치로는 한도초과 주식에 대한 매각명령 및 의결권 행사금지, 벌금, 그리고 시정명령을 강제할 수 있는 이행강제금 부과 등이 있다.

빠지는 등 입법이 불비한 상태로 만들어졌고, 시정명령 조항은 이 조항의 위반 건이 적발된 뒤에 사후적으로 법에 추가됐다.

이 사건은 3년이라는 긴 분쟁 끝에 2006년 6월 국회가 금산법 개정안을 처리하면서 다음과 같이 결말이 났다. 첫째, 삼성생명이 법 제정 이전에 취득한 삼성전자 지분 7.2% 가운데 5%를 초과하는 2.2%에 대해서는 매각명령은 내리지 않되 2년 뒤부터 의결권만을 제한한다. 둘째, 삼성화재가 법 제정 전부터 보유한 삼성전자 지분 1.3%는 불문에 부친다. 셋째, 삼성카드가 보유한 삼성에버랜드 지분 25.64% 가운데 초과분 20.64%에 대해선 의결권을 즉시 제한하고 5년 안에 매각하도록 하는 한편 이를 이행하지 않을 경우 금융감독위원장이 처분 명령을 내릴 수 있도록 한다. 삼성에버랜드 주식은 중앙일보가 법 제정 전부터 보유하던 것으로 이 법이 제정된 후인 1998년 12월 중앙일보가 계열분리 되는 과정에서 삼성카드가 중앙일보로부터 넘겨받은 것과 1994년 4월 삼성에버랜드의 유상증자 시 삼성카드가 추가 취득한 것으로서 후자는 물론 전자에 해당하는 것도 삼성카드가 법 제정 후에 금융감독위원회의 승인 없이 취득한 것으로 해석했다.

삼성그룹의 금산법 24조 위반건의 결말은 법적 논리와 일관성이 없는 어정쩡한 타협의 산물이었음을 쉽게 짐작할 수 있다. 삼성화재가 보유한 삼성전자 주식을 법 제정 이전에 이미 취득했다는 이유로 인정해주었는데, 그렇다면 같은 이유로 삼성생명이 보유한 삼성전자 주식도 인정해야 한다. 그런데 삼성생명이 보유한 삼성전자 주식의 5% 초과분에 대해서는 인정해주지 않았다. 반대로, 삼성생명이 보유한 삼성전자 주식 중 5%를 초과한 부분에 대해 위법이 인정되면 의결권 행사금지가 아니라 매각명령을 내려야 하고 이 경우 삼성화재가 소유한 삼성전자 주식도 삼성생명과 합해서 5%를 초과하므로 당연히 함께 매각명령을 내려야 한다. 그런데 삼성화재가 보유한 삼성전자 주식에 대해서는 매각명령을 내리지 않고 인정해주었다. 즉, 삼성전자 주식에 대해서는 금산법 24조 위반을 삼성 쪽에서 일부 인정하되 정부는 삼성그룹의 기득권(즉, 그룹 지배권)을 일부 인정하는 식이었다. 따라서 매각명령은 내리지 않고 일부 의결권 제한만 하는 논리적으로 모순되는 결론으로 타협을 본 것이다. 반면 삼성에버랜드 주식의 5% 초과분에 대해서는 삼성그룹이 순순히 위법을 인정하고 전부 매각하기로 합의를 보았는데, 이것도 결국 삼성전자 주식을 지키기 위한 타협을 위한 양보가 아니었나 하고 추측된다.

이렇게 일부 어정쩡한 타협안으로 결말이 난 것은 삼성그룹의 주장이 옳았기 때문이 아니다. 물론 법 제정 당시에 5%를 초과하는 사례[15]가 있었는지를 확인하지 않은 감독 당국의 불찰은 비판받아 마땅하지만, 그렇더라도 삼성생명과 삼성화재가 보유한 삼성전자 주식의 5% 초과분에 대해 사후적으로 매각명령을 내리는 것은 전혀 법리에 어긋나지 않는다.[16] 금융감독위원회가 굴복해 일부 양보하지 않을 수 없을 만큼 삼성그룹의 정치력이 유감없이 발휘된 사건이었다.

삼성생명 투자유가증권 평가손익(및 처분손익) 배분 관련 위법사항 적발

참여정부 출범 초에 예상치 못했던 대형사건이 또 하나 더 터졌는데, 그것

---

15 법의 제정 또는 개정으로 위반사항이 된 경우에는 일반적으로 일정한 유예기간을 주어 새로운 법 규정에 맞추도록 하는 방법이 이용된다.

16 자세한 설명은 이동걸 (2005.3) , 「금융기관을 이용한 경제력 집중 : 문제점 및 개선방안」, 한국금융연구원 「주간금융브리프」 (제14권 11호) 와 이동걸 (2005.7) , 「금산법 제24조 위반건에 대한 법·경제적 분석」, 한국금융연구원「주간금융브리프」 (제14권 29호) 를 참조하기 바란다.

도 삼성그룹과 관련된 사건이었다. 2003년 하반기 금융감독위원회와 금융감독원이 내부적으로 삼성생명의 상장 건을 검토하는 과정에서 우연히 삼성생명이 감독 규정상 보험계약자에게 귀속돼야 할 거액의 투자유가증권 평가이익(만약 처분할 경우에는 처분이익)을 부당하게 주주 몫으로 계상한 사실을 발견했다. 이것은 삼성그룹이 삼성전자를 설립했던 초기에 필요했던 자본금 일부를 삼성생명의 계약자 돈으로 투자해 취득한 삼성전자 주식인데 그 주식의 가치 증가분은 누구의 몫인가 하는 문제이다. 이 사건은 2004년 초에 공론화됐다.

이 돈은 삼성생명이 고객(보험계약자)의 돈을 투자한 것이니 이론상으로만 보면 그 자산은 보험계약자의 몫이 당연히 돼야 하지만, 보험사가 투자자산을 잘 관리한 덕도 있으니 회사가 기여한 몫도 약간 인정하는 것이 선진국 보험업계의 관례이다.[17] 그러나 우리나라의 보험감독규정은 선진국보다 과도하게 주주 몫의 비율을 많이 인정해주고 있었고, 또 시간이 지날수록 주주에게 유리하게 돼 있었다.[18]

선진국보다 보험감독 규정상의 배분비율이 주주에게 매우 유리하게 돼 있는데도 삼성생명은 이마저도 제대로 지키지 않았다. 생명보험업계에 대한 전반적인 검사 결과 삼성생명을 제외한 대한민국의 모든 생보사가 감독규정에 맞게 회계처리를 하고 있었는데 유독 삼성생명만이 독특한 자기만의 방식으

---

17 선진국 보험업계의 관례 또는 보험감독규정은 투자자산의 가치가 늘어난 부분 (즉, 평가이익 또는 처분이익)을 일반적으로 계약자 95% 대 주주 (즉, 회사) 5%, 또는 주주 몫을 그 이하로 배분한다. 펀드매니저가 펀드운용수익의 일 정부분을 운용수수료를 가져가는 것과 같은 방식이다.

18 당시 우리나라 보험감독규정에 의하면 계약자 몫 대 주주 몫의 배분비율은 유배당보험 (계약자가 주인인 상호회사적 성격) 과 무배당보험 (주주가 주인인 주식회사적 성격) 의 상대적 비중과 실적 등을 기준으로 결정하게 되어 있었는데, 우리나라 생보업계는 외환위기 이후 유배당보험계약의 신규판매를 거의 중단하고 무배당보험계약만 판매하고 있어 그 추세대로 계속 간다면 궁극적으로 유배당보험의 비율이 0으로 수렴하고 따라서 투자유가증권의 자산가치 증가분에 대한 계약자 몫도 점차 작아지면서 궁극적으로는 0으로 수렴하게 된다.

로 회계처리를 하여 계약자 몫을 침해하고 있었고 그 피해액은 수조 원에 이르렀음을 확인했다. 투자유가증권 평가이익에 대한 삼성생명의 회계처리방식은 회계연도마다 애초의 투자 시점을 기준으로 '누적 가치변동액'으로 계산하고, 이처럼 계산된 수년간의 누적 가치변동액에 '해당연도의 배분비율'을 회계연도마다 적용하는, 논리적으로 모순된 회계방식을 사용했다.[19] 이 방식에 의하면 과거에 계약자 몫의 자산으로 계상됐던 부분도 다음 연도에 배분비율이 변하면 다 취소되고 주주 몫으로 빼앗길 수 있다. 이 방식을 따를 경우 다음 〈표 3-1〉처럼 당장 계약자 몫으로 계상돼야 할 투자유가증권 평가이익 가운데 수조 원이 부당하게 주주 몫으로 계상되는 것도 문제지만, 궁극적으로는 모든 것이 주주 몫이 되고 계약자 몫은 없어지게 돼 있었다. 영원히 처분하지 않을 계열사 지배목적의 투자유가증권에 대해서 종국적으로 0에 수렴하는 배분비율을 적용하면 결국 계약자 돈을 투자해 언젠가는 전부 주주가 가져가는 것으로 귀결되기 때문이다. 이것이 더 큰 문제였다. 이외에도 평가이익의 배분기준과 처분이익의 배분기준이 일치하지 않았는데 이것도 있을 수 없는 불합리한 규정이다.[20]

---

19 삼성생명을 제외한 대한민국의 다른 모든 생보사들은 삼성생명과 달리 '당해연도 가치변동액'에 '당해연도 배분비율'을 곱해서 '당해연도 계약자 몫'을 계산하고 이를 전년말까지의 누적 계약자 몫에 합산하는 지극히 합리적이고 일관성있는 회계처리방식을 사용하고 있었다. 보험감독규정도 이렇게 배분방식을 규정하고 있다.

20 물론 삼성생명의 경우 삼성전자 주식은 영원히 처분할 의사가 없는 주식일 것이므로 처분이익의 배분과 관련된 문제는 생기지 않을 것이다.

〈표 3-1〉 투자유가증권 평가차익 실제 배분사례

연도	평가손익		해당연도 배분비율 [21]		감독규정에 의한 배분액		삼성방식에 의한 배분액	
	누적 평가손익	당기 평가손익	계약자 지분율	주주 지분율	계약자 몫	주주 몫	계약자 몫	주주 몫
1999	33,996	34,510	67%	33%	22,652	11,344	22,662	11,334
2000	19,899	-14,097	0%	100%	22,652	-2,753	0	19,899
2001	48,506	28,607	28%	72%	30,576	17,930	13,436	35,070
2002	43,337	-5,169	31%	69%	28,989	14,348	13,304	30,033
2003	78,322	34,985	13%	87%	33,630	44,692	10,338	67,934

(단위 : 억 원) 자료 : 금융감독원 내부계산 자료

이 문제의 본질은 보험계약자의 이익보호 문제이다. 재벌그룹이 계약자 자산으로 계열사 지배력을 확장하고는 그 이익마저 주주가 가져감으로써 계약자의 정당한 경제적 권리를 침해하는 문제였다. 즉, 팔지 않을 주식(계열사 주식)을 계약자 돈으로 취득한 후 장부 어디에도 계약자 몫을 투명하게 표기하지 않고 또 불투명한 배분기준을 적용해 궁극적으로 계약자 자산을 회사의 자산으로 돌림으로써 계약자의 이익을 심각히 침해하는 불법적 회계처리의 문제였다.

삼성생명의 변칙적 회계처리는 당연히 위법이고 이에 대해서는 원칙적으로 법과 감독규정에 따라 처리하면 되는 간단한 문제이다. 즉, 회계감리를 통해 회계오류를 확인한 후 이에 대한 시정명령을 내리는 한편 삼성생명의 회계책임자와 외부감사인(즉, 회계법인)도 법에 따라 처벌하면 끝나는 일이었다. 그리고 계약자의 이익을 침해하거나 일관성이 없는 불합리한 규정도 개정하면 되는 문제다.

---

21 당시 감독규정상의 배분비율 계산방식에 의하면 계약자 지분율은 시간이 지나면서 영(零)으로 수렴하게 된다.

그러나 이 문제도 현실에서는 그렇게 간단히 처리할 수 없었다. 이 역시 삼성그룹의 정치적 영향력이 유감없이 발휘된 사건이었다. 특히 이 문제에는 삼성전자 주식이 관련돼 있어 삼성그룹은 이 문제를 삼성의 지배구조에 위협이 될 수 있는 사안으로 생각했던지 전 그룹 차원의, 그리고 업계와 학계까지 동원한 극렬한 전방위 반발을 하였다.

따라서 이 문제도 원칙대로 처리할 수 없었고 삼성그룹의 입장을 고려해 불가피하게 우회적 방법으로 처리됐다. 보험·회계·법률 관련 민간전문가로 TF를 구성하고, 이 TF가 관련된 규정 중 다른 불합리한 부분도 동시에 수정한 새로운 개선규정을 만들고, 개선된 규정에 따라 회계적으로 계약자·주주 간 배분을 새롭게 해 과거 부당회계처리 부분을 시정했다. 이와 같은 방법으로 처리함으로써 삼성생명 및 외부감사인 등 관련자의 책임을 묻지 않고 이 사건을 마무리했다. 일종의 타협안이었다. 그러나 계약자 몫이 부당하게 적게 돼 있는 부분에 대한 근본적인 개선은 성사되지 못했다. 일종의 삼성그룹의 기득권으로 간주했기 때문이었다.

IV : 금융감독기구 개편과 생보사 상장차익 문제

우체국 금융 민영화 포기

우체국 금융은 과거 교통과 통신이 불편하던 시절 금융기관이 점포를 개설하기 어려운 농어촌과 산간도서 지역의 주민이 이용할 수 있게 전국 우체국망을 통해 금융서비스를 한다는 목적으로 시작됐다. 그러나 경제발전과 함께 교통과 통신이 발전하고, 최근에는 인터넷이 보편화하면서 우체국 금융의 필요성이 줄어들었다. 그뿐만 아니라 우체국 금융이 본래의 제도 도입 취지에서 크게 벗어나 도시영업에 치중하면서 소형금융기관들과 불공정경쟁 이슈를 일으켰다.

우체국 예금과 보험은 외환위기 이후 빠르게 성장했는데, 그 배경에는 외환위기 이후 우체국 예금과 보험은 정부가 전액 보장한다는 안전성이 결정적으로 작용했다. 그뿐만 아니라 우체국 예금과 보험에는 예금보험료가 부과되지 않으므로 금리 면에서도 유치 경쟁에서 민간금융기관보다 유리하다. 이러한 불공정경쟁은 금융시장의 건전한 발전을 왜곡할 우려가 크다. 특히 자금조달 기반과 영업력이 취약한 중소·지역금융기관들이 우체국 금융과 경쟁에서 불리한 위치에 몰리게 되면서 이들 중소·지역 금융기관의 발전이 저해되었다. 즉, 중소·지역 금융기관의 발전을 지원해야 할 정부가 오히려 우체국 금융을 통해 중소·지역 금융기관의 발전을 저해하는 결과를 불러왔고, 이는 지역 중소기업 및 영세상인에 대한 금융지원에도 지장을 초래했다. 지역 중소기업과 영세상인에게 주로 자금을 지원하는 중소·지역 금융기관으로부터 우체국 금융으로 자금이 이동하면 그만큼 지역 중소기업과 영세상인에 대한 금융자금 공급은 감소하기 때문이다.

따라서 참여정부는 금융산업의 균형 잡힌 발전을 도모하고, 지역 중소기업과 영세상인에 대한 금융지원을 강화하기 위해 우체국 금융이 민간금융기관과 공정한 경쟁을 하도록 하고, 나아가 금융산업의 장기 발전을 위해 우체국 금융을 민영화한다는 계획이 있었다. 그러나 이 계획은 주무부처인 정보통신부의 조직적인 반대로 무산됐다.

금융감독기구 개편 포기

1998년 초 새로 만들어진 우리나라의 감독조직은 금융감독위원회와 금융감독원으로 이원화되면서 금융감독위원장이 금융감독원장을 겸임하는 구조였다. 조직 설립의 의도와 달리 금융감독위원회의 사무국이 거대 관료조직으로 커지면서 같은 수장 밑에 중복되는 감독업무를 하는 두 개의 거대조직이 존재하는 비정상적인 조직으로 변질되었다. 그뿐만 아니라 금융정책과 금융감독이 혼재돼 금융정책을 담당하는 재경부와의 관계도 모호해졌다. 즉, 재경부·금감위 사무국·금감원 간의 권한과 역할분담이 모호해지고, 책임소재가 불분명해졌으며 조직간 갈등도 심화했다. 금감위와 금감원이 같은 수장 아래에 있게 되면서 감독조직 내 보고체계에도 혼선이 야기되고 이중보고, 이중작업 등 비효율도 초래됐다.

또 금감위와 금감원에 대한 외부 견제와 균형이 차단돼 금융감독 메커니즘의 원활한 작동이 저해됐을 뿐 아니라, 금감원이 권력기관화 되었고, 금감원 직원들(민간인)은 인사에서 배타성을 보이면서 관료화되었다. 금감원의 내부통제 체제도 미흡했다.

이처럼 금융감독 조직은 조직구조상 불합리한 점이 드러났고 운영 측면에서는 많은 부작용을 야기했다. 참여정부는 이러한 판단을 근거로 효율적인 금융감독을 하도록 다원화된 감독체계를 합리적으로 개편하는 방안을 검토하겠다고 약속했다. 예컨대 금감위 산하의 공무원 조직인 사무국을 폐지하여 금감원에 흡수·통합함으로써 순수 민간조직으로 단일화한다거나, 감독원의 권력기관화와 감독원 직원의 관료화를 방지하고 전문성을 높이기 위해 팀장급 이상 모든 자리에 개방형·계약제를 시행해 외부전문가 영입을 확대하는 내용의 개편방안이 거론됐다. 그러나 아쉽게도 이들 개편방안은 검토에 그쳤을 뿐 실천되지는 못했다.

금융회사 계열분리명령제 포기

참여정부는 금융계열사 계열분리명령제(또는 계열분리청구제) 도입을 검토했다. 부당내부거래 금지 등 행태 규제만으로는 산업자본의 금융 지배에 따른 폐해를 효과적으로 차단하기 어려운 경우가 많아 보다 근본적인 구조적 교정책이 필요할 수도 있다는 판단에 근거하고 있다. 이는 금융보험사가 계열사 확장이나 지원 수단으로 이용되는 경우 금융보험사를 기업집단으로부터 분리할 것을 명령하거나 법원에 청구하는 제도이다.[22]

산업자본에 의한 금융지배로 인한 폐해가 심각하기는 하지만, 우리나라에는 총수를 정점으로 하는 우리나라 특유의 기업집단이 존재하고 외국과 달리 이러한 산업자본이 제2금융권을 상당 부분 지배하고 있는 것이 현실이다. 그러한 현실을 고려할 때 산업자본이 이미 소유하고 있는 제2금융권에 대해 전면적인 소유제한을 하는 것은 현실적으로 불가능하다. 그보다는 문제가 생기면 이를 시정할 구조적인 교정책으로서 계열분리명령제가 더욱 현실성이 있을 수도 있다. 그뿐만 아니라 이 제도의 존재 자체만으로도 기업의 부당지원행위 및 사금고화 등을 억제하는 잠재적 규율 효과도 상당히 클 수 있다.

그러나 금융회사 계열분리제는 외국에 입법례가 없는 매우 강력한 규제 수단으로서 재계의 반대가 심해 현실적으로 이 제도를 당장 도입하기는 쉽지 않

---

22 모기업 집단이 부실해지거나 부실해질 우려가 있는 경우 계열금융보험사도 동반부실화할 위험이 커지므로 이를 사전에 예방하여 금융보험사의 고객을 보호하기 위해 금융보험사를 기업집단으로부터 분리할 것을 명령할 수도 있다.

았다. 그리고 대주주 자격요건 및 대주주에 대한 감독 강화 등 대주주 규제를 강화해 산업자본의 금융지배에 따른 폐해 방지가 가능하다면 이 제도를 도입할 필요성도 그만큼 감소하는 것도 사실이다. 따라서 우선 대주주에 대한 규제를 강화해 효과를 본 연후에 금융회사 계열분리명령제를 다시 검토하기로 결론을 내렸다.

생보사 상장차익 배분 문제

약칭 '생보사 상장문제'라고 알려진 이 문제는 '생명보험사 상장차익의 주주·계약자 간 배분 문제'이다. 참여정부가 이 일을 해결하겠다고 명시적으로 약속한 적은 없었다. 하지만 국민의 정부를 이어받아 민주정부의 전통을 계승한 참여정부로서는 당연히 계약자의 정당한 몫(즉, 국민의 정당한 경제적 이익)을 지켜주고 또 찾아주어야 할 의무가 있었다. 그러한 점에서 국민은 국민의 정부가 마무리하지 못한 이 일을 참여정부가 마무리해줄 것을 기대했고, 참여정부도 내부적으로 그렇게 생각하고 있었다. 참여정부는 임기 마지막 해에 이 일을 매듭지었다. 그러나 불행하게도 그 결과는 실망스러웠다.

주식회사는 주주가 주인인 회사이므로 주식회사를 주식시장에 상장함으로써 얻게 되는 재산상의 이익은 원칙적으로 모두 주주의 몫이다. 그런데도 유독 생보사를 상장할 때만은 상장이익 일부를 계약자에게 주어야 하고, 계약자에게도 정당한 몫이 있다고 하는 데에는 합당한 이유가 있다. 우리나라의 생보사는 정확한 의미에서 주식회사가 아니었기 때문이다. 즉, 생보사 상장차익 배분문제는 우리나라 생명보험사의 성격과 관련된 문제였다.

우리나라 생명보험사는 법적으로 「주식회사」로 설립되었지만 실질적으로

「상호회사」로 운영하는 기형적 구조가 최소한 2000년경까지는 유지되었다. 주식회사는 주주가 주인인 회사이고 상호회사는 계약자가 주인인 회사이므로 우리나라의 생보사는 법적으로는 주주가 주인이지만 실질적으로는 계약자도 주인인 회사로 운영되었는데, 여기에 더 기형적인 것은 계약자가 주인으로 받은 대접이라고는 회사가 어려울 때 계약자의 재산으로 회사를 돕게 한 것뿐이었다.[23] 그러나 계약자의 도움을 받아 성장한 생보사를 상장하게 되자 주식회사는 주주가 주인이므로 주주가 모든 것을 다 가져가야 한다는 것이 주주 측의 주장이다. 반면 계약자 측은 계약자들도 회사의 성장에 기여하고 희생했으니 상장이익을 나누어 가질 정당한 권리가 있다는 주장이다. 이처럼 생보사 상장차익에 대해 계약자 몫을 주장하는 근거는 우리나라 생보사의 과거 역사와 상호회사적 성격에 근거하고 있다.[24]

과거 생보사의 상호회사적 성격을 인정한다면 상장차익에 대한 계약자 몫을 인정해야 하고, 반면에 지금(즉, 상장 시점에) 주식회사적 성격을 고집해 계약자 몫을 부정하고 주주가 모든 것을 가진다고 주장하려면 과거 계약자 배당재원을 회사가 이용한 것은 위법(계약자 몫의 횡령)이고, 이를 법적·행정적으로 허용한 정부도 배임 등 위법행위의 책임을 면할 수 없다.

과거 정부(재무부)는 수십 년간 생보사를 실질적으로 상호회사로 취급하고 법을 집행했었고, 이 사실을 잘 알고 있었던 과거 재무관료(그리고 재무관료 출신 금감위 고위공무원)들도 생보사 상장 시에 계약자 몫을 인정해야 한다는 사실

---

23 우리나라 과거 보험감독규정은 계약자의 자산인 "계약자 배당재원"으로 생보사의 결손을 보전할 수 있게 허용하였고, 실제 생보사의 결손을 계약자 배당재원으로 보전한 사례가 있었다.

24 생보사 상장과 관련된 과거 역사와 추진경과 등 자세한 내용은 이동걸 (2012.12) , 「재벌금융에 대한 개혁조치와 저항: 삼성생명의 법위반 사례를 중심으로」, (한림국제대학원대학교 정치경영연구소 제3회 개혁리더십 특강 자료) 를 참조하기 바란다.

을 부인할 수 없었다. 그러나 계약자 몫을 인정하려는 몇 번의 시도는 삼성 쪽의 맹렬한 반대로 무산되었다. 결국 이 일은 참여정부 말기에 국민의 이익과 상반되는 쪽으로 결론이 났다는 지적을 받았다. 2007년 1월 금융감독위원회의 윤증현 위원장은 과거 재무관료 출신으로서 생보사의 역사를 모를 리 없었겠지만 이를 완전히 무시하고 삼성이 원하던 대로 삼성생명에 일방적으로 유리하게 결론을 내렸던 것이다. 즉, '계약자 몫 0, 주주 몫 100'으로 마무리 지었다.

생보사 상장문제는 그렇게 끝났지만, 분쟁의 소지가 된 규정은 참여정부 초기에 정비했다. 생보사의 결손을 계약자 배당재원에서 일정비율 보전해주던 보험감독규정을 폐지함으로써 계약자의 피해를 방지했을 뿐 아니라 미래에 주주와 계약자 간에 발생할 수 있는 분쟁 소지도 정비했다.[25]

V : 금융관료의 친재벌화와 금융정책의 보수화

금융정책의 관료화와 금융관료들의 친재벌적 언행 및 시도

시간이 지나면서 참여정부에 참여했던 외부 개혁세력이 점차 관료로 대체되었다. 참여정부 초기의 개혁 드라이브가 지나가고 카드대란, 신용불량자 문제 등 초기의 위험을 넘기면서 금융정책은 점점 더 개혁성을 잃고 과거에 행해오던 금융산업 정책으로 변했다. 그렇게 되면서 금융정책의 관료의존도가

---

25 생보사 상장문제는 원래 삼성, 교보, 대한생명 (현 한화생명) 3사의 문제였으나, 대한생명의 경우 외환위기 이후 대규모 공적자금을 투입하면서 예금보험공사가 새주인이 되어 상장차익 배분관련 문제가 없어졌다. 그러나 대한생명을 한화그룹이 인수한 후에도 계약자 배당재원으로 누적결손을 보전해주고 있었다.

증가했다. 참여정부 출범 당시 관료들이 "6개월이면 새 정부도 공무원이 장악한다"고 공공연히 말하고 다녔는데 그 말이 현실이 되었다.

전통적인 금융관료들이 다시 득세하기 시작하고, 심지어 외환위기에 직간접으로 책임이 있는 재무관료가 금융감독의 수장으로 복귀한 데에는 대통령의 일부 핵심측근들도 일조한 것으로 보는 시각도 있다. 그들이 오로지 자신의 정치적 입지와 정부 내 영향력 강화를 위해 관료 및 재벌과 밀착했고, 재벌이 선호하는 친재벌적 관료들이 많이 득세할 수 있도록 지원했다는 것이다.

보수관료들이 득세하고 관료의존도가 증가하면서 금융정책은 점점 더 보수적 색채와 친재벌적 색채를 띠게 되었다. 보수적이고, 친재벌적이고, 관치에 능한 우리나라의 정통 금융관료들이 다시 금융정책을 책임지게 되면 금융정책이 보수화·친재벌화한 과거의 정책으로 회귀하는 것은 필연적일 수밖에 없다. 그리고 금융정책이 보수화·친재벌화하면 보수관료들이 더욱 능숙하게 일을 처리하므로 금융정책은 더욱 관료화할 것이다. 이처럼 관료화와 보수화의 상승적 악순환이 심해졌다. 참여정부를 지원했던 개혁적 학자들과 진보적 시민단체들의 의견과 경고는 무시되기 시작했다.

참여정부 중후반으로 갈수록 관료들은 점차 더 대담해졌다. 참여정부의 정책노선에 반하는 친재벌적 언행과 시도가 이어졌고 관료들의 집단적 이해와 의사에 반하는 정책은 아예 추진할 수 없는 지경이 되었다. "관료가 무섭다"고 한 노무현 대통령의 말을 그들이 증명한 것이나 다름없다.

그 배경을 보면 다음과 같다. 우선 보수적 관료집단은 새로운 힘을 얻기 시작했다. 관료들은 공권력과 행정절차를 교묘히 이용할 줄 알았고, 관료들 간의 상부상조식 네트워크를 강화하고 공권력을 이용해 집단이권(낙하산, 산하단체 장악, 재벌과 이해 교환 등)을 추구했다. 보수화된 관료들이 사적 권력집단화한 것이었다.

외환위기 이후 더욱 강해진 대형 재벌은 재력과 영향력이 상승하면서 힘 있는 관료들을 적극적으로 채용해(직접 또는 대형법무법인[26] 등을 통해) 자기편으로 만들었다. 관료들은 이제 관직을 그만두더라도 '좋은 자리 갈 데가 생겼다'는 자신감을 갖게 되었고, 심지어는 정권이 바뀔 때까지 대기할 수 있는 자리가 생겼다는 자신감도 생겼다. 이런 자신감에 일부 고위관료는 정부의 공식 정책방침에 공공연히 반기를 들 정도로 재벌의 이익을 열심히 대변했다. 참여정부 후반 지지율이 하락할수록 "정권이 바뀐 다음 다시 돌아오면 된다"고 생각하는 듯 고위관료들의 배반적 행태는 더욱 심해졌다.

특히, 당시 금감위원장은 공개적으로 은행소유제한을 완화해야 한다고 여러 번 발언한 바 있었고, 산업자본의 금융지배를 지지한다는 견해를 여러 번 공개적으로 밝힌 바 있었다. 금융감독을 책임진 최고위 관료가 정부의 공식적인 금산분리 정책방침을 공공연히 부정한 것이어서 언론의 집중적 조명을 받기도 했다. 생보사 상장문제 등에서 계약자의 정당한 이익을 무시하고 친재벌적 결정을 내렸고, 규제완화 등 재벌의 이해를 대변하는 데도 주저하지 않았다. 이런 식으로 정책혼선이 있었고 참여정부 금융정책 기조가 흔들렸다는 것을 부인할 수 없는 지경이 되었다.

참여정부 말기에 들어서는 대통령이 임기 마지막까지 관심을 둔 영세상인

---

26 필자가 2003.3부터 2004.8까지 금융감독위원회 부위원장으로 일했을 때의 경험에 의하면 대형법무법인들은 재벌과 갈등이 있는 사안에 대해 정부측 법률대리인이 되는 것을 기피하였다. 가장 큰 잠재적 고객인 재벌들을 잃을 우려가 있는 일을 피하기 위해서였다. 반면에 재벌들은 이해관계가 큰 사안에 대해서는 한국의 대형법무법인을 모두 고용하다시피 할 정도로 '전문가 의견'을 독점하는 일도 허다하였다. 이와 같이 대형법무법인들은 실질적으로 재벌들의 영향력 아래 있다고 해도 과언이 아니다. 대형 회계법인의 경우도 마찬가지이다.

들의 신용카드 수수료 인하 문제 등 중소서민 관련 사항 외에는 대부분 금융정책이 보수정부에서 하는 것과 거의 구별하기 어려울 정도가 되었다.

금융정책의 보수화, 저축은행의 「제로베이스 금융규제 개혁방안」과 88클럽

2005년 11월 재정경제부와 금융감독위원회는 금융에 대한 전반적 규제 완화 정책인 '제로베이스 금융규제 개혁방안'을 발표했다. 규제 완화로 금융기관의 먹거리를 만들어줘 금융산업을 일으키고 경기를 부양시킨다는 대표적인 보수전통의 정책이다. 핵심은 저축은행에 대해 동일인여신한도 규제를 완화하여 수익모델을 만들어준다는 것이었다. BIS비율 8% 이상, 고정이하여신 비율 8% 이하[27]인 저축은행을 우량저축은행(소위 '88클럽')으로 규정하고 '88클럽' 저축은행에 대해서는 법인에 대한 대출금액 한도(자기자본의 20% 이내에서 80억 원)를 폐지하고, 모든 저축은행에 개인에 대한 대출금 한도를 3억 원에서 5억 원으로 상향조정한다는 내용으로 이듬해 8월부터 시행됐다.

동일인여신한도는 대표적인 건전성 규제로서 이를 확대할 경우 자칫 거액 편중여신이 급증하고 부실화할 위험이 뒤따라 신중한 판단이 선행돼야 한다. 그러나 주지하다시피 당시에는 많은 금융전문가, 그리고 감독기관마저 저축은행 부실화 위험을 경고하고 있었다. 예를 들면, 2005년 9월 예금보험공사는 저축은행 부동산 PF대출의 부실 위험이 이미 상당 수준에 이르렀다고 경고했다. 2005년 말 저축은행 PF대출 규모가 전년 대비 44.7%나 급증했고 대출 비중도 위험수위를 넘어 향후 부동산 경기 하락 시 부실 위험이 매우 크다

---

27 BIS비율은 위험가중자산 대비 BIS자기자본 비율로 자본충실도의 지표이고, 고정이하여신 비율은 총여신 중에서 고정이하여신 (4개월 이상 연체여신 (은행의 경우 3개월 이상) 및 회수의문여신, 추정손실여신) 이 차지하는 비율 즉 부실여신 비율을 말한다. BIS비율은 높을수록, 고정이하여신비율은 낮을수록 건전한 금융기관이다.

는 것이었다.

88클럽에 대한 동일인 여신한도 규제 폐지 이후 저축은행 PF대출은 급증했고, 결국 부실저축은행 사태와 서민 피해의 원인이 되었다. 2006년말 1.6조 원이던 저축은행 PF대출 잔액은 2012년말 12.4조 원으로 급증해 저축은행 사태를 악화했다. 2011년 부산저축은행 예금인출 사태로 촉발한 부실저축은행 사태로 총 18개 부실저축은행이 문을 닫았으며 7만4,000명의 피해자를 양산했고 피해금액은 2조 6,000억 원에 이르렀다(2011년 기준, 참여연대 추정).

물론 이 모든 피해는 2008년 출범한 이명박정부가 글로벌 금융위기에도 저축은행 문제를 더 키웠고 제 때 대처하지 못한 탓이지만, '88클럽'이 부실저축은행 사태에 단초를 제공했다는 비판을 면할 수는 없다.

자본시장법

약칭 '자본시장법'이라고 부르는 「금융투자업과 자본시장에 관한 법률」(2007년 제정)은 좋은 취지와 순기능이 많이 있었지만 제정 당시 많은 논란을 일으켰다. 심각한 부작용이 우려됐기 때문이다.

먼저 좋은 측면을 보면 증권거래법, 선물거래법, 자산운용업법 등 6개 증권관련법을 단일법으로 통합해 자본시장업 관련 규제를 통일함으로써 규제의 효율성과 일관성을 높이고, 포괄주의 규제, 업무범위 확대 등을 통해 증권관련 기관들의 경영효율성을 높이며, 투자권유에 대한 규제 등 투자자보호를 강화한다는 내용이 포함돼 있다. 문제는 근거 없는 황당한 목표 설정과 그것을 빌미로 한 과도하고 위험한 규제완화에 있었다. 재경부는 자본시장법이 "우리나라의 자본시장과 자본시장 관련업을 획기적으로 발전시킬 것"이고 "

겸업화와 대형화를 통해 세계적 수준의 경쟁력을 갖춘 투자은행(IB)의 출현을 기대"한다고 전망했다. 결국 그 목표를 위해 제시한 방법은 규제를 다 풀겠다는 것이었다. 여기서도 핵심은 규제 완화였다. 규제를 완화하면 자본시장에 빅뱅(Big Bang)이 생겨 획기적으로 발전할 것이고, 업무범위를 확대해 겸업화를 무제한 허용하면 투자은행(IB)들이 대형화할 것이고 그렇게 세계적인 투자은행을 육성하겠다는 것이었다. 앞에서 본 '88클럽' 정책처럼 대형화는 무조건 좋은 것이고, 규제완화가 모든 것을 해결해 줄 것이라는 믿음이 강하게 깔려 있는 지극히 보수적인 환상에 사로잡힌 금융정책이었다.

쟁점이 된 사안은 두 개였다. 이를 보면 보수적 관료들이 얼마나 무모하게 규제완화를 추진하는지 알 수 있다. 첫째는 증권회사에 지급결제업무를 허용하는 것이었고, 둘째는 매매·중개업(즉, 증권업)과 자산운용업을 회사 내부(in-house)에서 겸영할 수 있도록 허용하는 것이었다. 둘 다 선진국에서는 유례를 찾아볼 수 없는 대단히 위험한 조치였다.

먼저 증권사의 지급결제업무 허용은 증권사에 은행업을 허용하는 것으로, 인터넷금융 시대에 소비자 편익증진 효과는 별로 없는 반면 지급결제제도의 안전성을 심각하게 위협할 우려가 있다. 증권사에 대한 규제와 감독(건전성 규제, 유동성 기준, 법정지급준비 등)이 은행보다 미흡하고 한국은행의 증권사 감독권도 충분하지 않기 때문이다. 반면 한국은행은 지급결제의 안전성을 유지하기 위해 위험추구 성향이 큰 투자은행(IB)에게까지 중앙은행의 최종대부자 기능을 확장하지 않을 수 없게 될 것이다.

다음으로 겸영 문제는, 시너지 효과가 있는 것은 사실이지만 단순히 여러 업무를 같이 취급한다고 시너지 효과가 자연발생적으로 일어나는 것이 아니며, 일부 업무 간에는 겸영에 따른 이해상충 문제가 매우 심각해진다. 특히 매매·중개업(즉, 증권업)과 자산운용업의 겸영은 이해상충의 소지가 특히 심각한데, 불량자산(또는 과대평가 자산)의 편출입에 의한 부문간 이익제공(또는 손실이전), 내부정보를 이용한 선행매매, 불필요한 매매로 인한 수수료 과다지급, 미매각 인수유가증권 인수, 투자자문 또는 애널리스트 보고서의 객관성 훼손, 자금조달 창구역할 등을 여러 문제가 있다. 투자자보호 문제와 (경영 및 감독상) 위험관리·감독 문제도 동시에 일으킨다. 이해상충 문제에 대한 인식과 투자자 보호가 매우 미흡한 우리나라의 실정에서 증권사의 자산운용업 겸영은 대형 사고를 이어져 투자자의 신뢰를 더욱 저하시키고 장기적으로 자본시장 관련업의 성장을 저해할 수도 있다.

선진국에도 선례가 없는 이 두 가지를 자본시장법에서 빼면 될 일이었다. 그러나 보수적인 금융관료들은 이 두 가지가 마치 우리나라 자본시장을 세계적인 시장으로 끌어올리고 세계 수준의 선진 투자은행을 만들어줄 금융산업의 생명줄인양 주장하며 끝까지 밀고 나갔다.

많은 비판과 반대에도 불구하고 보수관료들이 이것을 끝까지 밀고 간 이유는 대통령이 뒤에서 단단히 밀어주었기 때문이었다는 분석도 있다. 대통령의 관심정책인 동북아금융중심지 구상이 부진한 실정이었는데, 금융관료들이 대통령을 둘러싸고 금융 문외한인 대통령에게 자본시장법이 이 프로젝트의 돌파구가 될 것이라는 헛된 믿음을 심어주었을 것이라는 분석이다. 그것 말고도 은행에 진출하고 싶어 했던 특정 재벌이 은행진출이 무산되니 증권업을 통해 우회적으로 은행업에 진출하려는 했고, 이를 보수관료들이 앞장서서 추진한 것이라는 분석도 있다. 후일 형평성을 명분으로 보험사들도 지급결제업무를 요구하고 결국 보험사에게도 지급결제업무가 허용됐는데, 이를 봐도 보험사와 증권사를 모두 거느린 특정 재벌이 뒤에서 이를 조직적으로 추진했고 관료들이 앞장섰다는 추측이 힘을 받는다.

이유가 무엇이든 자본시장법은 가장 진보적인 대통령이 보수적인 관료들에게 포위돼 가장 보수적인 금융정책을 실행하는 결과가 되었다.

: 마치면서 **성공과 아쉬움을 다음 진보정권에 넘기며**

5년 동안 참여정부는 많은 일을 했다. 실수도 하고 잘못한 일도 있었지만 잘한 일도 많았다. 그러나 무엇보다 아쉬운 점이 많았다. 하지 말았어야 했는데 했던 일, 할 수 있는데 못했던 혹은 안했던 일, 해야 했는데 좌절된 일, 좌절되더라도 해야 했던 일들이 많기 때문이다.

우선 참여정부는 약속한 일을 대부분 했다. 정부 출범과 함께 시급한 문제로 떠올랐던 카드대란과 신용불량자 문제를 잘 극복했고 가계부채 문제도 무사히 연착륙시켰다. 부실구조조정을 마무리했고, 선진 금융인프라 구축을 위한 금융제도 개혁도 실천했다. 특히 산업자본의 제2 금융권 지배가 야기하는 폐해를 줄이기 위해 대주주에 대한 규율을 강화했다. 산업자본이 금융기관을 이용해 경제적 지배력을 확장하는 것을 막고자 계열금융회사가 소유한 계열사 주식의 의결권행사도 제한했다. 증권시장의 공정거래질서를 확립하기 위해 증권관련 집단소송제를 도입하고 회계와 공시를 개편했다. 중산·서민층과 중소기업 등 금융약자에 대한 지원을 위해 개인신용 관리 및 평가체계를 강화했고 노인복지 향상을 위해 주택연금제도를 도입했으며, 서민들을 고금리 피해로부터 보호하기 위해 이자제한법을 부활했다. 금융감독 규율도 강화했다.

국민의 정부가 시작한 부실기업·금융 구조조정을 성공적으로 마무리하면서 과거 보수정권에서 수십 년간 누적된 부실도 깨끗이 떨어냈다. 그 결과 우리 기업과 금융기관의 건전성은 획기적으로 개선됐다. 기업의 평균 부채비율(제조업 기준)은 1997년 말 400%에서 2007년 말 100%대로 낮아졌고 이에 비례해 기업의 금융비용부담율(1998년 9.0% → 2006년 1.2%)과 이자비용 부담능력이 크게 나아졌다.(이자보상배율 1998년 0.7배 → 2007년 4.3배) 금융기관의 건전성도 획기적으로 향상됐다. 2007년말 은행의 부실여신비율은 0.7%, 연체율 0.74%로 사상 최저수준이었다.

한편 부동산담보대출 부실화 방지를 위해 참여정부에서 도입한 LTV, DTI 규제 덕분에 부동산 투기가 진정됐다. 은행의 주택담보대출 연체율은 2007년 말 0.43%로 사상 최저 수준으로 낮아졌다. 우리나라가 2008년 세계 금융위기를 맞아 비교적 선전하며 위기에서 가장 먼저 벗어날 수 있던 근본적인 이유는 민주정부 10년간 시행한 기업·금융구조조정과 부동산담보대출 억제 정책의 결과 기업과 금융기관의 건전성이 획기적으로 개선되어 위기를 버틸 체력이 비축했기 때문이다.

민주정부 10년간의 금융제도 개혁으로 우리나라에 처음으로 체계적인 근대적 금융시스템이 구축됐다. 민주화 이전 관치경제 체제에서 정책집행의 수단에 불과했던 금융이 외환위기 이후 금융개혁을 통해 10년 만에 산업과 시장으로서 면모를 갖추게 됐다. 우리나라 금융 산업의 진정한 역사는 10년이 채 되지 않는다고 해도 과언이 아닐 만큼 민주정부 10년 동안 거의 모든 금융

관련 법·제도가 새롭게 정비됐으며 성장 기반도 이 때 다졌다고 할 수 있다.

　잘못한 일도 적지 않았다. 우체국 금융 민영화와 금융감독기구 개편, 금융 계열분리명령제 등은 쉽게 포기해버린 감이 있다. 길게 보면, 실행하지 못하더라도 일반 대중에 대한 주의환기와 미래를 위한 기반정비 차원에서 더 심도 깊은 공개 논의와 토론이 있어야 했다. 외환은행의 론스타 인수 건도 불가피하기는 했지만 더 공개적으로 투명하게 추진했어야 했다. 그랬다면 국민의 동의를 얻어 다른 방법으로 처리했거나[28], 적어도 론스타의 외환은행 인수의 불가피성을 국민들이 이해하는 데 도움이 됐을 것이다.

　부실 저축은행 사태와 막대한 서민 피해를 불러일으킨 저축은행 '88클럽' 정책은 하지 않았어야 할 대표적인 정책이다. 자본시장법은 독소조항을 빼고 추진했어야 했다. 진보적 정부가 특정 재벌에게 유리한 친재벌적 법안을 추진했다는 비판을 면키 어려웠다. 특히 참여정부가 관료에 의존하는 성향이 높아지면서 이처럼 금융정책이 점차 보수화하고, 심지어는 일부 고위 관료들이 공개적으로 금산분리 등에 관한 참여정부의 공식적인 방침과 배치되는 주장을 함으로써 참여정부의 금융정책기조가 변한 것 아니냐는 비판까지 받게 되었다. 이는 참여정부에 대한 신뢰를 저해했을 뿐 아니라 참여정부의 개혁의지에 의구심을 일으킴으로써 개혁의 동력을 상실하는 결과를 낳기도 하였다.

　특히 삼성그룹과 관련된 세 가지 사건은 많은 아쉬움을 남겼다. 참여정부의 한계를 보여준 사건이라고 해도 할 말이 없다. 삼성생명 투자유가증권 평가 이익 배분 문제의 경우 당시 규정을 어긴 것은 바로잡았지만 명백하게 의도적

28　당시 경기가 침체되었고 카드사태와 신용불량자 문제가 매우 심각해 외환은행 처리에 많은 시간을 허비할 수 있는 상황이 아니었으므로 시간을 들여 대안을 찾는 것도 쉽지는 않을 일이었다.

으로 위법행위를 한 자들을 처벌하지 못했다. 더 심각한 것은 명백하게 계약자에게 불리하게 돼있는 규정을 바로잡는 데 실패했다는 점이다. 금산법 24조 위반 건은 정부가 타협을 해 일부는 봐주고 일부는 시정시키는 식으로 논리적으로 일관성 없는, 애매한 방법으로 결론이 났다. 생보사 상장문제는 계약자의 정당한 이익을 완전히 무시한 결론을 내려 국민의 이익을 포기했다는 비판을 받아도 할 말이 없게 됐다.

정부가 정당한 공권력을 정당한 근거에 따라 발동하고, 정당한 절차와 방법에 따라 일관되게 행사하면 아무리 영향력이 강한 거대재벌이라도 못 넘을리 없다. 만약 참여정부가 거대재벌을 넘어섰다면 국가 기강을 바로잡고 개혁을 완성해 '특권과 반칙이 없는 사회'를 만들고 '자유롭고 공정한 시장질서'를 확립, 국가의 장기적인 균형발전을 이룰 수 있는 터전을 다졌을 것이다. 그러나 번번이 특정재벌 앞에만 가면 타협하고 좌절함으로써 참여정부의 한계를 보여주고 말았다.

참여정부는 '재벌의 벽', '관료의 벽', '보수의 벽'을 넘지 못한 근본적인 한계를 보였다. 그것은 이 벽이 높고 강한 때문이기도 하겠지만, 다른 한편으로는 개혁에 대한 의지가 약했던 탓도 있다. 대통령의 개혁의지는 의심할 이유가 없겠지만 적지 않은 정치권 출신 일부 측근들의 경우에는 개혁의지 자체가 별로 없었던 것으로 보였다. 개혁은 국가경제를 바로잡는 일이고 국가경제의 장기적 경쟁력 제고를 위해 필요한 일인데, 집권을 위한 수단으로 개혁을 이용했다는 지적도 있다. 그렇기 때문에 일부 측근들은 집권하자마자 자신의 개인적 권력 강화를 위해 재벌 및 보수 관료집단과 밀착했고, 그들과 연합해 내부로부터 개혁을 좌절시키려는 시도도 했다. 개혁이 안으로부터 어긋나기 시작하고, 성과 없이 피로하기만 하니 국민의 지지는 약해지는 반면 재벌과 보수관료들에겐 더 강력한 반격의 빌미를 제공해 참여정부의 금융정책은 다시 보수화했다. 참여정부의 개혁의지, 개혁성에 대한 의구심마저 일으킬 정도였다. 참여정부가 많은 일을 했고 성과가 많았는데도 많은 아쉬운 점을 남겼던 것, 그리고 정당하게 평가받지 못했던 것은 이런 한계를 극복하지 못한 데 기인한다. 훗날 민주개혁정부가 다시 집권한다면 참여정부의 공과에서 뼈아픈 교훈을 얻어 다시는 시행착오를 하지 말고 수미일관 개혁에 매진해 성공한 정부로 자리매김해야 할 것이다.

4장

우리가 몰랐던 참여정부 나라살림

: 재정·조세 정책으로 본
국가경영 혁신

허성관 | 한가람역사문화연구소 연구위원, 전 행정자치부 장관 |

들어가며

참여정부 시절 행정자치부 장관을 지내면서 지방재정, 지방세제, 부족한 지방재정을 중앙정부가 지원해주는 지방재정 조정 제도를 종합적으로 담당할 기회가 있었다. 재정은 중앙정부와 지방자치단체로, 조세는 국세와 지방세로 나뉜다. 국세는 중앙정부의 재원이고 지방세는 지방자치단체의 재원이다. 정부 전체의 재정·세제 분야 혁신을 담당하는 자리에 있지는 않았다. 그러나 대통령직인수위원회 경제1분과 위원으로서 재정·세제 정책을 담당했다.

이 글에서 중앙정부와 관련한 사항은 해양수산부 장관을 지내고 2005년 초 행정자치부 장관을 퇴임할 때까지 부처 간 협조, 관계 장관 회의, 국무회의, 총리 주재 국정현안조정회의 등을 통해 간접적으로 경험했다. 지방재정 분야는 직접 고민하고 실천한 내용이다. 퇴임한 뒤의 내용은 참여정부 성과를 평가하고 정리한 문헌에서 참고했다.

과거 정부에서는 계획이 대부분 서류상으로 존재하고, 정책수립과 집행이 계획과 관계없이 이뤄지는 경향이 있었다. 평가, 환류가 결여돼 체계적으로 국정이 관리되지 못했다는 지적도 적지 않았다. 이 글에서는 계획, 집행, 평가, 환류로 구성되는 관리의 순환과정(management cycle) 관점에서 참여정부의 재정·조세정책을 조명한다.

Ⅰ장에서는 참여정부 대통령직인수위원회가 당시 재정·조세 상황을 어떻게 인식했으며 어떤 대안을 제시했는지를 기술한다. Ⅱ장에서는 참여정부 동안 실제 진행된 재정·조세 분야의 중요한 혁신 내용을, Ⅲ장에서는 혁신 성과와 더불어 부족하고 아쉬웠던 점을 기술하고자 한다.

I : 대통령직인수위원회의 재정·조세 혁신안

'자유롭고 공정한 시장질서' 위한 초석 놓다

참여정부 대통령직인수위원회가 출범할 당시 통합재정수지 적자가 이어지는 추세였다. 세입 측면에선 조세부담률을 상향 조정하는 데 어려움이 있었고, 세출에서는 경직성 비용과 미래 대비 투자, 분배 형평성을 위한 복지 지출이 증가하던 시기였다. 대규모 재정지출을 유발하는 의원입법이 늘었고, 공적연금 부실화 가능성이 커지는 등 중장기 재정건전성이 악화할 위험도 컸다.

국민의정부 시기 조세·재정 정책은 전반적으로 재정건전성을 확보하는 데 기여한 것으로 평가된다. 그런데도 혁신이 필요한 근본 문제는 남아 있었다. 상속·증여세와 부동산 관련 세제는 과세 형평성을 높이는 데 제한적이었으며 각종 비과세·감면조항이 많았고 음성 탈루 소득으로 세입 기반을 확충하는 데도 어려움이 있었다.

예산 집행 사후 평가와 그 결과의 환류(feedback)가 사실상 미비해 예산에 대한 권한과 책임이 불명확하기도 했다. 재정의 예측 가능성을 높이고 자원배분의 우선순위를 결정하는 시스템도 아쉬웠다. 중앙정부와 지방자치단체

간 지방재정조정제도는 물론 부처에 흩어진 중소기업 지원제도와 연구 개발 예산 등이 제대로 운용되려면 중앙과 지방간, 또 부처 간 협조가 절실했던 상황이었다.

외환위기 극복 과정에서 확인한 대로 건전한 재정은 경제위기에 대처하는 마지막 안전장치다. 따라서 우리 경제의 지속 가능한 성장과 안정은 물론 국가 신뢰도를 높이려면 건전한 재정을 유지하는 방향으로 꾸준히 혁신해야만 한다. 참여정부는 '자유롭고 공정한 시장질서 확립'이라는 국정과제를 달성하기 위해 무엇보다 조세정의를 실현하는 쪽으로 방향을 잡았다. 또 국가의 중장기 계획에 따라 우선순위를 정해 재원을 배분하고, 재정 집행 과정에서 낭비 요인을 제거하는 등 재정운용시스템도 더 건강한 성장을 이끌 수 있도록 혁신하고자 했다.

그런 의지를 담아 참여정부 대통령직인수위원회는 ①재정구조와 운영시스템 혁신 ②재정건전화 노력의 지속적 강화 ③공정하고 투명한 재정·세제 확립을 중점 추진과제로 확정해 정책 대안을 마련했다.

재정구조와 운영시스템 혁신

인수위원회가 가장 먼저 착수한 일은 재정구조와 운영 시스템 혁신이었다. 재정 운영의 효율성과 책임성을 높이기 위해서였다. 부처별 자율성과 책임성도 동시에 확대하고자 했다. 예·결산 과목 구조를 단위사업별로 관리할 수 있도록 개편해 사업별 집행결과를 평가하고 다음 해 예산 편성 과정에 환류시키는 방안을 마련했다. 또 국민소송제를 도입해 위법한 재정 집행을 막는 방향으로 재정운영의 책임성도 강화하기로 했다. 경쟁을 촉진하고 예산절감을 도모하고자 최저가낙찰제를 단계적으로 확대하는 등 입찰제도 개선도 불가피했다.

해마다 중기재정계획 수립을 의무화하는 재정건전화특별법을 제정하고 예산회계법도 개정해 중장기 전략적인 관점에서 재정을 운영하고자 했다. 당시 인수위원회는 이 계획에 따라 예산을 편성함으로써 재원 배분의 효율성과 경기 대응능력이 나아질 것으로 기대했다.

기금과 특별회계도 정비하기로 했다. 기금과 부담금 운용 평가 결과를 토대로 관련 기금을 통폐합 또는 정비하고, 한시적인 재원으로 운영하거나 기능이 겹치는 특별회계는 통폐합하는 방안이다. 각종 기금과 특별회계 중에는 관련 부처 이기주의에 따라 설치된 경우도 있었다.

명실상부한 지방자치를 실현하기 위해서는 지방재정 확충이 불가피했다. 지방 이전 재원인 보통교부세와 특별교부세에 지역균형발전특별회계를 추가 신설해 지방재정을 확충하고 성장 역량을 끌어 올리고자 했다. 중앙정부와 지방자치단체의 기능을 추가로 조정해 사무를 분장하고 이와 함께 지방재정조정제도를 개선, 효율적인 재원 배분을 유도하고자 했다.

요약하면 이 시기엔 각 부처가 자율적으로 편성하는 사업의 범위를 확대하고 동시에 책임성을 부여하는 데 초점을 맞췄다. 이 과정에서 기금·특별회계 정비, 지방재정조정제도 개선 등 이해관계자와 관계 부처의 반발이 클 것으로 예상했다. 국회 입법과정에서 애초 취지가 퇴색할 우려도 컸다. 따라서 다양한 방법으로 민간 전문가와 국민 의견을 수렴해 일관성 있게 추진해야 했다. 세부 정책과제별로 과제추진반(task force)을 구성해 절차적인 정당성을 확보하는 과정도 필요했다.

재정건전화 노력의 지속적 강화

국가 재정을 건전하게 만들기 위해 국가채무를 체계적으로 관리하는 방안을 추진했다. 먼저 국회에 계류 중인 '재정건전화특별법'를 통해 국가채무를 관리할 수 있도록 법적 장치를 마련하기로 했다. 외환위기 극복을 위해 투입한 공적자금으로 증가한 국채 상환에 세금잉여금을 먼저 사용하도록 방침을 정했다. 특히 재정 부담을 수반하는 법률의 제·개정에는 반드시 재원조달 방안을 첨부해 국회에 법률안을 제출하도록 했다. 관계부처와 민간 전문가가 포함된 '국가채무관리위원회'를 설치해 관리 감독을 강화하기로 한 것도 이때다. 모두 국가채무 증가를 억제하는 방안이었다.

당시 인수위에서는 공적연금 체계에 대한 혁신이 불가피할 것으로 판단했다. 정부의 우발채무(contingent liability)로 재정부담이 클 것으로 전망했다. 따라서 '저부담-고급여'의 공적연금체계를 '적정부담-적정급여' 체계로 전환하기로 방침을 정하고 구체적인 방안을 마련하기로 했다. 또 연·기금 자산 운용 체계를 근본적으로 개편해 효율성과 전문성을 높이고자 했다.

공정하고 투명한 재정·세제 확립

세입 기반을 안정적으로 확충하고 과세 형평성을 높이는 일은 상시로 추진해야 하는 혁신이다. 이를 위해 참여정부 인수위는 불요불급한 비과세와 감면을 축소하고 복잡한 감면제도를 단순화하기로 했다. 부가가치세 영세율과 면세제도를 국제기준에 맞게 정비하고, 유사한 관세경감 제도를 통폐합하는 등 관세 제도도 정비해야 했다. 상속세법과 증여세법에 완전포괄주의 규정을 신설하고 열거된 증여의제 14가지 유형을 예시규정으로 전환, 변칙적인 상속과 증여를 막고자 했다.

신용카드와 직불카드 사용에 대한 세제상 인센티브를 유지하는 등 자영업자의 소득을 파악하기 위한 과세인프라 구축도 필요했다. '현금영수증카드제'를 도입해 현금거래의 과세표준 누락을 포착하는 방안이 구상됐다. 정직한 납세자가 존경받는 사회 분위기를 조성하기 위해 성실납세자에 대한 세무조사 유예기간 연장 등 우대방안도 보완하기로 했다.

중산층 이하 근로자의 세 부담을 줄이고자 근로소득 공제 등 각종 소득공제를 확대하거나 '국민개세주의(國民皆稅主義)'에 입각해 소득세 체계를 개편하는 방안도 추진했다. 시장 개방과 국제화에 대비해 농어민에 대한 세제상의 지원방안도 강구됐다.

부동산 시장을 안정시키고 투기를 억제하는 조세정책을 마련하는 데는 부동산 보유와 거래 실태에 관한 정확한 자료가 필수적이다. 이를 위해 당시 정부가 보유 중인 토지, 주택, 주민등록, 지적, 등기, 국세 및 금융거래 관련 개별 전산망을 통합하는 부동산종합전산망을 조기에 구축하기로 했다. 부동산 보유과세에 누진 세제를 확대하고, 과세표준을 현실화해 조세 형평성을 높이는 방안도 검토됐다.

상속세와 증여세에 완전포괄주의를 도입하는 것은 위헌시비가 발생하지 않도록 법조계와 학계의 의견을 수렴해 입법을 추진할 필요가 있었다. 부동산세제 개편은 조세저항과 지자체 간 이해관계를 고려해 민간 전문가, 관계부처, 지자체 의견을 수렴, 합리적인 방안을 마련해야 했다.

〈표 4-1〉 대통령직 인수위원회가 마련한 재정·세제정책 요약

정책 분류	추진 내용
재정구조와 운영시스템 혁신	사업별 예산 집행 평가 환류 강화
	중기재정계획 수립 의무화
	부처의 예산편성 자율성 확대
	예산 집행에 대한 국민소송제 도입
	지역균형발전특별회계 신설
	최저가낙찰제도 도입
	중앙정부와 지자체간 기능 조정
재정건전화 노력의 지속적 강화	재정건전화를 위한 특별법 제정
	국가채무관리위원회 신설
	기금을 적정부담-적정급여 체계로 전환
공정하고 투명한 재정·세제 확립	상속·증여세 완전포괄주의로 전환
	농어민 중산·서민층의 세부담 합리화
	자영업자 소득파악 지속
	부동산세 개편과 보유과세 과표 현실화

자료 : 참여정부 인수위원회 보고서, 179쪽

II : 참여정부의 재정·조세 혁신

참여정부의 재정·세제 정책은 대통령직인수위원회가 마련한 정책대안과 기본 흐름은 같지만 일부 실천하지 못한 경우도 있었고 인수위 대안에 없던 방안도 있었다. 특히 공적연금 체계를 '적정 부담-적정 급여' 체계로 혁신하지 못했다. 참여정부가 만들어 세계 모범사례로 평가받고 있는 통합재정정보

시스템 '디지털 예산회계시스템'은 인수위가 특정한 정책 대안은 아니었다. 참여정부에서 실제 추진한 재정·세제 혁신은 크게 ①전략적 재정 운영을 위한 시스템 혁신 ②재정 집행의 효율성 제고 ③세원 개발과 조세형평성성 제고 ④지방재정의 혁신 등 4가지로 범주화할 수 있다.

1. 전략적 예산 짜기, 재정운영 시스템을 바꾸다

참여정부는 예산편성과 관련해 총액예산배분제도를 도입하고 중기재정계획을 의무적으로 수립하도록 했다. 전략적 재정운영을 위한 시스템 혁신 방안이었다. 이 과정에서 예산편성, 집행, 평가, 환류가 체계적으로 이루어질 수 있도록 성과관리 제도를 도입했다. 중기적 관점에서 국가전략이 정해지면 이 전략에 따라 각 부처가 자율적으로 예산을 편성하고, 매년 집행 결과를 철저하게 평가한 뒤 이듬해 예산편성에 반영하는 완전한 관리순환 시스템을 확립하자는 취지였다. 자율성과 책임성을 강화하는 데 목적이 있었다.

'혁명적'인 총액예산배분제도 시행

2003년 3월 기획예산처 연두 업무보고. 정부 수립 후 재정 당국이 예산편성 권한을 양보한 가히 혁명적인 사건이 발생한다. 총액예산배분제도를 도입하기로 한 것. 총액예산배분제도는 먼저 예상되는 세입과 중장기적인 국가 경영전략을 고려해 재정규모를 결정하면 이를 각 부처에 총액으로 배분하고, 각 부처가 총액 범위 안에서 자율적으로 사업예산을 편성하는 방식이다. 이 제도가 참여정부 때 도입한 성과라는 것은 널리 알려지지 않았다.

통상 매년 5월에 시작하는 정부의 예산편성 과정은 2004년까지는 각 부처와 옛 기획예산처 간 전쟁과도 같았다. 경직성 예산을 제외한 사업예산의 경우 기획예산처와 협의를 거쳐 예산 반영 여부가 결정되었기 때문이다. 기획예산처가 갑(甲)이고 각 부처는 을(乙)이었다. 해당 부처의 실·국이 중심이 되어 기획예산처와 협의하고, 협의가 끝난 사업예산을 모으면 그게 해당 부처의 예산안이었다. 이 시기가 되면 부처 예산 담당자들이 진을 치느라 기획예산처 주차장은 늘 북새통이었다.

문제는 이런 방식으로 예산을 편성하면 개별사업 위주로 짤 수밖에 없었다. 숲을 못 보고 나무만 보는 식으로 중장기적인 전략과 부처 자율성도 모두 발휘될 수 없는 구조였다.

이 제도가 도입된 뒤 각 부처 장관들은 대통령이 보는 앞에서 가능한 많은 예산을 확보하고자 치열한 토론을 벌여야 했다. 소속 부처의 실상을 명확하게 파악해야 하는 것은 물론 확고한 비전까지 마련해 공개 토론에 나서야 했다.

2006년 예산부터 이 제도에 따라 편성됐다. 2005년 4월 30일 과천 중앙공무원교육원에서 열린 제1회 국무위원 재원배분회의는 1박 2일간의 치열한 예산 전쟁터였다. 그 뒤 기획예산처 주차장은 믿기 어려울 만큼 한산해졌다.

대통령이 주재하는 재원배분 회의를 통해 종래 사회부처에 우위를 점하던 경제부처의 위상이 상대적으로 낮아졌다. 항상 우위에 서던 경제예산도 점차 복지예산에 자리를 내주어 참여정부 후반에는 역전되기도 했다. 이 현상은 시대적 소명과 국가의 미래 전략에 기초해 예산을 편성한 대표적인 사례. 구체적으로는 저출산·고령화에 대처해야 한다는 시대 과제에 부응하는 예산개혁이었다는 점에서 역사적으로 높게 평가될 것이다.

　총액예산배분제도는 사실상 무시무시한 제도다. 부처의 자율성이 커지는 대신 부처 안에서조차 각 실·국이 치열하게 경쟁해야 하는 구조였기 때문이다. 각 실·국장과 과장들은 예산의 정당성을 다른 실·국장과 과장들을 설득해야 확보할 수 있었다. 자연스럽게 부서 간 경쟁이 도입됐고 공무원의 업무 능력도 끌어올릴 수 있었다. 이 과정에서 각 부처는 과거 타성적으로 해오던 불요불급한 사업들을 접고 혁신적인 새로운 사업들을 시작하게 됐다. 관행적으로 해오던 과도한 예산요구도 줄어들게 됐다.

〈표 4-2〉 총액예산배분제도 도입 전·후 비교

연도	제도 도입 전		제도 도입 후			
	2002	2003	2005	2006	2007	2008
예산요구 증가율 (%)	25.6	28.3	9.4	7.0	6.8	8.4
세출 구조조정 (조 원)	–	–	-2.4	-4.2	-4.6	-4.4

자료 : 참여정부 경제5년, 국정브리핑 특별기획팀, 한스미디어, 2008, p.248

전략적 재정운영 의무화, '국가재정법' 제정

　총액예산배분제도를 시행하면서 부처별 예산은 국가경영 전략과 조화를 이뤄야 했다. 중·장기재정계획이 있어야 총액예산배분제도가 정당성을 확보할 수 있다. 중·장기적인 고려 없이 1년 단위로 예산을 편성하게 되면 근시안적인 예산이 될 수밖에 없다. 저출산·고령화, 양극화의 심화, 경제성장 동력의 확충 등 국가 과제를 추진하는 데 1년 단위 예산편성으로는 한계가 자명했다. 참여정부는 2004년 9월 5년 단위 국가재정계획을 발표하고, 2006년 8월에는 한 세대 앞을 내다보는 '비전 2030'을 마련했다. 이는 30년 단위의 '비전 2030'에 맞추어 5년 단위의 재정운영계획을 수립하고 이 계획에 따라 매년 예산을 편성하는 시스템을 마련한 것이다. 이 시스템을 정착하는 법률적 근거로서 2006년 10월 국가재정법이 국회를 통과해 2007년에 발효됐다. 5년이 지나면 새로운 정보를 반영해 30년 계획을 검토하고, 1년이 지나면 다음 5년 재정계획을 마련해야 한다. 항상 30년 장기계획과 5년 중기계획에 따라 국정을 운용하는 연동형(roll over) 시스템이다. 이렇게 해서 재정운용의 예측 가능성이 높아졌다.

　중기재정계획을 수립하는 과정에서 2005년까지는 시행착오가 있었으나 2006년에 마련한 2006~2010 국가재정운용계획부터 수립과정이 정형화되어 정착됐다고 할 수 있다. 2007년부터는 후술하는 프로그램 예산체계가 전면적으로 도입됨에 따라 국가재정운용계획도 여기에 맞게 작성돼 재정의 성과관리를 강화하는 여건을 마련했다.

　국가재정법은 45년 전인 1961년에 제정된 예산회계법을 전면적으로 개편한 법이다. 운용 여건의 변화에 따른 새로운 재정운용 시스템을 마련할 수 있는 근거가 됐다. 이 법 제정으로 반세기 만에 나라 살림의 운영방식이 1년 통제·투입 위주에서 중장기 자율·성과 중심으로 전환됐다. 이 법에 따라 정부는 매년 국가채무관리계획을 수립해 국회에 제출해야 하고, 이에 따라 재정운용의 예측 가능성도 한층 높아졌다.

실시간 국가 재정을 한눈에, 통합재정정보시스템 구축

　참여정부 출범 당시 재정경제부는 국가재정정보시스템을, 기획예산처는 예산정보시스템을 구축하고 있었다. 이들 시스템은 독립적으로 운영되고 있었다. 2004년 2월 정부혁신지방분권위원회의 제안으로 재정경제부와 기획예산처의 시스템을 통합해 재정정보를 공유하도록 했다. 2007년에는 여기에 예산편성 프로그램, 발생주의에 의한 복식부기 정부 회계시스템, 국세청의 통합국세시스템, 한국은행의 국고금 이체시스템 등 44개 관계기관의 시스템을 연계한 디지털 예산회계시스템이 개통됐다.

이 시스템 덕분에 분산된 매일 5만여 명의 공무원이 20만 건의 재정 관련 업무를 실시간으로 처리하고 분석할 수 있게 됐다. 예산과 회계처리가 온라인으로 연결돼 있어 정부예산에 대한 국민감시가 보다 쉬워졌고, 재정정책에 필요한 종합정보를 실시간으로 활용하게 돼 정책의 시의성을 확보하는 기초가 되기도 했다.

그중에서도 현금출납 위주의 단식부기에서 복식부기로 전환한 것은 재정운영에서 획기적인 사건이었다. 발생주의에 의한 복식부기에서는 국가가 보유한 유동자산과 투자자산 외에 토지, 건물 등 유형자산과 사회 기반시설인 도로, 철도, 항만, 공항, 상하수도 등을 자산으로 인식해야 하며, 토지를 제외한 유형자산에 대해서는 매년 감가상각을 시행하게 된다. 국가부채에 있어서도 장단기 국공채 외에 공무원연금과 군인연금 등과 관련해 장기충당성부채를 인식해야 한다. 복식부기로 전환은 지금까지 국가가 가진 자산이 얼마이며 부채가 얼마인지 사실상 모르는 상태에서 처음으로 이를 확실히 알게 해주는 계기였다.

정부회계를 발생주의에 기초한 복식부기로 바꾸는 작업은 지방자치단체의 경우 국민의 정부에서 시작해 2005년부터 전면적으로 실시했다. 그러나 중앙정부는 국가회계법이 2009년부터 시행됨에 따라 2010년부터 회계연도별로 발생주의 기준으로 각 중앙관서와 기금별로 재무제표를 작성 공표하게 되었다.

재정운용 성과도 평가한 참여정부

과거 정부에서는 사실상 재정운용의 성과를 평가하지 못했다. 단순히 해당 사업의 예산과 집행실적을 비교하는 결산이 있었다. 예를 들어, 종로의 교통 혼잡을 개선하는 1년 예산으로 100억 원이 편성됐다면 1년이 지난 뒤 실제로 집행된 금액을 결산하는 것이 전부였다. 이렇게 재정을 운용하면 100억 원 예산이 집행된 결과 실제 종로의 교통 혼잡이 얼마나 개선되었는지를 알 수 없게 된다. 국민의 정부는 이 문제를 개선하기 위해 시범기관을 선정해 성과주의 예산제도를 도입했다. 기관 전체의 성과목표와 성과지표를 만들고 이를 중심으로 재정을 관리해나가는 방식이었다. 문제는 정부 기관의 명확한 성과지표를 찾아내기가 어렵고 재정사업과 연계가 애매할 수밖에 없다는 점이었다.

참여정부는 이를 극복하기 위해 재정사업별로 성과지표를 선정해 목표를 정하고 이를 실현할 수 있도록 예산을 편성하는 성과주의 예산제도를 도입했다. 유사한 목표를 가진 사업들을 묶어 하나의 프로그램으로 관리하는 '프로그램 예산제도'도 도입했다. 일례로 종로구의 자동차 평균 시속을 20km에서 40km로 높인다는 구체적인 목표를 정하고, 이를 위해서 가능한 사업을 개발해 예산을 배정하는 방식이 성과주의 예산이다. 신호체계의 개선, 갓길 주정차 단속, 버스 전용차로 설치, 이면도로 확충 등 가능한 대책을 재정사업으로 설정하고, 종로 교통혼잡 개선이라는 프로그램으로 통합해 재정을 운용하는 방식이 프로그램 예산이다. 과거에는 각 사업을 따로 계획하고 집행했으나 새 방식대로 하면 세부 사업들이 평균 시속 개선에 얼마나 효과가 있는지 예산을 편성할 때 철저하게 검토해야 하고, 사업이 끝난 후 실제로 성과지표가 달성됐는지 확인할 수 있으므로 정기적으로 재정운용의 효율성을 평가할 수 있다.

공무원들은 재정이 투입되는 모든 사업에 대해서 성과지표를 찾아내야 하는데 명확한 성과지표가 없는 사업은 국민의 세금을 투입하기 어렵다. 따라서 성과지표를 찾아내는 힘든 과정이 바로 정부 혁신이 된다. 재정사업의 성과는 해당 기관의 여러 지표 가운데 하나가 되고, 기관 전체에 대해서는 당시 행정자치부와 국무조정실이 주도해 개발한 균형성과표(Balanced Score Card : BSC) 관점에서 평가하도록 정착시켰다. 이 시스템은 2007년 예산부터 적용됐다. 이 평가시스템 하에서 공무원은 항상 성과를 염두에 두고 국민을 위해 일해야 한다. 공무원들에 대한 지속적인 동기부여와 교육훈련이 이 시스템의 성공을 좌우할 것이다.

2. 효율적인 재정 집행, 새는 돈 막아 국민에게 쓴다

앞에서 살펴본 전략적 재정운영을 위한 시스템 혁신은 궁극적으로 재정집행의 효율성을 목적으로 하고 있다. 특히 디지털예산회계 시스템과 성과평가 시스템은 효율성을 기준으로 재정을 운용하는 기본이다. 이 절에서는 참여정부가 재정운용의 효율성을 높이기 위해 도입한 제도를 중점적으로 살펴본다.

예비타당성 검증 내실화와 수요예측 재검증제도 신설

참여정부는 2004년부터 예비타당성 조사를 거치지 않았거나 총사업비가 500억 원을 넘은 사업에 대해 타당성을 검증받도록 했다. 당시에도 사업비가 500억 원이 넘는 건설 분야 국책사업인 경우 예비타당성을 조사하는 제도가 있었으나 사실상 유명무실했다. 사업규모를 500억 원 아래로 낮춰 예비타당성 조사를 피하고 착수 뒤 설계 변경 등으로 총 사업비를 늘리는 방식이 만연했기 때문이었다. 예를 들어 애초 수원-천안 복선 전철화 사업의 예산은 2,947억 원이었으나 2003년 최종 사업비는 1조 1,453억 원으로 네 배 늘었고, 새만금방조제 사업의 최초 추정 사업비 8,200억 원이 2003년에는 1조 9,677억 원으로 두 배 넘게 늘었다. 이런 방식에 참여정부가 제동을 걸고 나선 것이다. 500억 원 미만의 신규 사업도 유사 사업들과 비교해 500억 원 초과가 예상될 경우 재정당국이 직권으로 예비타당성 조사를 하도록 했다.

이렇게 2003년부터 2006년 12월까지 46개 사업의 타당성을 재검증한 결과 사업이 백지화되거나 사업비 증액을 방지한 금액이 4조 2,500억 원 규모였다. 충북 청원군 남일면과 내수읍 구성리를 연결하는 청주시 국도 대체 우회도로가 대표적인 사례다. 애초에 사업비 3,574억 원에 13.2km의 4차선 도로를 건설하는 계획이었지만 타당성 재검증 결과 최소 필요 구간 1.2km만 사업비 589억 원을 들여 건설하는 것으로 축소됐다.

황당한 수요예측으로 국가적인 물의를 빚은 대표적인 사회간접자본 사업이 인천공항고속도로, 천안-논산 고속도로, 이화령 터널, 양양국제공항, 예천공항 등이다. 수요예측을 잘못하면 재정부담이 막심해진다. 특히 민자 사업이 그렇다. 실제 교통량이 예측치에 미치지 못할 경우 국가 재정으로 민간 업자에게 최소 운영수입을 보장해야 하기 때문이다. 물론 이들 사업의 대부분이 예비타당성 조사가 도입된 1999년 이전에 착수한 사업이라 타당성을 충분히 검증하지 못한 데 그 이유가 있지만 선거에서 표를 의식해 선심성으로 사업이 추진된 것도 원인임을 간과할 수 없다.

참여정부는 이를 막고자 최소 운영수입보장 제도의 단계적 축소(2003년 5월), 민간 제안사업에 대한 적격성 조사제도 도입(2005년 1월), 사업 완공 후 예측수요와 실제 수요 비교분석 등 사후평가제도 도입, 교통량 추정 연구용역 수행자의 실명제 시행 등 제도개선에 나섰다. 특히 타당성 재검증과 수요예측 재검증 제도는 2006년 5월 총사업비관리지침에 반영돼 2006년 하반기부터 본격적으로 시행됐다.

추가경정예산 편성요건 제한

추가경정예산(추경)은 본예산이 국회에서 확정된 후 어쩔 수 없는 사유가 발생해 확정된 예산을 변경하는 예산이다. 우리나라 매년 추경을 편성해왔다. 추경은 국가 위기 상황이나 대규모 천재지변이 발생한 경우 편성해야 하지만 정치적인 이유나 선심성 경기부양을 위해 편성하는 경우가 많았고, 본예산 심의에서 논란이 된 예산이 추경에 반영되는 등 예산 규모와 수지가 엄격히 관리되지 못했다. 추경편성은 재정운영의 효율성을 저해하는 요인 가운데 하나로 지적됐다. 추경편성의 또 다른 문제점은 그 재원이 주로 순세계잉여금이라는 점이다. 이는 예산보다 많이 걷힌 세금과 사용하지 않은 세출예산을 합한 금액에서 다음 해에 사용할 수 있도록 이월이 가능한 금액을 차감한 액수이다.

순세계잉여금은 일종의 현금 기준 재정 흑자인데 잉여금이 발생하면 공적 자금상환기금에 30% 출연, 국채와 차입금 상환 및 국가배상금 지급, 추경예산 편성, 다음 해 세입에 가산하는 순으로 사용하게 돼 있었다. 그러나 순세계잉여금이 '국민경제의 운영상 불가피한 경우'라는 포괄적인 예외규정 탓에 공적자금상환기금에 출연하거나 국가채무를 줄이는 등 재정건전성을 개선하는 데 크게 기여하지는 못했다. 1997년부터 2005년까지 매년 순세계잉여금이 발생했다. 합계액은 15조 6,918억 원 규모. 이 가운데 국가채무 상환에 사용된 금액은 1999년 1조 6,098억 원, 2005년 3,818억 원에 불과했다. 같은 기간에 추경을 편성한 주된 이유는 태풍 매미와 루사로 인한 재해대책(2001~2003년)을 빼고는 대부분 경기 활성화 대책이었다.

참여정부는 추경 편성이 재정 건전성을 저해하지 않도록 2006년 국가재정법에서 편성 요건을 강화했다. 전쟁이나 대규모 자연재해가 발생한 경우, 경기침체, 대량실업 등 대내외 여건에 중대한 변화가 발생했거나 발생할 우려가 있는 경우, 법령에 따라 국가의 지급의무가 발생하거나 증가하는 경우로 추경 편성 요건을 구체화하고 한정했다. '국민경제의 운영상 불가피한 경우'라는 막연하고 포괄적인 요건을 '경기 침체, 대량 실업'으로 한정해 요건을 강화한 것이 특징이다. 참여정부는 2004년부터 2007년 사이 매년 추경예산을 1회만 편성했다. 정권을 잡은 정부가 선심성 추경 편성의 유혹에서 벗어나 재정 건전성을 도모한 보기 드문 사례이다.

국세감면총량제 등 조세감면도 체계적으로

정부가 재정을 통해 지원하는 정책은 예산지원과 조세지원으로 나눌 수 있다. 예산지원은 직접 자금을 지출하기 때문에 대상과 규모가 분명하다. 그러나 조세지원은 정부가 징수할 세금을 비과세·감면하는 것이므로 대상과 규모를 사전에 명확히 파악하기 어렵다. 비과세·감면제도는 경제개발 초기 단계부터 투자재원 조성, 특정 산업의 성장, 투자와 연구 개발 촉진, 저소득층 지원 등에 유인수단으로 활용되면서 계속해서 대상과 규모가 늘었다. 〈표 4-3〉처럼 2005년을 기준으로 조세감면의 종류는 226개, 총비과세·감면액은 19.9조 원으로 매년 증가했고 증가율도 관련 국세 증가율보다 높다. 문제는 비과세·감면이 일단 실행되면 기득권이 되어 이해관계자들의 반발로 폐지하기 어렵게 된다는 점이다. 이는 다시 세수 감소로 이어져 재정 건전성을 저해하는 요인으로 작용하고, 조세의 수평적 형평성도 저해하게 된다.

〈표 4-3〉 비과세·조세감면 추이

	2001	2002	2003	2004	2005
비과세·감면 (조 원)	13.7	14.7	17.5	18.3	19.9
증가율 (%)	3.4	7.2	18.9	4.4	9.3
관련 국세 (조 원)	88.6	96.4	107.5	110.2	118.1
증가율 (%)	6.5	8.8	11.6	2.4	7.2

자료 : 재정운영시스템 혁신(참여정부 정책보고서 3-14), 2008년, 정책기획위원회

이러한 문제점을 인식해 국민의 정부 시절 1998년 조세감면규제법을 조세특례제한법으로 변경하면서 항목별로 일몰조항(sunset clause)을 신설했고, 1999년부터는 해마다 조세감면의 종류와 규모를 기록한 조세지출보고서를 국회에 제출하게 했으나 실효성은 크지 않았다.

참여정부는 2006년 9월 통과된 국가재정법에서 ①국세감면 총액이 대통령

령이 정하는 일정 비율을 넘지 못하도록 하는 국세감면 총량제, ②중앙관서의 장이 새로운 감면을 요청하는 경우, 기존 감면의 축소 또는 폐지를 첨부해야 하는 재원조달 방안이 없는 감면의 신설 제한, ③국회에 예산안 제출 시 3년 동안의 조세감면 규모를 기능별 및 세목별로 작성한 조세지출예산서를 함께 제출하는 것을 의무화했다. 정치적으로는 인기 없는 정책이지만 참여정부는 재정 건전성 확보와 조세 형평성 차원에서 비과세·감면을 제한했다.

공공기관 운영 혁신에 시동

공공기관은 그 예산이 국내총생산의 30%를 넘기 때문에 국민경제에 차지하는 비중이 매우 크다. 공공기관은 사회간접자본 등 나라의 핵심 인프라를 구축하고, 기술과 인력개발 등 산업경쟁력 제고, 산업안전과 건강보험, 국민연금 등 국민의 안전과 복지 향상에 큰 역할을 담당해왔다. 그러나 공공기관에 대해 감사기관, 언론, 국민의 평가는 싸늘했다. '신이 내린 직장'이라는 비판이 대표적이다. 공공기관은 설립목적에서 상업성과 공공성을 동시에 추구해야 한다. 국민으로서는 '공공기관의 책임성 확보'가 최우선 과제이고, 공공기관 임직원 입장에서는 '책임지고 일할 수 있는 여건 조성'이 중요하다. 재정운용의 효율성 측면에서 방만한 경영을 차단하고 자율적인 책임경영체제를 정착하기 위한 혁신이 중요한 과제일 수밖에 없었다.

지난 정부에서도 공공기관의 효율성을 높이기 위한 노력이 수차례 있었다. 1983년에는 정부투자기관관리기본법(정투법)을 제정해 자율적인 책임경영체제를 도입했으나 소기의 성과를 거두지 못했다. 참여정부에서도 2003년에 정부산하기관관리기본법(정산법)을 제정해 경영평가, 경영공시, 고객만족

도 조사, 기관장 공개 모집 등 새로운 시스템을 도입하고, 14개 정부투자기관
과 90여 개 산하기관의 체계적인 관리를 도모했으나 미흡했다. 참여정부는
이듬해인 2004년 5월, 공공기관의 운영시스템 혁신에 다시 시동을 걸었다.
그 뒤 2006년 6월 '공공기관의 운영에 관한 법률'이 국회를 통과함으로써 효
율적인 자율경영체계의 기초를 마련하게 된다. 공공기관은 정부가 30% 이상
출자해 사실상 지배하고 있거나 개별법에 의해 설립된 기관을 말한다. 이 중
상시 직원이 50인 이상인 94개 기관이 법의 적용 대상이다. 참여정부는 공공
기관을 공기업과 준정부기관으로 구분하고, 중립적인 '공공기관운영위원회'
를 설립해 관리와 감독기능을 부여했다. 〈표 4-4〉

〈표 4-4〉 공공기관 운영에 관한 법률의 주요 내용

---

1. 적용 대상 공기업 (28개) : 시장형 (4개), 준시장형 (24개)

　 준정부기관 (66개) : 위탁집행형 (52개), 기금관리형 (14개)

2. 공공기관운영위원회의 주요 기능

　 · 공기업의 경영 감독 · 준정부기관에 대한 공동운영지침 제시

　 · 공기업의 모든 임원 선임, 준정부기관의 비상임이사와 감사 선임

3. 주무부처의 역할

　 · 공기업의 사업 감독, 준정부기관 감독

　 · 준정부기관의 기관장 상임이사 선임과 감독

4. 공공기관 경영공시를 위한 공동 포탈 구축

이 법은 공공기관의 지배구조를 개선해 그 성격에 따라 차별적인 관리 감독
체계를 마련한 것이다. 그러나 견제와 균형, 자율적인 책임경영 체제가 작동
하기 위해서는 무엇보다도 공공기관운영위원회의 중립성과 전문성이 담보되

도록 모든 정부 관계자의 확고한 자세가 견지돼야 할 것이다.

재해복구 예산 집행, '先 지원 後 정산'으로 개편

정부가 같은 예산을 써도 국민이 더 편안해지면 재정 효율성도 그만큼 높아지는 것이다. 자연재해는 그 강도에 따라 복구에 천문학적인 돈이 들어간다. 2002년 태풍 루사, 2003년 태풍 매미의 피해복구에 15조 원이 투입됐다. 재해복구에서 가장 중요한 것은 피해를 신속하게 복구할 수 있도록 예산을 지원하는 것이다. 그런데 참여정부 이전에는 지원하는 방식이 소위 '先 복구 後 지원'이었다. 예를 들어 태풍으로 가두리 양식장이 파괴된 경우 피해자가 먼저 복구해 놓으면 정부가 일정 비율의 자금을 지원하는 방식이다. 피해자 대부분 빚을 내서 복구하는 것이 일반적이다. 보상을 받고 가두리 양식을 중단하려 해도 이 방식으로는 피해자가 먼저 복구하지 않는 한 일체 지원을 받을 수 없다.

참여정부는 2004년 태풍 매미 피해 이후 이 제도를 '先 지원 後 정산'으로 바꾸게 된다. 담당 공무원들이 감사에서 지적받을 것을 의식해 정부수립 이후 고수해 온 지원 방식을 처음으로 바꾼 것이다. 먼저 개략적인 금액을 기준으로 예산을 지출하고 복구가 끝나면 실제 소요된 금액을 기준으로 차액을 정산하는 방식이다. 이로써 피해도 신속하게 복구하고 피해자들도 손실을 더는 재해복구 지원방식이 정착됐다.

예산낭비신고 제도 시행, 전 부처로 확산

2005년 옛 기획예산처는 각 관서와 주요 공기업에 309개의 예산낭비신고센터를 설치, 직접적인 예산절감을 추진한다. 예산낭비신고센터에 2005년 3월부터 2006년 9월 말까지 2,156건의 신고가 접수됐고 이를 바탕으로 183건이 개선됐다. 절약 예산이 1,000억 원에 육박했다. 총사업비가 1,771억 원인 여주-양평(37번 국도) 도로확장 공사가 중부고속도로와 중복된다는 신고에 따라 사업 타당성을 재검증한 결과 약 800~1,000억 원의 예산을 줄일 수 있었다.

행정자치부는 부처별 정부혁신 평가의 주요 지표로 예산절감 실적을 포함했다. 자전거도로 사업만 해도 산지형 또는 오래된 도시에 자전거도로를 개설하는 것은 실효성이 없어 지원을 중단하고, 평지에 신도시를 건설할 때 지원할 수 있게 해 연간 예산을 500억 원씩 줄였다.

행자부 공무원들은 적은 금액일지라도 일상적으로 예산절감에 노력하도록 전 부처에 동기를 부여했다. 정부가 사용하던 3개의 통신망(정부고속망, 지방행정망, 행정전화망)을 최신식 시스템 하나로 통합해 전송 속도를 약 55-250배 높였을 뿐 아니라 연간 통신회선 사용료도 22억 원 줄일 수 있었다. 교통위반 범칙금 고지서 크기를 1cm 줄여 우편요금을 연간 1.5억 원 정도 절감한 사례도 있다. 이는 경기경찰청 교통과 소속 경찰이 제안한 방안이다. 행정자치부 본부에서는 일회용 종이컵 대신 개인용 잔을 사용한 결과 연간 3,000만 원의 예산을 줄였다.

예산절감은 공무원들이 피부로 체험하는 혁신이다. 사례들을 정기적으로 집계해 각 부처에 전파하면 재정에 반영되는 효과가 대단히 크다. 그러나 정권이 바뀌고 장관이 교체되면 없던 일이 될 가능성이 크기 때문에 충분한 동기를 부여해야 지속해 나갈 수 있다. 지난 정권에서는 직접적인 예산절감 활동이 미미했다. 공무원들은 예산이 줄어드는 것을 싫어한다. 올해 예산을 아끼면 그만큼 다음 해 예산이 줄어들고, 감소한 예산만큼 자리가 줄어들거나 일이 힘들어질까 우려하기 때문이다.

3. 세금, 투명하고 공평하게

국가의 세수를 늘리기 위해서는 세원을 찾아내거나 세율을 높일 수밖에 없다. 경제가 꾸준히 성장해 세수가 늘어나면 이런 노력이 시급하지 않을 것이다. 그러나 소득이 있으면 당연히 세금을 내고, 납세자의 소득수준에 따라 형평성을 맞추어 세금을 내는 것이 사회정의에 맞다. 참여정부는 2003년 8월에 발표한 '중장기 조세정책 방향'에서 세 부담의 형평성을 높이는 조세정의를 천명했다. 2004년 세원 현실화를 목적으로 재산세 과세표준을 면적 기준에서 가액 기준으로 바꾸고, 2005년에는 현금영수증 금액을 소득세 계산에서 소득공제하는 '현금영수증제'를 도입한 바 있다. 재산과 관련한 세금의 형평성을 높이기 위해 종합부동산세를 도입하고 상속·증여세 과세를 완전포괄주의로 전환하였다.

'면적'에서 '가액'으로 재산세 과세표준 변경

2003년 기준으로 서울에서 시가 8억 원인 32평 아파트를 소유한 사람이 내는 재산세는 12만 6천 원인 반면, 광주에서 시가 2억 원인 50평 아파트를 소유한 사람의 재산세는 17만 원이었다. 재산 가치에 따라 세금을 내는 것이 상식인데 재산세의 경우는 그렇지 못했다. 재산세를 면적에 따라 부과한 탓이었다. 조세 형평성이 저해된 대표적인 사례였다. 과세표준에 시가가 반영되지 않아 사실상 세원이 현실화할 수 없었다. 면적 기준으로 재산세를 부과한 이유는 무엇보다 면적은 객관적이어서 과세가 쉬운 반면, 시가는 변동하기 때문에 정확하게 파악하는 것이 어려웠기 때문이다. 소위 행정편의 때문에 이런 폐해를 개선하지 못한 것이다.

이를 바로잡기 위해 지난 정부가 30여 년을 노력했지만 성공하지 못했다. 시가 기준으로 과세하면 자연히 세금이 늘어나기 때문에 조세저항을 우려해 국회에서 법이 통과되지 않았고, 이 과정에서 공무원들도 행정편의 때문에 혁신에 소극적이던 것으로 보인다. 그러나 아파트의 재산세가 자동차세보다 적다는 사실은 수직적 조세 형평성을 저해하는 심각한 문제였다. 2004년 당시 여론조사를 보면 90% 이상의 응답자가 재산세 과세기준을 시가로 바꾸는 데 찬성한 것으로 나타났다. 당시 국회의원들도 예상외로 문제의 심각성을 크게 인식했다. 비로소 과세기준을 시가로 변경하는 지방세법 개정안이 국회를 통과했다. 30년을 끌어온 과제가 해소된 것이다.

개정안에 따라 재산세 12만 6천 원을 내던 32평 아파트 소유자는 81만 2천 원을 내야 했다. 6배 이상을 더 내야 하니 아무리 정당하더라도 과도한 인상이라는 점 때문에 법 개정 후 첫해는 전년보다 2배 이상 과세하지 않도록 하는 조항을 부가해 지방세법이 개정됐다. 재산세는 지방자치단체 의회가 부과된 세금의 50% 범위 안에서 가감할 수 있는 탄력세율 적용 대상이어서 수도권 자치단체 의회가 20~30% 정도 감액함으로써 조세저항이 크지 않았다.

참여정부가 재산세 과세 기준을 시가로 바꾼 것은 이후 부동산 관련 세제를 혁신하는 데 기초가 되었다. 재산세가 지방세로서 지방자치단체의 주된 세입

원이지만 지자체 상호 간에 재산세 수입의 부익부 빈익빈 현상은 심각했다. 시가 기준이어서 부동산이 비싼 자치단체일수록 재산세 수입이 많을 수밖에 없다. 서울 강남구와 금천구의 재산세 차이는 비교할 수 없을 정도로 크다. 이는 적절히 조정하는 것이 바람직하다. 부동산 가치는 해당 구민들의 노력의 결과가 아니기 때문이다. 서울시가 전체적으로 재산세를 걷어 각 구청에 배부하는 공동세 제도를 만들어 불균형을 조정하는 방안도 있었으나 참여정부가 이를 도입하기에는 시간이 부족했다.

'현금영수증' 제도로 세원 발굴 확대

우리나라는 자영업자 비중이 높으나 소득이 제대로 파악되지 않는 반면 근로소득자의 소득은 투명하게 과세함으로써 과세 형평성에 문제가 있던 것이 사실이다. 이를 완화하는 방안으로 근로소득에 여러 가지 소득공제와 세액공제 제도를 도입해 조세체계가 복잡해진 면도 있었다. 국민의 정부는 신용카드 사용액의 일정 부분을 소득에서 공제해주는 제도가 도입했다. 이는 자영업자들의 소득이 과세소득에서 탈루되는 것을 방지하는 데 효과가 큰 것으로 나타났다.

참여정부는 2005년부터 현금으로 소비하고 영수증을 받은 금액을 소득세 과세에서 소득공제하는 제도를 시행했다. 현금영수증 금액이 총 급여의 25%를 넘으면 넘은 금액의 30%를 3백만 원 한도 안에서 소득공제해주는 제도다. 이렇게 되면 자연스럽게 매출액이 국세청에 통보돼 세원이 투명해지고 이에 따라 조세 형평성도 나아질 것으로 기대했다. 세원 노출에 따른 세수증가와 소득공제에 따른 세수감소 중 어느 쪽이 더 클지는 정확하게 예측하기 어려웠으나 세수증대 효과가 더 클 것으로 예상했다.

현금영수증 발급 실적은 2005년 18.6조 원에서 2006년에는 30.6조 원으로, 2007년에는 50조 원으로 급증했다. 신용카드와 현금영수증에 의한 지출비율이 민간소비지출에서 차지하는 비중도 2004년 42.3%에서 2005년 50.8%, 2006년에 56.9%로 늘어났다. 이 만큼 우리 경제의 투명성이 확대되고 아울러 지하경제는 축소된 것이다.

정부의 세수 실적이 2004년과 2005년에는 목표에 각각 3.5조 원과 2.1조 원씩 미달했으나, 2006년과 2007년에는 각각 2.4조 원과 13.7조 원씩 목표를 초과했다. 이 기간에 경기에 큰 변화가 없었고, 새로운 세목을 신설하거나 세율 인상이 없었는데도 이처럼 세수가 예상보다 많이 늘어난 것은 전반적으로 사회의 투명성이 높아지고 현금영수증 소득공제로 세원이 발굴된 데 따른 것으로 보인다. 특히 이와 같은 세원 발굴은 조세저항은 미미하지만 재정 건전성이 높아지는 방안이었다.

보유재산에 누진과세 첫 사례, 종합부동산세 도입

재산세는 부동산 보유에 대한 세금을 말한다. 재산세는 개인이 보유한 부동산 건별로 부과되고 소유자는 부동산 소재지 지방자치단체에 세금을 내는 지방세이다. 개인이 여러 곳에 부동산을 가지고 있어도 합산하여 과세하지 않고 건별로 과세하기 때문에 재산세는 많이 보유할수록 더 높은 세율을 적용하는 누진성이 없다. 조세의 형평성이 결여된 세제였다. 이를 보완하기 위해 참여정부는 2005년에 장기간의 토론을 거친 후 종합부동산세를 도입하였다.

종합부동산세는 개인이 보유하고 있는 전국의 부동산을 공시지가로 세대

별로 합산해 6억 원이 넘으면 세금을 부과하는 국세이다. 산출된 세액에서 합산에 포함된 개별 부동산에 대해 납부한 재산세를 공제하고 차액만 낸다.

종합부동산세 계산에서 과세표준에 구간을 설정하여 많이 보유할수록 더 높은 세율을 적용하기 때문에 부동산 보유에 누진세를 도입함으로써 조세의 형평성을 높인 세제개혁이다. 2005년 시행 초기에 헌법재판소의 판결에 따라 세대별 합산에서 개인별 합산으로 변경되는 등 여러 가지 논의가 있었으나 점차 정착되어 2007년에는 48만3천 명이 2조 7,671억 원을 납부했다. 특히 종합부동산세로 걷힌 세금을 지방자치단체 재원을 확충하는 데 사용하도록 한정함으로써 열악한 지방재정을 개선하는 데 도움이 됐다는 평가를 받았다.

종합부동산세를 도입할 때 부동산투기를 억제하기 위한 수단이라고 대대적으로 비판을 받았다. 그러한 효과가 있을 것으로 기대한 측면이 있으나 명확한 정책목표는 조세부담의 형평성을 높이는 데 있었다. 종합부동산세를 지방세로 할 것인지 국세로 할 것인지를 놓고서도 논란이 많았다. 당시 재정경제부는 지방세로, 행정자치부는 국세로 하자고 첨예하게 의견이 갈렸다. 결국 과세대상인 부동산이 여러 지자체에 있는 경우 과세 주체를 정하기도 어려울 뿐 아니라 한 지자체가 다른 지자체의 부동산에 과세할 수도 없으므로 국세로 결정되었다.

종합부동산세의 정책목표는 좋았으나 도입과정에서 섬세하게 접근하는 데는 부족함이 있었다. 더 많이 가진 사람이 더 많은 세금을 새롭게 내야 하는 제도인데 납세자가 세금 납부를 다소나마 자랑스럽게 생각하도록 하는 분위기를 조성하지 못했다. 집 한 채를 가진 사람이 종합부동산세를 내게 되는 경우에 대한 배려도 부족했다. 옛날 서울의 외곽지대였던 강남에 겨우 집 한 채를 마련해서 죽 살아왔는데 그동안 집값이 올라 종합부동산세를 내게 되었지만 이미 은퇴했고 세금 낼 현금이 없는 경우도 있었다.

종합부동산세가 갖는 역사적 의의는 아무리 강조해도 지나치지 않다. 조세 형평성을 도모하기 위해 소득과 보유재산에 누진과세 해야 하지만 그동안 소득에만 누진과세 하다가 종합부동산세를 도입하면서 비로소 재산에도 하게 된 것이다. 그뿐만 아니라 종합부동산세는 우리 사회의 주요한 문제들의 근원이 되는 부동산 보유 집중화를 제약하는 효과도 있다.

증여에는 세금을… 상속·증여세 완전포괄주의 전환

종전의 법에서는 과세대상인 증여를 명확하게 규정하지 않고 14개 유형에 한정함으로써 이들 유형에 속하지 않는 증여에 대해서는 과세하기 어려웠다. 1996년 이후 매년 증여의 제 규정을 신설·보완하고, 2001년부터 유형별로 포괄주의를 시행했으나 새로운 재무 기법 등을 통한 모든 변칙적인 증여에 대해서 과세하기가 어려웠다. 그 결과 세 부담이 없는 부의 세습을 효율적으로 차단할 수 없었고, 공평과세도 실현하기 어려웠다. 부의 재분배를 통한 사회 계층 간 갈등 해소에도 미흡했다.

참여정부는 상속·증여세법을 완전포괄주의로 개정해 2004년 1월 1일부터 시행했다. 즉 변칙적인 증여를 포함한 모든 증여가 과세대상이 될 수 있도록 증여를 포괄적으로 정의한 것이다. 증여를 민법상의 증여와 '그 행위 또는 거래의 명칭·형식·목적 등에 불구하고 경제적 가치를 계산할 수 있는 유형·무형의 재산을 타인에게 직접 또는 간접적인 방법에 따라 무상 또는 현저히 저렴한 대가로 이전하는 것 또는 타인의 기여에 따라 재산의 가치가 증가하는 것'으로 상세히 규정함으로써 증여의 유형을 불문하고 과세할 수 있게 되었다. 이 개정은 특히 부유층의 조세저항이 예상되었다. 그러나 인수위원회 시절부터 적극적으로 의견을 수렴하고 타당성을 공유하였기 때문에 법 개정안이 어렵지 않게 국회를 통과할 수 있었다.

4. 자율성과 책임성, 지방재정을 혁신하다

1991년에 지방의회가 구성되고, 1995년부터 지방자치제가 시행됐다. 지방분권은 대세이기 때문에 반드시 성공적으로 정착해야 했다. 2004년 기준으로 지방재정 규모는 110.9조 원(교육자치 12조 원 포함)으로 중앙정부 일반회계 118.4조 원과 비슷했다. 지방세와 국세의 비중이 20:80이기 때문에 지방세만으로는 지방자치의 재원을 감당할 수 없는 것이 현실이다. 2004년 234개 기초지방자치단체 가운데 자체수입이 공무원 인건비보다 적은 곳이 38곳이었다. 2005년 예산을 보면 16개 광역지자체의 재정자립도(자체수입/전체수입)는 평균 56.2%였지만 광역시와 경기도를 제외한 8개 도는 특히 열악했다. 재정이 뒷받침되지 않는 지방자치는 의미가 없다. 지자체의 부족한 재정을 중앙정부가 메워주는 제도가 지방재정조정제도이다. 여기에는 교부세, 양여금, 보조금 등이 포함돼 있다. 참여정부는 중앙정부의 이전재원을 늘리고 이들 제도의 효율성은 물론 지자체의 자율성과 책임성을 높이는 방향으로 지방재정 혁신을 추진했다.

지자체 재원 확충 위한 국고보조금 사업 정비

국고보조금은 지자체가 수행하는 특정 사업을 지원하기 위해 중앙정부가 사업비의 일정 부분을 보조하는 제도이다. 교부세가 용도를 제한하지 않는 일반재원인 데 비해 보조금은 특정 목적사업에 용도가 한정되고 사후에 정산함으로써 중앙정부가 통제하는 재원이다. 교부세는 재정자립도가 높은 자치단체(서울, 경기, 인천, 수원시 등 9개 기초자치단체)에는 교부하지 않으나 국고보조금은 모든 지자체에 대해 사업의 당위성을 평가하여 보조할 수 있었다. 교부세와 비교해 용도가 한정돼 있어서 지방분권의 취지와 맞지 않았다. 그뿐만 아니라 보조하는 사업이 지나치게 세분되어 소액으로 분산된 사업이 많아 비효율적이었다. 지방자치단체들이 해당 사업의 지방비를 부담하지 못해 사업 추진에 차질이 발생하는 경우도 있었다.

이에 따라 2004년 7월 국무회의에서 '국고보조금 정비방안'을 확정하여 533개 국고보조금 사업 중 163개를 지방에 이양하고 재원으로 분권교부세를 신설하여 포괄적으로 이전하였다. 분권교부세는 2005년 내국세의 0.83%(8,456억 원)로 시작했고 2006년에는 0.94%로 인상되었다. 이러한 제도 개편은 지방자치단체에 전적으로 자율성을 부여하고 재원도 확충한 것이다.

그러나 이전되는 재원의 용도가 구체적으로 명시되지 않고 포괄적으로 이전되기 때문에 단체장이 선심성 사업에 사용할 가능성이 있으므로 이를 방지하기 위해 '지방재정분석진단제도'를 도입했다. 이 제도로 지자체에 대한 중앙정부의 통제가 사전통제가 아닌 사후통제로 전환됐다. 즉 지방분권 시대에 맞추어 지자체에 재원을 확충해주고 자율성을 부여하는 대신 예산이 잘못 운영되지 않도록 사후통제를 강화한 것이다.

지방양여금 재편으로 지방재정 자율성 높여

지방양여금은 특정한 목적의 사업에 충당하도록 포괄적으로 용도를 지정해 국세의 일부를 지방에 넘겨주는 금액이다. 지방양여금은 1991년에 제도가 도입될 때 5,570억 원이었으나 2004년에는 4조 3,872억 원으로 급격히 늘어났다. 지방양여금으로 시행할 수 있는 사업은 지역개발, 도로정비, 농어촌지역 개발, 청소년 육성, 수질오염 방지 등 5가지였다. 지방양여금의 재원은 주세, 교통세, 농어촌특별세였다. 지방양여금은 용도가 포괄적이긴 하나 여전히 특정 사업에 국한되었고 각 사업에 지방비 부담이 있다는 점에서는 국고보조금과 유사하다. 그러나 국세의 일정 비율(예를 들면 주세의 15%)을 지방양여금으로 배분하는 점과 지역개발 사업이 일반재원 지원이었기 때문에 보통교부세적인 성격도 있었다.

지방양여금이 사업목적을 특정하고 지방비를 부담하게끔 돼 있어서 지자체 입장에서는 자율적으로 사업을 추진하는 데 한계가 있었고, 지방재정의 경직성이 커지는 요인 중 하나였다. 참여정부는 지방양여금 사업의 5개 유형을 면밀하게 검토한 뒤 지방양여금제도를 폐지하고 대신에 해당 사업들의 지원체계를 2004년부터 재편했다.

〈표 4-5〉 지방양여금 재편 전·후 비교 (2004년 양여금 예산 4조 3,972억 원 기준)

재편 전	재편 후
지역개발(일반재정 보전) : 7,562 도로정비 : 19,134	교부세 : 26,696
농어촌지역 개발 : 3,554 청소년 육성 : 303	국가균형발전특별회계 : 3,857
수질오염 방지 : 13,419	보조금 : 13,419

(단위 : 억 원) 자료 : 재정운영시스템 혁신, 263쪽, 대통령자문 정책기획위원회, 2008.

〈표 4-5〉처럼 지방양여금의 목적 사업 중에서 지역개발과 도로정비 사업비는 교부세로, 농어촌지역 개발과 청소년 육성 사업비는 후술하는 국가균형발전특별회계에 포함돼 용도가 지정되지 않은 자율적 재원으로 지자체에 이전됐다. 수질오염 방지 사업비는 국고보조금 사업으로 존치됐다.

지방교부세 법정률 늘리고, 선심성 특별교부세는 줄여

지방교부세는 국세의 일정률에 해당하는 금액을 지자체에 배부하는 지방재정조정제도이다. 부족한 지방재정을 지원하고 지자체 간의 형평성을 보완해주는 핵심이 되는 제도다. 2000년에 국세의 15%를 지방교부세로 지자체에 배분했다. 앞에서 설명한 분권교부세가 신설되고 양여금 일부가 교부세로 전환되고, 법정률을 상향 조정함으로써 그 비율이 2005년에는 국세의 19.13%로, 2006년에는 19.24%로 인상됐다. 이 결과 교부세의 절대 규모가 늘어났고, 용도가 정해지지 않은 지자체의 자주적 재원 비율도 확대됐다.

지방교부세가 지자체의 일반재원이기 때문에 이 금액에 해당하는 만큼 국세를 지방세로 이관해야 한다는 주장도 있지만, 세원이 지자체별로 큰 차이가 있어서 이렇게 되면 지자체 간의 재정 불균형을 오히려 심화시켜 지방재정조정이라는 본래의 취지와는 상반된다. 지방교부세는 지자체별로 최소한의 행정서비스를 제공하는 데 필요한 기준재정수요를 산정하여 배분한다. 기준재정수요는 여러 가지 지표를 고려해 산정하지만 중앙정부와 지자체가 모두 만족하기는 어렵다. 특히 각 지자체의 특성을 객관적으로 파악해 기준재정수요 산정에 반영하는 문제는 중요한 연구과제다.

지방교부세는 보통교부세와 특별교부세로 구성된다. 2003년에 특별교부세는 전체 교부세의 1/11(9.1%)로 정해져 있었다. 특별교부세는 예상하기 어려운 재해대책비로 50%, 나머지 50%는 지자체가 신청하는 10억 원 정도의 소액 사업을 행정자치부가 심사해 교부했다. 재해대책비를 제외한 특별교부세는 사업을 특정해 내주기 때문에 지자체의 일반재원도 아니고, 선심성으로 사용될 가능성이 큰 재원이었다. 역대 대통령이 지방을 방문할 때 선심 쓰고 생색내는 데 많이 쓰인 예산이었다. 그러나 참여정부는 2004년에 9.1%에서 5%로 하향 조정하였다. 이 조치는 권력이 특권을 포기하고 지방재정의 자율성을 높인 혁신이다.

참여정부 핵심 철학 담은 '국가균형발전특별회계' 신설

2004년부터 시행된 '국가균형발전특별법'에 따라 국가균형발전특별회계(균특회계)가 신설됐다. 그동안 국가균형발전과 관련한 사업은 여러 부처에 분산돼 있었다. 균특회계는 지방양여금 사업에 포함되는 농어촌 개발과 청소년 육성 사업, 7개 부처에서 일반회계 또는 특별회계로 운영하던 균형발전 관련 사업들을 하나의 특별회계로 통합한 것이다. 균특회계의 운영방식은 먼저 각 지자체에 예산한도를 사전에 통보하고 그 한도 안에서 각 지자체가 특성, 우선순위, 지역혁신을 고려해 자율적으로 예산을 편성하고 집행한다. 관련 사업을 분산관리에서 집중관리로 전환함으로써 중복·분산지원을 피하고 체계적으로 연계해 지원하는 것이 균특회계의 목적이다. 지자체의 재정 자율성을 신장시킨 지방재정조정제도다.

균특회계 예산규모는 2005년 출범 당시 5.5조 원에서 2006년에는 5.9조 원으로, 2007년에는 6.7조 원으로 늘어났다. 2007년 기준으로 균특회계는 우리나라 총지출(238.5조원)의 2.8%였다. 균특회계 재원은 주세, 일반·특별회계 전입금, 건설교통부 소관 각종 부담금이었다. 균특회계는 지역개발사업계정과 지역혁신사업계정으로 나뉘어 있다.

수도권 집중의 심화로 더는 국가경쟁력 제고가 어려운 상황에서 국가 균형발전은 참여정부의 핵심 정책과제였다. 균특회계 신설과 함께 '균형발전영향평가제도'도 도입했다. 이 제도는 정부가 재정사업을 추진할 때 균형발전에 기여하는 정도를 평가해 예산에 반영하는 제도이다. 총액예산배분제도의 실시에서 12개 재원배분 원칙 중 4번째가 균형발전영향평가였다. 2005년 21개 부처의 145개 사업에 대해서 이 평가를 했다. 종전에는 각 부처가 재정사업을 계획할 때 경제성을 주로 평가했지만 이 평가제도가 도입됨으로써 균형발전까지 고려해야 하는 실로 획기적인 재정혁신이었다.

지방자치단체 특성에 맞게 계약제도 개선

2003년 기준으로 지자체가 발주하는 관급공사와 용역·물품 구매 규모는 18조 원에 이르렀다. 지자체 계약에 관해서는 지역제한, 경쟁입찰, 적격심사 등 일부만 지방재정법에 규정돼 있었기 때문에 여타 관련 사항은 국가계약법을 준용하고 있었다. 그러나 국가사업과 지방사업은 여러 면에서 차이가 있을 수밖에 없다. 지자체에 고유한 사업(생활 쓰레기 수집운반 등), 주민생활과 직결되는 사업(상수도관 파손 복구 등), 신속한 시행이 필요한 소규모 사업 등이 중앙정부 사업과 다른 점이다.

이들 사업에 국가계약법을 준용하기 모호한 경우에는 자의적인 처리가 불가피했다. 같은 사업이라도 지자체에 따라 수의계약 또는 경쟁입찰로 처리하는 실정이었다. 재해복구 사업은 신속하게 진행해야 하지만 규정 미비로 긴 시간이 걸렸다. 지역사회의 구조적 특성인 소위 '안면행정'으로 부조리가 발생할 소지도 있었다. 매년 유사한 문제가 반복해서 발생하고 국민의 불만도 쌓여갔다. 이런 문제점들을 개선하기 위해서는 규정을 명확하게 만들어야 했다. 참여정부는 2004년 '지방자치단체를 당사자로 하는 계약에 관한 법률'을 제정했다. 이 법을 통해 지자체 특성에 맞는 계약 제도를 도입하고, 입찰·계약·시공 과정이 투명하도록 제도적인 장치를 마련하고, 시장경제 원리에 맞도록 계약 제도를 정비했다.

먼저 개산계약(槪算契約) 제도를 도입해서 유사한 공사에 대해서는 표준설계를 상시 비치해서 설계와 시공을 동시에 입찰, 계약함으로써 시간을 단축하고 부실시공과 무더기 수의계약을 예방하도록 했다. 매년 반복되는 공사와 용역에 대해서는 연간 단가계약제도를 도입했다. 연초에 단가에 대해서 경쟁입찰을 통해 업체별 순위를 정해 놓고 필요할 때 즉시 업체를 정해 계약하는 것이 이 제도다. 입찰과 시공과정이 투명해지도록 지자체별로 계약심의위원회를 변호사, 공인회계사, 시민단체, 관련 전문가로 구성하도록 하고, 주민참여 제도도 의무화했다. 지자체장과 지방의원들의 이해당사자 범위를 넓게 규정하고, 수의계약 요건과 과정을 명확하게 규정함과 동시에 수의계약 내용을 의무적으로 공개하게 해 토착비리 발생 소지를 차단하고자 했다. 특히 공사 하도급에서 발생하는 문제를 해소하기 위해 일반건설업자와 전문건설업자가 공동으로 계약할 수 있도록 하여 발주자인 지자체가 직접 전문건설업자에게 공사대금을 지급하고, 부실시공에 대해서는 양자가 연대해 책임지도록 했다. 이와 같은 지자체 계약제도 개선은 지방재정의 효율적인 운영을 도모

하고자 전반적인 실태 파악, 문제점 추출, 개선방안 마련, 법제화 등 장시간
에 걸친 노력의 결과이다.

III : 재정·조세 정책 평가

국가경영은 궁극적으로 재정과 세제로 수렴된다. 나라의 정책을 실행하는
데는 사람과 돈이 들기 때문이다. 같은 일을 하는 데 사람, 시간, 돈을 적게 들
이고, 주어진 예산으로 더 많은 일을 하고, 국민에게 도움이 되지 않는 일은 버
리고 도움이 되는 새로운 일을 하는 것이 혁신이다. 재정·세제의 혁신은 바로
국가경영시스템 혁신의 핵심이다. 중·장기적인 관점에서 국가경영전략을 수
립, 이에 따라 우선순위를 매겨 한정된 재원을 배분하는 것은 재정·세제 혁신
의 전제다. 참여정부는 이런 관점에서 재정·세제 혁신을 추진했다. 재정혁신
의 기조는 각 부처의 자율성을 확대하고 책임성을 강화하는 것이었다. 계획,
집행, 평가, 평가 결과의 환류로 짜인 관리의 순환과정을 완결하는 것이 혁신
기조를 구현하는 구체적인 내용이다. 자신이 의사결정권을 가지면 성과가 높
아지고 결과를 평가할 때 책임성이 확보되고 동기가 부여되기 때문이다. 이
러한 혁신 기조는 자기가 가진 권력을 버려야만 가능해진다. 참여정부는 이
러한 혁신 기조를 일관성 있게 견지했다. 앞에서 설명한 구체적인 혁신 내용
에 이 기조가 잘 나타나 있다.

조세부담의 수직·수평적 공평성을 높이고 감춰진 세원을 찾아내는 것이 조
세 정책의 혁신이다. 참여정부는 종합부동산세를 제외하고는 새로운 세목을

신설하거나 세율을 인상하지 않았다. 종합부동산세도 궁극적으로는 부동산 보유과세의 조세 형평성을 높이는 것이 일차 목적이었다. 앞서 설명한 대로 조세 분야의 혁신에서 과세의 형평성이 일관성 있게 구현됐다.

〈표 4-6〉 참여정부의 재정·조세 분야 혁신

정책 범주	구체적인 재정·세제 혁신
전략적 재정운영 시스템	혁명적인 총액예산배분제 도입 국가재정법 제정으로 전략적 재정운영을 의무화 실시간 통합재정정보시스템 구축 재정운영 성과평가시스템 의무화
재정집행의 효율성	예비타당성 검증 내실화와 수요예측 재검증 추가경정예산 편성요건 제한 조세감면을 체계적으로 관리 공공기관 운영시스템을 근본적으로 혁신 재해복구를 선복구후지원에서 선지원후정산으로 변경 지속적인 예산절감 활동 추진
세원개발과 조세형평성	재산세 과세표준을 면적에서 가액으로 변경 현금영수증 금액을 소득세 계산에서 소득공제 종합부동산세 도입으로 부동산 보유에 누진과세 실시 상속·증여세 완전포괄주의로 전환
지방재정의 혁신	국고보조금 사업 정비로 지방재정의 자율성 강화 지방양여금 재편으로 지방재정의 자율성 강화 지방교부세 법정률 인상으로 지방재정 확충 국가균형발전특별회계를 신설하여 균형발전 도모 지방자치단체 특성에 맞게 계약제도 개선

일관성 있게 추구한 재정건전성

〈표 4-6〉은 앞에서 설명한 참여정부의 재정·세제의 혁신을 요약해 정리

한 것이다. 이 표를 참여정부 대통령직인수위원회가 마련한 정책대안인 〈표 4-1〉의 내용과 비교하면 지방재정 혁신이 추가됐고, 연금을 적정부담-적정 급여 체계로 전환하는 것을 제외하고는 인수위의 정책들이 모두 시행됐다. 이 글에서 설명하지 않았지만 최저낙찰가제, 예산집행에 대한 국민소송제는 부분적으로 실현됐다. 10조 원에 이르는 국가 R&D 예산이 전략적 관점에서 배부될 수 있도록 과학기술부에 '과학기술 혁신본부'를 신설했고, 외화수입 5위 산업인 해운업계의 국제표준 세제인 '톤세'도 도입했다. 톤세는 법인세 대신에 보유한 선박 총 톤수에 과세하는 세제인데 해운회사들이 법인세와 톤세 가운데 선택할 수 있도록 했다. 참여정부는 애초 약속한 것 이상으로 재정·세제를 혁신했다.

재정·세제 혁신의 제약요소는 재정 건전성이다. 재정 건전성을 저해하는 혁신은 혁신이 아니다. 1997년 외환위기 당시 재정에 여유가 있었기 때문에 공적자금을 투입해서 위기를 극복할 수 있었다. 이 사례는 재정 건전성 유지가 국가경영에서 얼마나 중요한지 확실히 말해준다. 재정적자와 국가채무의 적정성이 OECD 국가 평균과 비교하면 문제가 없다든가, 경기 대응 관점에서 적자재정이 불가피하다는 경제이론적인 논의는 단기적으로 균형재정으로 회복할 가능성이 있는 경우에 성립할 수 있다. 국가는 물론이고 가계와 기업도 지출이 수입보다 많으면 바로 위기의 시작이다. 이러한 사실을 깊이 인식하여 참여정부는 재정 건전성을 일관성 있게 추구했다.

〈표 4-7〉 참여정부 기간 재정관련 주요 경제지표 추이

	2002	2003	2004	2005	2006	2007
실질경제성장율 (%)	7.0	3.1	4.7	4.2	5.0	4.9
통합재정수지 (조 원)	-3.3	1.1	0.7	0.4	0.4	1.5
국가채무 (조 원)	133.6	165.7	203.1	248.0	282.8	301.1
국가채무/GDP (%)	19.5	22.9	26.1	30.6	33.4	33.3
조세부담율 (%)	19.8	20.4	19.5	20.2	19.7	21.0
지니계수	0.312	0.306	0.310	0.310	0.310	0.313

* 통합재정수지=총재정수입-총재정지출, 조세부담율=세출총액/GDP, 지니계수는 통계청의 전국 가구 대상 조사 결과

참여정부 연평균 4%대 경제성장, 재정적자 '없음'

〈표 4-7〉은 참여정부 동안(2003년-2007년) 재정 관련 경제지표의 추이이다. 연평균 경제성장률이 4.2%였다. 참여정부는 끊임없는 유혹에도 불구하고 적자재정으로 경기를 부양하지 않았다. 왜냐하면 인위적인 경기부양은 그 후유증을 다음 정권에 물려주기 때문이었다. 소위 폭탄 돌리기를 하지 않았다. 경제발전단계가 일정 수준을 지나면 고도성장이 사실상 불가능했던 선진국의 경험에 비추어 볼 때 이 정도의 경제성장률은 건실한 수준이었다. 어려운 가운데서도 전 기간을 통해 재정적자가 나지 않았다. 여러 요인이 있지만 참여정부가 재정운용의 효율성을 지속해서 추진했고, 재정 건전성의 중요성을 명확하게 인식하고 있었기 때문이다.

GDP 대비 국가채무 비율은 계속 늘어났지만 이는 외환위기 수습을 위해 투입한 공적자금을 국채로 전환하고 외환시장 안정을 위한 외국환평행기금 채권(외평채)을 국회의 동의를 받아 발행한 결과이다. 2006년까지 늘어난 국

가채무 150조 원 중에서 54조 원이 공적자금의 국채전환, 58조 원이 외평채 발행이었다. 따라서 재정운영의 난맥으로 증가한 부채가 아니고 상응하는 자산도 증가한 국가채무이다. 그러나 궁극적으로 GDP 대비 국가채무비율이 2005년에 30%를 넘고 2007년에는 33.3%였다. 2006년 기준 OECD 평균 76.9%와 일본의 158.9%에 비해 문제가 없는 수준이라고 평가할 수 있으나 조금씩 늘어난 것은 사실이다. 조세부담률과 지니계수는 참여정부 내내 변동이 미미했다. 조세부담률이 약간 상승한 것은 경제의 투명성이 높아짐에 따라 세원이 확대되었고, 종부세가 시행된 데 따른 것으로 보인다. 참여정부는 재정을 건실하게 운영했고, 큰 조세저항 없이 꾸준히 세수 기반을 확충하고 조세 형평성을 높이는 방향으로 세정을 추진했다.

종합부동산세의 도입 취지는 부동산 보유에 대해 누진과세 함으로써 조세 형평성을 높이는 것이었다. 그러나 부동산 투기를 억제하고 치솟는 부동산 가격을 안정시키기 위한 대책으로만 인식되고, 부동산 보유에 대한 징벌적 과세로 언론에서 공격한 측면이 강했다. 정책이 정교하게 추진되지 못해 상당한 조세저항이 있었던 것도 사실이다. 해당 부처 고위 공직자 중에는 암암리에 종합부동산세 도입에 반대하여 정책 추진을 지연시키기도 했다. 종합부동산세는 국세일 수밖에 없는데도 이를 지방세로 하자고 국세로 결정된 사항을 수차례 재론하기도 했다. 재벌에 영합하는 경제부처 일부 고위공무원의 부처 이기주의가 노골적으로 표출된 경우도 있었다. 참여정부의 국정운영 기조와도 맞지 않는 법인세 인하가 대표적인 사례이다. 왜 법인세율을 인하했는지, 과연 효과가 있었는지 지금도 이해할 수 없다.

마치면서

모든 혁신은 시대정신과 인간의 보편적인 삶의 방식을 반영하게 된다. 참여정부의 재정·세제 혁신은 재정 건전성, 자율과 책임, 참여, 분권이라는 시대정신에 따라 일관성 있게 추진됐다. 이러한 혁신은 완결된 것이 아니고 시작이다. 정책들이 제대로 실행되고 있는지 지속적으로 추적해야 하고, 실효성이 있는지 정기적으로 평가해야 하며, 미비한 사항이 있는지 끊임없이 보완해 나가야 혁신이 정착할 수 있다. '장관은 순간이고, 정권은 유한하며, 공무원은 영원하다'는 엄연한 관가의 생태를 고려하면 혁신이 언제 무위로 돌아갈지 알 수 없다. 국정 책임자들의 각별한 철학만이 이를 예방할 수 있다.

시대정신이 변하면 참여정부의 재정·세제 혁신도 또 다른 혁신 대상일 수 있다. 혁신은 동태적 관점에서 바라봐야 한다. 혁신에 종결은 없다. 국정 책임자들은 시대정신을 명확하게 짚어낼 수 있어야 하고, 시대정신을 공유하는 사람을 알아보고 나랏일을 맡겨야 한다. 국가의 생존과 발전을 담보하는 1차 요건이 혁신이다. 인류 역사를 조망하면 혁신하지 못한 문명과 국가는 역사 무대에서 사라지고 꾸준히 혁신한 경우에만 융성했다.

재정·세제 혁신의 출발점은 정치인과 공무원이 나랏돈을 내 돈처럼 생각하는 정신이다. 그런 정신이 공직 문화로 정착돼야 한다. 불가능해 보이지만 국정 최고 책임자가 솔선수범해 실천하면 문화가 될 것이다. 좋은 시스템을 만들어 놓아도 운용하는 사람이 지키지 않으면 무용지물이 된다. 이런 정신을 지닌 국정 최고 책임자를 뽑아내는 것은 깨어있는 시민의 몫이다.

5장

투기와의 전쟁을 넘어 시장개혁과 주거복지로

: 참여정부 부동산정책이 남긴 것

김수현 | 세종대 공공정책대학원 교수, 서울연구원 원장 |

* 이 글은 필자가 쓴 두 권의 책
『주택정책의 원칙과 쟁점』(한울아카데미, 2008)과 『부동산은 끝났다』(오월의 봄, 2011)
에서 참여정부 부동산 정책에 대한 평가 부분을 활용하여 작성했다.

I : 참여정부 부동산정책 어떻게 볼 것인가?

흔히 우리나라에서 가장 어려운 정책 분야가 교육과 부동산이라고 한다. 워낙 국민 생활과 직결되는 데다, 전 국민이 이해관계자라 할 정도로 문제가 복잡하게 얽혀있기 때문이다. 더구나 각자 자신의 위치에서 나름의 해법을 주장하고 있어서 전 국민이 전문가라 해도 틀린 말이 아니다. 그만큼 정부 정책을 수립하기도, 또 집행하기도 쉽지 않다. 실제 지난 정부들의 사례를 돌아보면, 이 두 분야의 정책만큼 정부 당국이 힘겨워했던 경우도 드문 것 같다. 사교육비 문제는 역대 정부 모두가 해결하겠다는 약속에도 불구하고 결과는 언제나 더 악화했다. 부동산 문제 역시 오르면 오르는 대로, 내리면 내리는 대로 논란거리였다.

특히 부동산은 그 자체로 논쟁적인 재화이다. 그냥 시장원리에 맡기면 된다는 의견이 있는가 하면, 여타의 재화와는 다른 특수한 성격을 가지고 있어서 정부의 특별한 개입이 필요하다는 의견을 가진 사람들도 많다. 이들은 각자 나름의 논리적 일관성과 그에 연동된 정책 패키지까지 가지고 있어 상대방의 논리에 좀처럼 승복 당하지 않는다.

참여정부 시기는 이들 두 입장이 심각한 정치적 대결로 치달았던 기간이었다. 보수언론, 야당인 한나라당 그리고 보수성향의 학자들은 스스로 시장친화적 부동산정책이라 칭하면서, '수요가 있는 곳에 공급, 이를 위한 도시용지 확대 및 용적률 상향 조정, 재건축 규제 완화, 다주택 억제 세제 반대, 종합부동산세 반대, 원가 공개 및 분양가 상한제 반대, 수도권 규제 철폐' 등을 주장했다. 동시에 참여정부의 정책은 반시장적이며, 부자를 편 가르게 했으므로 실패하고 말 것이라는 식으로 깎아내렸다.

반면 참여정부와 여당인 열린우리당(민주당), 진보적 언론 및 학자, 시민단체들은 시장친화적 토지공개념을 지향하면서 '보유세 강화·종합부동산세 지지, 국토균형발전 지지, 무분별한 공급확대 경계' 등을 주장했다. 일부에서는 원가 공개와 분양가 상한제, 나아가 토지임대부 주택공급 등 보다 적극적인 요구를 내놓았고, 이를 당장 시행하지 않는다고 참여정부를 압박하곤 했다.

그 때문에 참여정부 기간 중 부동산 문제는 한시도 조용할 날이 없었다. 그뿐만 아니라 부동산 가격은 여간해서 잡히지 않았다. 비록 전국 평균으로는 물가상승률과 큰 차이가 없었지만, 이른바 '버블 세븐'(서울 강남·서초·송파·목동, 경기도 분당·용인·평촌) 등 일부 지역의 부동산가격 상승은 서민들을 낙담케 했다. 미국과 영국을 비롯한 대부분의 선진국에서 주택가격이 폭등했고 거기에 견주면 우리는 낮은 수준이었지만 그런 사실은 변명도 되지 못했다. 부동산시장의 불안으로 인해 참여정부는 정치적으로도 타격을 입었다.

참여정부에서 시행된 부동산정책들을 살펴보면 그 성과가 절대 적지 않다. 역대 정부가 꿈도 꾸지 못한 수준으로 고가 부동산에 대한 보유세를 강화했고, 양도세를 실거래가로 과세하기 시작했다. 수십 년 관행이었던 부동산 거래의 이중계약서를 없앴으며 부동산 관련 통계를 본격적으로 공개했다. 기존 시가지 내에 다세대·다가구주택을 매입하여 임대주택으로 활용하기 시작했으며, 국민임대주택을 연간 10만 호씩 건립했다.

하지만 이런 성과에도 불구하고 부동산정책은 많은 국민이 실망한 분야였다. 노무현정부 임기 말에 시행한 평가 여론조사에서 부동산은 경제정책과 함께 가장 문제가 있었던 정책으로 꼽혔다. 노무현 대통령 또한 퇴임 무렵 가장 아쉬웠던 정책의 하나로 부동산정책을 들기도 했다. 하지만 이명박정부를 거치면서 참여정부의 부동산정책도 재평가를 받게 된다. 전문가들의 평가이기는 하지만 역대 정부 주택가격 안정정책 만족도에서는 전두환정부, 노태우정부에 이어 세 번째로 높고(한국부동산학회 조사, 2011), 특히 총부채상환비율(DTI) 도입은 부동산 거품을 더 키우지 않고 수습하는 공을 세운 것으로 평가받고 있다. 대부분 선진국이 심각한 버블 붕괴를 경험한 데 비하면 큰 충격 없이 금융위기를 극복한 나라 중 하나로 손꼽히기 때문이다. 또한 공공임대주택을 포함한 주거복지정책은 이명박정부 기간에 일부 후퇴하기는 했지만 2012년 대선과정에서는 여야 후보 모두 참여정부 정책 기조를 거의 그대로 계승하는 방향으로 돌아갔다.

이 글은 가히 격동의 시기를 겪었다고 할 수 있는 참여정부 동안의 부동산 시장과 정책을 되새겨보면서 지금의 우리에게 주는 교훈을 찾아보는 것이 목적이다. 이를 위해 먼저 부동산 시장의 원리를 정리함으로써 일종의 공동 이해 기반을 갖추고 시작하려 한다(2장). 이어서 오해나 억측을 막는 차원에서 참여정부 부동산 시장과 관련된 정확한 현황과 통계(3장), 주요 정책 흐름을 정리했다(4장). 다음으로 가장 논란이 되었던 종합부동산세와 DTI 도입을 중심으로 부동산정책을 둘러싼 여러 상황을 살펴보고(5장), 우리가 참여정부 부동산정책을 통해 얻어야 할 교훈을 제시했다(6장).

II : 시장만능주의와 개입주의 혹은 부동산시장에 관한 묵시록

사람은 땅 위에서 살아간다. 다소 철학적 표현으로 들릴지도 모르지만 인간은 본질적으로 대지의 자손이며, 토지 없이는 인간 생존이 불가능하다. 그러나 토지가 '움직일 수 없는 자산'을 뜻하는 부동산(不動産)으로 불리는 순간 이야기는 달라진다. 토지와 그 위에 들어선 주택은 우리 가계자산의 70~80%를 넘는 가히 '전 재산'이며, 부동산 문제는 정치, 경제, 사회 등 거의 모든 면에서 국가적 쟁점이 되고 있다. 1960년대 이후 우리나라의 부동산가격은 끊임없이 올랐고 이른바 10년 주기설의 폭등을 경험하기도 했다. 소득대비 주택가격은 OECD 국가 중 최고 수준이며, 부동산과 관련된 건설업 투자비중은 중국을 제외하고는 여전히 세계에서 가장 높다. 이런 상황에서 국민은 모두 집값의 향방에 따라 울고, 웃어야 하는 인질이 되고 말았다.

토지는 장소에 고착돼 있으며 늘리기 어렵다는 특성(不增性)으로 인해 대표적인 불완전경쟁 상품으로 알려져 있다. 주택은 공급을 늘릴 수 있지만 장시간이 소요되기 때문에 이 역시 수요-공급 균형에 어려움이 있다. 특히 갑자기 주택수요가 늘어나면 공급이 시작되더라도 시차가 있어 이른바 '공급부족론'이 기승을 부리게 된다. 반면 경기급락으로 주택수요가 줄어들 경우에는 종전에 착수한 공급물량이 시장에 과잉으로 나오기 때문에 미분양이 누적되는 등 부동산 경기는 더 많이 얼어붙는다. 이럴 때는 또 머지않아 누적된 공급부족이 가격을 올린다는 '재폭등론'이 등장한다.

이처럼 지난 40여 년 동안 오르면 오르는 대로, 내리면 내리는 대로 갖가지 해석과 예측이 이어져 왔다. 국민은 불안하기만 하다. 부동산 문제의 해법은 무엇일까? 여기에 대해서는 크게 두 가지 접근법이 있다. 정치, 경제, 사상의 측면에서 진보-보수와는 조금 다르지만, 부동산 문제에 대해 정부가 좀 더 적극적으로 개입하고 역할을 해야 한다는 입장(개입주의)과 시장에 맡겨 두면 저절로 해결된다는 입장(시장만능주의)으로 구별할 수 있다.

부동산 문제에 관한 서로 다른 두 개의 길

정부가 개입해야 한다는 논리는 부동산이 기본적으로 불완전경쟁 시장이라는 성격으로 인해 시장실패가 일어나기 쉽다는 데서 출발한다. 부동산은 장소에 고착되어 있고 수요와 공급의 자동적인 조절이 원활치 않으며 균형을 찾기까지 장시간이 소요된다. 또한 균형을 찾는 과정에서 다양한 문제가 발생할 수 있으므로 이를 적절히 조정할 필요가 있다. 여기에 덧붙여 토지 이용은 그 자체가 외부성을 가지고 있어 이를 내부화하도록 개입하는 것이 불가피하다. 즉, 용도지역지구제를 포함한 도시계획은 반시장적 규제가 아니라 가장 자본주의적인 사유재산 보호정책이라는 것이다.

또한 주택은 도로와 같은 기반시설, 학교 등의 근린 공공시설을 필요로 하는데, 이는 공공이 개입하지 않으면 시장에서는 공급되기 어려운 성격을 가지고 있다. 결국 주택이라는 상품이 갖는 시장실패의 위험을 방지하고 완화하기 위해 정부의 계획적인 접근이나 개입이 필요하다는 입장이다. 개입주의는 아울러 주택이 모든 국민에게 꼭 필요한 필수재이기 때문에 시장 취약계층의 주거보장에 국가의 책임이 따른다는 점을 강조한다. 나아가 주택소유의 편중이나 불로소득의 확대가 양극화를 심화시키고 사회안정을 해치므로 이에 대한 국가 개입이 필요하다고 주장한다.

　그러나 시장만능주의자들은 정부의 과도한 개입이 부동산 내지 주택 문제를 더 악화시킨다는 관점에서 접근한다. 이 입장은 토지, 주택의 특수성을 너무 강조하는 것 자체에 불만을 가진다. 토지가 일반재화와 다른 특징은 "외부성에 의해 시장실패를 초래한다는 것" 정도이다. 따라서 토지시장에 대한 정부 개입은 이러한 시장실패를 보정하는 정도면 충분하다고 본다. 결국 수요-공급의 원리에 따라 균형점을 찾아가기 때문에, 인위적으로 수요와 공급을 억제 혹은 촉진하지 말라는 것이다. 특히 우리처럼 급속한 도시화와 수도권 집중으로 만성적인 주택부족에 시달리고 있는 상황에서는 규제 완화를 통해 지속해서 주택을 공급해야 한다는 입장이다.

　여기서 더 나아가 가격이 오른다면 임야, 농지·재건축·수도권 규제 등을 풀어 공급을 늘리는 것만이 유일하고 근본적인 해결책이라고 주장한다. 도시용지가 필요하다면 한계농지를 풀고, 수도권에 집중된다면 집중하도록 두자는 것이다. 균형발전, 수도권 집중 억제나 계획적 개발 등을 주장하는 개입주의와는 판이한 입장이 아닐 수 없다.

판이한 입장, 끊임없이 현실 쟁점으로 이어지다

　이렇게 크게 나뉘는 두 입장은 참여정부와 이명박정부 시기, 부동산가격이 급등락하는 동안 논란을 거듭한 바 있다. 우선 시장만능주의자들은 "수요가 있는 곳에 공급, 이를 위한 도시용지 확대 및 용적률 상향, 재건축 규제 완화, 다주택 억제 세제 반대, 종부세 반대, 원가 공개 및 상한제 반대" 등을 주장했다. 반면 개입주의자들은 "보유세 강화·종부세 지지, 무분별한 공급 경계, 수도권 집중 억제 유지" 등을 주장했다. 다만 원가 공개, 분양가 상한제 등에 대해서는 내부에서도 약간씩 이견을 보였다. 그리고 두 입장 모두 시장 투명화와 시장 취약계층에 대한 공공임대주택 공급에 대해서는 지지했다.

특히 조세정책과 관련해서 치열한 전선이 형성되었는데, '세금폭탄'과 '보유세 실효세율 1%'가 양 진영의 입장을 상징적으로 나타내는 단어라고 할 수 있다. 종합부동산세의 필요성을 둘러싸고 양편의 입장이 확연히 갈리며 양도세 부담의 적정성 및 양도세의 동결 효과, 다주택 억제, 1세대1주택 비과세의 문제점 등이 쟁점으로 떠오른 바 있다.

분양가 인하를 위해 분양원가 공개, 분양가 상한제 시행이 필요한지도 쟁점이 됐으며, 이는 더 나아가 이른바 '반값 아파트' 논쟁으로 확산했다. 토지임대부 분양, 환매조건부 분양 등이 제기되었고, 실효성을 둘러싼 찬반론이 복잡하게 얽혔다.

주택공급과 관련해서는, 높은 분양가에다 개발이익환수체제가 갖춰지지 않은 상태에서 신도시 건설이나 재건축사업을 하는 것은 주택가격을 오히려 올릴 뿐이며 개발자본의 편을 든 결과라는 것이 상당수 개입주의자의 시각이었다. 반면 시장주의자들은 단기적 가격상승 부작용은 있을 수 있지만 장기적으로는 공급확대를 통해 가격이 하락한다는 반론을 제기했다.

개입주의 입장에서 개발이익환수제도는 시장과 양립하기 위한 도시개발, 주택공급의 규칙이기 때문에 재건축사업 등에 꼭 필요하며 임대주택 건립, 평형 규제 등도 병행해야 한다고 주장했지만 시장주의 입장에서는 이들을 대표적인 반시장적 규제로 보고 완화 내지 폐지를 요구했다.

부동산 거품 붕괴와 시장만능주의의 파탄

어떤 입장이 맞는가 하는 문제는 단순히 학계 쟁점이 아니었다. 연일 언론에서 논란을 거듭한 현실 쟁점이었으며, 또한 심각한 정치 쟁점이었다. 대통령까지 나서서 옳다, 그르다는 시비에 나설 정도였다. 우리나라 부동산 시장의 성격과 그 대책이 논란을 거듭하는 와중에 세계 경제에는 상상도 못 했던 대사건이 발생한다. 바로 서브프라임 모기지 사태이다. 전 세계가 집값 상승이 가져다주는 경제호황에 도취해 있던 그 시기에 갑자기 집값이 폭락하기 시작한 것이다. 가히 오른 만큼 다시 내린다고 할 정도로 세계적인 거품 붕괴가 시작되었다. 21세기의 시작을 들뜨게 했던 경기호황 열풍이 10년을 못 가 최대의 경제위기로 돌아온 것이다. 주택담보대출을 매개로 금융부문에서 시작된 위기는 실물경기의 침체로, 다시 고용위기와 복지위기로 이어지고 있다.

왜 이런 일이 벌어졌을까? 이 모든 과정이 그저 복잡한 금융시스템을 관리·감독하지 못했기 때문일까? 이미 많은 학자가 입증한 바와 같이 21세기의 전세계적인 과잉유동성 지속과 주택부문으로 자금 쏠림현상은 주택가격 상승이라는 거품현상과 결합해 있다. 내 집을 갖기 어려운 사람들까지 자가소유를 촉진했고, 크고 좋은 집은 더 많은 돈을 벌 기회로 받아들여졌다. 더구나 오른 집값만큼 대출을 더 받아서 소비에 쓰는 위험한 현상까지 벌어졌다. 집이 현금 자동지급기처럼 이용된 것이다.

비록 미국에서 이런 현상이 더욱 극적으로 나타났지만, 다른 나라들 역시크게 다르지 않다. 대부분의 선진국은 정부 지원과 정치적인 촉진책 아래 주택공급을 확대해왔다. 그러나 이들 국가도 미국 서브프라임 모기지 사태를 전후하여 거품이 가라앉으면서 경제위기가 발생하는 현상을 공통으로 겪고

있다. 특히 영국, 아일랜드, 스페인 등에서 가격하락 폭이 크다.(〈그림 5-1〉)
역사적으로 보더라도 부동산 거품이 금융위기로 이어진 사례는 무수히 많다.
1980년대 후반부터, 역시 전 세계적인 유동성 확대 과정에서 스웨덴과 핀란
드, 일본, 미국 등이 부동산가격 폭등과 폭락을 경험한 바 있다. 우리나라의
외환위기 무렵에는 태국, 싱가포르 등이 유사한 과정을 겪었다.

〈그림 5-1〉 주요 국가의 주택가격 지수변화

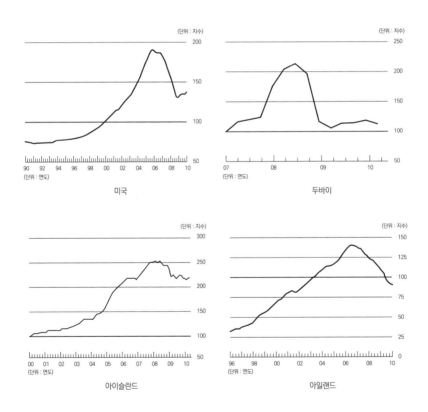

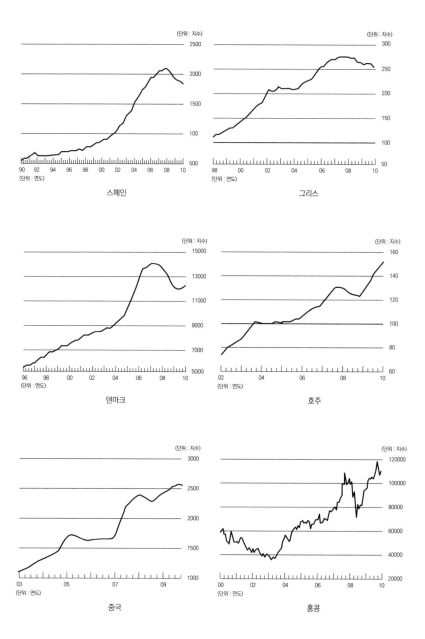

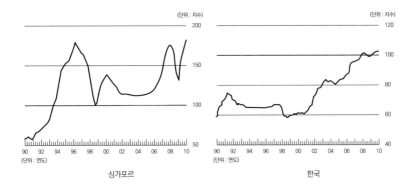

(단위 : 지수)
200
150
100
50
90 92 94 96 98 00 02 04 06 08 10
(단위 : 연도)
싱가포르

(단위 : 지수)
120
100
80
60
40
90 92 94 96 98 00 02 04 06 08 10
(단위 : 연도)
한국

자료 : Global Property Guide (http://www.globalpropertyguide.com/)

※ 그래프 상의 지수(즉, 세로축)는 나라별로 다르다. 각각의 상대적 변화에 유의해서 볼 필요가 있다.

소비자와 시장까지 잠식하는 '부동산 이데올로기'

이렇게 부동산이 손쉽게 거품에 빠지는 이유는 무엇일까? 무엇보다 부동산은 그 자체의 속성상 가격이 오를 수밖에 없다는 믿음, 이른바 '부동산 불패론'을 들 수 있다. 우리나라만 이런 개념이 있는 것이 아니라 많은 나라에서 거품이 확대될 무렵에는 어김없이 '부동산은 다르다'는 식의 생각이 널리 유포됐다. 경제가 호황이니 주택이 부족한 것 같고, 가격은 끝없이 오를 것 같은 착각에 빠지는 것이다. 언제나 등장하는 설명은 "수요가 많은데 공급이 부족하여 가격이 오를 수밖에 없다"는 식이다. 미국, 영국, 스페인 등이 비이성적 과열을 겪는 동안, 이들 나라도 모두 주택가격은 계속 오를 것이라는 근거 없는 낙관론의 포로가 되어있었다.

　이런 비이성적 상황이 벌어지는 근본적인 이유는 부동산이 일반적인 재화와 다른 성격을 가지고 있기 때문이다. 정상적인 수요-공급 법칙은 가격이 올라가면 수요가 감소하고 가격이 내려가면 수요가 증가하는 현상을 가리킨다. 그러나 비이성적인 상태, 즉 부동산 투기가 기승을 부리는 상황에서는 가격이 올라가더라도 수요가 줄지 않을뿐더러 오히려 늘어나는 경우가 발생한다. 공급이 느는데 가격은 오르는 경우도 있다. 때에 따라서는 토지공급이 제약되기도 하고, 주택 건설에 장시간이 소요되기 때문에 이러한 비이성적 믿음은 진실이라고 오해받기에 십상이다. 더구나 정부가 정책으로 뒷받침하고 보증하는 주택구매의 열기는 그야말로 놓치면 안 되는 '마지막 버스'처럼 보인다.

　정부로서도 주택소유를 촉진하면 경기부양 효과뿐 아니라 정치적 안정을 기할 수 있으니 일거양득이 아닐 수 없다. 주택은 워낙 연관 산업이 많고 GDP에서 차지하는 비중도 높아서, 주택건설을 통한 경기부양 효과는 큰 유혹인 것이다. 집값이 오를수록 소비가 촉진되는 양상을 말하는 '부 효과 (wealth effect)'또한 외면하기 힘든 대목이다. 집값이 오른 만큼 담보대출을 받아 이를 자동차 구매에 사용한 미국 사례와 같이 부 효과는 대부분 국가에서 입증된 바 있다. 아울러 주택을 소유하면 정치적으로 보수화되는 경향이 나타나고 있어서, 이른바 신자유주의 정부들은 이를 적극적으로 활용하기도 했다.

　이런 비이성적 상황을 이데올로기적으로 정당화시켜주는 담론도 널리 유포돼 있다. 오래전부터 자가소유는 인간의 소유욕에 부합하는 자연스러운 형태라는 식으로 인식됐다. 자가소유는 가계 안정의 상징일 뿐 아니라 동서양 모두 자수성가를 이룬 의미로, 또한 사회적 책임감을 높여 지역사회를 건강하게 유지하는 기반으로 받아들여졌다. 미국에서는 자기 집을 갖는 게 아메

리칸 드림(American Dream)의 실현으로 보는 사회 분위기가 있었고 부시 행정부는 이를 '소유자 중심 사회 (ownership society)'라는 구호로 뒷받침했다.

그러나 많은 학자는 '원래' 자가소유에 대한 집착이 문화적으로 고착되어 있다는 설명에 대해 강하게 부정한다. 흔히 남부유럽 모델이라고 해서 스페인, 포르투갈, 이탈리아, 그리스 등이 자가소유에 대한 집착이 강하다고 하지만 2차 대전 전에는 그 비율이 50%에도 미치지 못했다. 공공임대주택이 없던 시절, 혹은 정부가 자가소유를 촉진하는 과정에서 이런 이데올로기가 마치 태생적으로 그러한 양 수용되어온 것이다. 미국, 영국, 호주 등 앵글로색슨 국가나 일본, 한국, 홍콩, 대만 등 동아시아 국가들이 자가소유에 더 집착한다는 주장도 논란이 많은 이야기다. 문화, 역사의 영향도 있지만 무엇보다 자가소유를 촉진하는 정책, 주기적인 가격상승을 통한 학습효과 등이 체화된 결과인 것이다.

결국 최근의 금융위기는 그것이 주택, 부동산을 숙주로 자랐다는 것을 보여준다. 그뿐만 아니라 현대 경제위기의 역사는 부동산이라는 괴물에 대한 근거 없는 낙관론과 이를 시장법칙으로 포장한 정부정책, 경제전문가, 건설자본 및 관련 산업, 금융업 등의 명시적·묵시적 공모로 이뤄졌다. 소비자들은 수혜자이자 피해자로서 이러한 비이성적 과열이 시장에서 퍼지게 하는 토양일 뿐이었다. 주택은 언제나 부족하며, 자가소유가 선이고 본성이라는, 이데올로기적 허구가 이성을 잠들게 하는 밑바탕에 깔렸다.

III : 참여정부 부동산 정책에 관한 몇 가지 '사실(fact)'

사람의 기억은 단순하다. 대개 가장 최근의 일을 가장 심각한 것으로 기억하는 경향이 있다. 아마 대다수 사람들은 참여정부 기간에 우리 역사상 부동산가격이 가장 많이 올랐고, 그 정도도 세계에서 가장 심했을 것이라고 기억할지 모르겠다.

참여정부 동안에 집값이 가장 많이 올랐다?

그러나 객관적 수치는 이런 '상식'과는 차이가 있다. 2003년부터 2007년까지 노무현정부 5년 동안 토지는 23.7%, 주택은 23.9%가 올랐다. 연평균으로 따져보면 각각 4.4% 오른 셈이다.〈그림 5-2〉물가상승률이 3% 내외였고, 은행금리가 5% 내외였으니, 평균치만 놓고 보면 결정적으로 부동산가격이 많이 올랐다고 보기는 어렵다. 더구나 전세금 상승률은 역대 정부 중 가장 낮은 수준이었다. 전국 평균은 연 1.1%, 강남의 아파트도 2.4% 오르는 데 그쳐, 물가상승률을 고려하면 전세금은 사실상 내렸다고 할 수 있다.〈그림 5-3〉

하지만 수도권과 서울, 특히 일부 고가 지역의 아파트 가격은 많이 올랐다. 서울의 아파트 가격은 연평균 8.9%, 강남구의 아파트는 10.4%(5년간 64.2%)나 올랐다. 일부 재건축단지는 5년간 100% 이상 오른 경우도 있었다. 강남 아파트 가격이 전국에 생중계되는 우리나라의 특성을 보면, 이런 부동산가격 양극화가 오히려 국민의 마음을 더 아프게 했으리라 짐작된다.

〈그림 5-2〉 역대 정부 기간별 연평균 주택가격 상승률

(단위 : %)

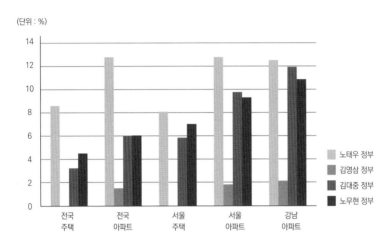

자료 : 별도 설명이 없는 경우, 통계청 자료, 국민은행 부동산통계, 국토교통부 자료 등을 활용하여 작성 (이하 동일)

〈그림 5-3〉 역대 정부 기간별 연평균 전세금 상승률

(단위 : %)

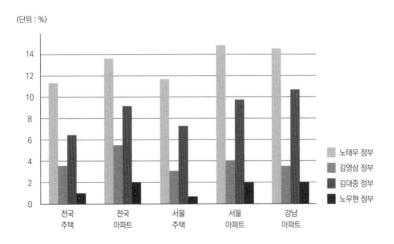

물론 외국과 비교하면 우리나라의 부동산가격 상승률은 높지 않은 편이다. 선진국들의 평균상승률과 비교하면 우리나라의 순위는 하위권에 속한다(그림5-4). 최근 금융위기 과정에서 확인됐지만, 전 세계적인 과잉유동성 상황에서 주택가격이 폭등했다. 영국, 스페인, 아일랜드는 10년간 200% 내외가 올라, 주택가격은 약 3배가 되었다.(〈그림 5-1〉 참조) 미국 역시 주요 도시는 그 정도로 올랐기 때문에 심각한 거품 현상을 보인 바 있다.

〈그림 5-4〉 OECD 국가 주택가격 상승률 비교 (2000년~2006년)

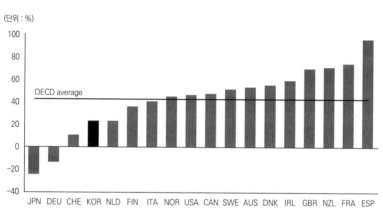

자료 : OECD, 2007, Economic Survey of Korea ※ 해당 기간 중 명목 주택가격 상승분에서 물가상승률을 뺀 값이다.

그런데도 체감 상승도는 우리가 전혀 덜하지 않았다. 소득대비 주택가격이 이미 높은 상태에서는 비록 상대적으로 낮은 상승률이라 하더라도 서민들로서는 큰 타격을 받을 수밖에 없다. 특히 지난 40년 이상 주택가격의 주기적인 상승을 겪으면서, 그 학습효과에 따라 불안 심리가 가중됐다. 참여정부가 공공임대주택 공급을 위해 노력하기는 했으나 여전히 취약한 주거안전망은 주택가격 불안 심리를 부채질했다. 여기에 덧붙여, 부동산 문제가 정치 공방의 대상이 됨으로써 정부 정책에 대한 신뢰가 더 떨어진 것도 영향을 주었다.

참여정부는 주택공급을 적게 했다?

또 한 가지 많은 사람이 믿고 있는 내용 중 하나는 참여정부가 공급을 등한시해서 가격이 올랐다는 것이다. 과연 그럴까? 역대 정부와 비교해도 참여정부 기간에 전국적인 주택공급량은 절대 적지 않다. 다만 서울의 주택공급량은 상당히 줄어드는데, 이는 다세대·다가구주택에 대한 환경 및 주차장 규제를 강화한 것이 원인이다(그림 5-5). 아파트의 경우도 물론 줄어들기는 했지만 결정적으로 적은 것은 아니다(그림 5-6). 특히 부동산가격이 많이 올랐던 강남지역의 경우 아파트 공급량은 오히려 역대 정부 최고 수준이었다(그림 5-7).

이 같은 수치는 단기적으로는 주택공급량과 주택가격 등락이 직접 연관되지 않는다는 것을 보여준다. 실제 통계적으로 분석을 해봐도 참여정부 기간 중에 가격상승과 주택공급량에 연관이 있다는 증거는 찾을 수 없다(부동산 114 참고). 또한 당시 자주 거론됐던 '전국 50만 호, 수도권 30만 호'라는 공급목표량 역시 뚜렷한 근거가 없다. 가구증가율과 수도권 집중도 등을 고려해 '이 정도는 돼야 공급이 충분하다'는 기준으로 자주 인용하지만 경제상황, 가격상승 기대심리, 자금조달 가능성 등이 반영된 실질 수요는 그보다 훨씬 높을 수도, 혹은 훨씬 낮을 수도 있다.[1] '낮다, 높다' 논의가 분분했던 주택보급률은

---

1 50만 호 공급 목표량은 부동산 경기가 급락했던 이명박 정부에서도 그대로 유지돼, 공급 위주의 정책이 이어졌다. 그러나 박근혜 정부 들어 인구구조 변화나 장기 수요를 고려, 39만 호로 수정되었다.

또 어떤가. 1인 가구를 포함하더라도 다가구주택과 주거용으로 사용되는 오피스텔까지 고려하면 주택보급률은 서울도 100%에 근접해있다.

따라서 주택공급의 절대량이 문제가 아니라, '가격이 오를 것 같다'는 불안감이나 기대심리가 수요를 앞당기면서 발생하는 '(단기)수급불일치'가 훨씬 더 심각한 영향을 끼치게 된다. 그렇지 않다면 실제 인구 1,000명당 주택 수가 우리나라보다 30% 가까이 많은 미국, 영국 등의 주택가격이 폭등한 이유는 무엇 때문이라고 설명할 것인가? 결국 공급량 자체의 문제라기보다는 '단기적으로 공급이 따라가지 못하는 과다한 초과수요'를 어떻게 관리할지가 핵심인 것이다.

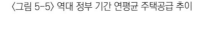

〈그림 5-5〉 역대 정부 기간 연평균 주택공급 추이

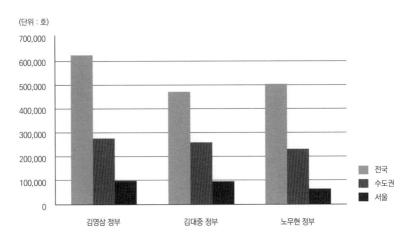

〈그림 5-6〉 역대 정부 기간 연평균 아파트 재고 증가 추이

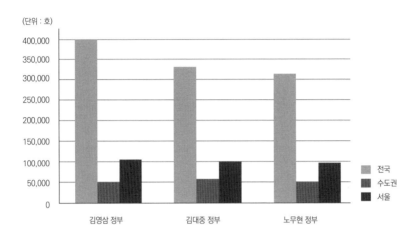

〈그림 5-7〉 강남 3구 아파트 재고 증가 추이

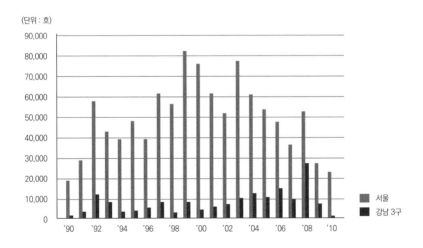

IV : '03년 5·23에서 '07년 1·31까지
참여정부 부동산정책 전개과정

　참여정부의 부동산정책 여건은 시작부터 어려웠다. 김대중 정부가 외환위기 극복 방안의 하나로 거의 모든 부동산 규제를 풀어버리고 건설경기를 부추긴 탓에 2001년 하반기부터 이미 부동산가격은 요동치고 있었다. 이 때문에 2002년 하반기부터는 재산세 강화 대책을 포함한 각종 투기억제 대책이 이미 고려되고 있었다. 참여정부도 인수위 단계에서부터 부동산 투기억제와 가격안정을 주요 정책의제로 다룰 수밖에 없었다. 그 결과 정부 출범 석 달도 안돼 가격 안정대책을 서둘러 발표하기에 이르렀다.

　□ 주택가격 안정대책 (2003.5.23)
　참여정부 최초의 부동산가격 안정대책이다. 각 분야를 망라했으나 새로운 제도는 없었고, 보유세 강화의 경우 아직 종합부동산세 도입방침을 확정하기 전이어서 '과세체계 이원화' 정도의 방향만 제시하고 있다.

분야	주요 내용
시장단속	강도 높은 세무조사 ·국세청 및 일선관서의 동원가능한 모든 행정력 투입 ·불성실 중개업소 및 투기혐의자에 대한 신속하고 엄정한 세무조사
투기수요 차단	투기과열지구 (수도권·충청권 전 지역) 및 투기지역 확대 지정 재건축 아파트 선 분양 요건 강화 (투기과열지구 내 80% 시공 후 분양) 주상복합아파트 및 조합 (지역·직장) 아파트 분양권 전매 금지 재건축 안전진단 기준 강화 (평가항목을 도시미관 등으로 다양화, 평가결과 계량화 등)

분 야	주요 내용
보유과세 강화	보유세 과세체계 이원화 ·기초단체: 물건별, 필지별 단일세율에 의해 과세 ·광역단체: 부동산 과다보유자에 대해서 합산과세(전국의 보유토지를 인별로 합산하여 누진세율로 과세)
자금흐름 체계개선	주택담보대출인정비율(LTV)을 투기과열지구 내에서는 3년 이하의 신규대출에 대하여 60% → 50%로 하향조정 주택신보 출연자금 대상 확대 자본시장 중심의 자금흐름 체계 구축 ·다양한 원금보전형 상품 개발·판매 ·주식에 60% 이상, 1년 이상 투자 시 이자·배당소득을 비과세 ·기업연금제도 도입, 연기금 주식투자 확대유도 등 기관투자자 육성

'공공임대주택 매년 10만 호씩' 주거복지 로드맵 확정

□ 저소득층을 위한 주거복지 지원방안 (2003.5.28)

가격 안정대책과 함께 참여정부는 주거복지 강화를 가장 중요한 주택정책 과제로 추진한다. 이를 위해 국정과제위원회인 빈부격차·차별시정위원회가 중심이 되어 주거복지 로드맵을 확정하면서 국민임대주택을 매년 10만 호씩 건립하는 계획을 수립한다. 이는 역대 정부 최대 목표였으며 실제 임기 말까지 목표를 달성하였다.

분 야	주요 내용
최저소득층 (소득 1분위)	주거급여의 단계적 상향조정 국민임대 소형평형(전용 11평 이하)에 대한 재정지원 확대 전월세 자금 융자금리 인하
저소득층 (소득 2~4분위)	'07년까지 국민임대 50만 호 건설(사업기간 단축을 위해 '국민임대주택건설특별법' 제정 등) 노후불량주택 밀집지역에 대한 주거환경 개선 (지원금리 인하, 지자체 추진실적 점검 → 국고 차등지원 등)
중산화 가능계층 (소득 5~6분위)	기금지원, 택지공급, 소형주택 건설의무화 등 정책수단을 차질 없이 추진하여 무주택 서민의 내 집 마련 기회 확대

□ 서민·중산층 주거안정 지원대책 (2003.9.3)

5·28 주거복지 로드맵을 보다 강화하고 구체화한 정책으로, 국민임대주택 건립계획을 2012년까지 연장하고 국민임대주택에 대한 재정지원율을 높였다. 또 한시 사업으로 추진된 주거환경개선사업을 상시화해 2단계 사업계획을 추진키로 했다.

분야	주요 내용
장기공공 임대주택 공급확대	향후 10년간 장기임대주택 150만 호 확보 (100만 호는 국민임대, 50만 호는 민간의 10년 이상 장기임대) 국민임대 소형평형에 대한 재정지원 확대 (재정비율 : 30% → 40%) 인센티브 확대 (택지공급가격 10% 인하, 융자금리 인하 등)를 통해 민간의 장기 공공주택 참여 유도 추가 신도시 (3개~4개) 개발 등을 통해 택지 확보 문제 해소 재정, 주택기금, 국채발행 등 재원 확보대책 마련 ·장기임대주택 150만 호 건설을 위해 재정 (11.4조 원)과 기금 (48.7조 원)에서 약 60.1조 원 확보
주거환경 개선사업	주거환경개선 사업을 한시사업 ('89~'04)에서 상시사업으로 전환 종전 486개 지구를 차질 없이 추진하고, 하반기 중 400여 개 대상지구 추가 발굴

□ 재건축시장 안정대책 (2003.9.5)

재건축 단지의 가격이 오르는 데 대응하여, 소형주택 의무 비율을 강화하고 조합원 자격을 전매할 수 없도록 했다.

○ '국민주택규모 건설비율기준' 시행

사업규모	세대규모		
	60㎡ 이하	60~85㎡ 이하	85㎡ 초과
300세대 이상	20%	40%	40%
20~300세대	60%		40%

○ 재건축 조합원 명의변경 금지

투기과열지구 내에서 조합원의 지위는 조합인가일로부터 양도 금지
→ 단기차익을 노리는 투기수요 차단
* 법 시행 이전 이미 조합 설립이 이루어진 경우 1회에 한하여 양도 허용

종합부동산세 및 다주택 중과 도입 공식화

□ 주택시장안정 종합대책(2003.10.29)

흔히 10·29 대책으로 불리는 부동산 종합대책이다. 2003년 계속된 부동산 시장 불안정에 대처하기 위해 그동안 풀었던 규제들을 대부분 강화하는 것을 비롯해, 다각적인 차원의 종합대책을 마련했다. 종합부동산세 시행 시점을 앞당겼고, 다주택자에 대한 양도세 중과가 처음으로 도입되었다. 1세대 3주택 이상은 양도세율을 60%로 고정했으며, 2주택에도 탄력세율을 적용할 수 있다는 방침을 발표했다.

분야	주요 내용
주택공급	강북 뉴타운 12개~13개 지구 추가 선정
	광명·아산 등 고속철도 역세권 주택단지 개발
금융정책	투기지역 아파트 주택담보인정비율 (LTV) 하향조정 (50% → 40%)
	투기지역 및 과열지구 주택담보대출 실태 점검
	주택연계증권 (ELS) 개발 및 판매 활성화
	주택담보대출 총량제 시행 검토 (중장기)
세제개편	종합부동산세 시행시기 단축 (2006년 → 2005년)
	투기지역 2주택 이상 양도세 탄력세율 적용
	1세대3주택 이상 양도세 60%로 인상
	투기지역 6억 원 이상 주택 취득 시 실취득가액으로 거래세 과세 (중장기)

분야	주요 내용
주택제도	6대 광역시 및 도청소재지 전역조사 투기과열지구 확대 지정
	개발부담금제도 연장 및 비수도권으로 확대
	20세대 이상 주상복합아파트 분양권 전매 금지
	분양권 전매금지 전국 실시 (중장기)
	재건축 아파트 개발이익 환수방안 검토 (중장기)
	투기지역 주택거래허가제 도입 검토 (중장기)
시장단속	강도 높은 세무조사 계속
	투기혐의자 금융재산 일괄조회 허용
	급등한 아파트 기준시가 재고시

□ 후분양 활성화 방안 (2004.2.3)

후분양 제도를 활성화하겠다는 방침에 따라 연차별로 공정률을 상향 조정해 분양하도록 하는 기본계획을 확정했다. 참여정부 기간에도 너무 속도가 느리다는 시민단체들의 비판을 받았지만 이명박정부 들어서는 사실상 폐지되었다.

분야	주요 내용
공공부문	'07년부터 분양 공정률을 단계별로 상향조정하여 '11년에는 전체 사업장에서 80% 공정 후 분양
	* 분양 허용공정률 : 40% ('07) → 60% ('09) → 80% ('11)
	'04~'06년간 시범사업 실시
민간부문	주택기금 우대지원 및 공공택지 우선공급 등의 인센티브를 통해 자율적인 시행을 유도

□ 서민 주거복지 확대방안(2004.6.8)

주거복지 로드맵 실행계획의 하나인데, 최저 주거기준을 법제화한다는 방침과 국민임대주택 추진체계를 강화하는 내용이 포함되었다. 특히 국민임대주택을 새로 짓는 외에도 기존의 다세대·다가구주택을 매입하여 임대주택으로 활용한다는 계획이 추가되었다. 이는 2004년도에 시범사업을 거쳐 참여정부의 대표적인 주거복지정책으로 자리 잡는다.

분야	주요 내용
최저주거 기준설정	가구구성별 최소 주거면적 및 용도별 방의 개수, 필수적인 설비기준, 주택의 구조·성능 및 환경기준 등을 규정
국민임대주택의 대량공급 지속추진	건설목표 달성을 위한 자금지원 및 택지 확보 지속 추진
	국민임대주택특별법 하위법령 제정을 완료하고, 건교부에 전담조직 설치 (→ 건교부장관이 직접 사업 승인)
	부도임대, 재개발임대주택 등을 매입하여 국민임대로 공급
다가구주택 등 매입 임대	빈곤층 밀집지역, 교통편리 지역 위주로 매입
	영구임대주택수준의 저렴한 임대료 책정
주거환경개선지구 주민재정착 지원	사업지구 내 소형 국민임대주택 건설 확대
	현행 14·17·20평형의 국민임대주택 외에 11평형을 임대주택 건설물량의 30% 수준으로 공급
	저소득세입자, 소액보상자 등 이주가 어려운 계층에 대한 이주자 전세자금 공급 (금리 3%, 총 500억 원)

□ 새로운 '주택·택지공급제도' 시행(2005.3.9)

분양원가 공개 및 분양가 상한제 요구에 대한 타협책으로 확정된 정책이다. 분양가의 일부 항목을 공개하고, 분양가 상한제 주택에 대해서는 전매금지 기간을 늘리는 내용이다.

분야	주요 내용
분양가 상한제 기본형 건축비	평당 339만 원 산정, 친환경 설계 등이 반영될 수 있도록 가산 비용 인정
택지 채권입찰용 3종 주택채권 발행	25.7평 초과 공동주택용 공공택지를 분양받고자 하는 건설업체가 의무 매입해야 하는 제3종 국민주택채권의 발행조건을 10년 만기 무이자로 결정
분양가 주요항목 공개	5개 주요항목 공개 (택지비, 공사비, 설계감리비, 부대비, 가산비용)
주택공급 제도의 보완	수도권 과밀억제 및 성장관리지역에서 분양되는 분양가상한제 주택은 분양 후 5년간 (기타지역은 3년) 전매 금지 동 지역에서 당첨된 자는 향후 10년간(기타지역은 5년) 재당첨 금지 분양가 상한제 주택의 40%는 40세/ 10년 이상 무주택자에게 최우선 공급, 35%는 35세/ 5년 무주택자에게 우선 공급
택지공급 제도 보완·개선	85㎡초과 주택용지는 제3종 주택채권을 가장 많이 매입하고자 하는 자를 공급대상자로 결정

□ 향후 부동산정책 추진과제 (2005.5.4)

판교 분양을 앞두고 시장불안 조짐이 나타나자 공공택지 물량을 늘리는 한편 실거래가 신고제, 토지거래허가구역 조기 지정 등의 시장안정대책을 발표했다. 특히 보유세 강화의 기본 로드맵을 재확인하여 2017년까지 장기계획을 구체화했다.

분야	주요 내용
투기수요 억제	기반시설부담금제 전면 개편 시장상황별 대응체계 구축 (EWS 단계별 활용방안 강구) 개발사업 예정지 주변지역에 대한 토지거래허가구역을 조기 지정하는 등 현행 투기억제제도의 실효성 강화
부동산제도 선진화	기존 도시지역의 광역개발을 제도화 개발이익 환수 강화 등 재건축, 재개발의 공공성 제고 부동산 실거래가 신고제 도입 등 부동산 시장의 투명성 강화 공공주택 입주자 선정 시 무주택기간 외에 소득, 자산 등을 반영

분야	주요 내용
주택공급의 지속적 확대	공공택지 지정물량 확대 (연 1,300만 평 → 연 1,500만 평)
	가급적 주거쾌적성이 확보되는 신도시 형태로 건설
주택품질 개선	소음·구조·외부환경 등 주택성능을 전문기관이 평가하고, 그 결과를 아파트 분양 시 공개하는 주택성능등급제 도입

원점에서 재검토… "가능한, 모든 방법을, 원점에서부터"

□ 서민주거 안정과 부동산 투기 억제를 위한 부동산제도 개혁방안 (2005.8.31)

8·31 대책으로 더 잘 알려졌다. 2005년 5·4 대책에도 불구하고 주택시장 불안이 계속되자, 6월 17일 대통령 주재회의에서 판교 택지분양을 중지하고 가능한 모든 수단을 원점에서 재검토하기로 한다. 이후 범정부 차원의 종합 부동산대책 마련에 들어가 약 2달간 작업을 거쳐 확정되었다. 부동산정책 전 분야에 걸친 대책이 마련되었으며, 실거래가 신고 의무화 및 등기부 기재, 1세대 2주택 양도세 중과제도가 포함되었다. 또 종부세의 적용대상을 확대하고 세대합산으로 강화했으며, 양도세를 실거래가 부과방식으로 전면 전환키로 했다.

분야	주요 내용
주거 안정	주택구입자금 5,000억 원 증액 (1조 5천억 원→2조 원)
	생애최초 주택구입자금 지원 재개
	저소득층 전세자금 대출금리 인하 (영세민 3.0% → 2.0%, 근로자 5.0% → 4.5%)
	개발제한구역 해제 예정지 국민임대주택단지 추가 확대
	10년 장기 민간건설 임대주택 활성화
주택거래 투명화	실거래가격 신고 의무화 및 등기부 기재
주택시장 안정	종합부동산세 세대별 합산, 기준금액 6억 원 이상으로 조정
	주택분 재산세 과표적용률 2008년부터 5%씩 상향조정
	양도소득세 실거래가 과세 및 1가구2주택 중과 (50%)
	취·등록세 1% 인하

분야	주요 내용
주택공급	송파거여지구 국공유지 200만평 개발
	김포신도시, 양주옥정 지구 등 추가 개발
	공공택지 주택공영개발 확대
	원가연동제 및 주택채권 입찰제도 도입 (공공택지)
토지시장 안정	토지거래 허가 신청 시 자금조달 내역 제출 의무화
	개발부담금 재부과 및 기반시설부담금제 도입
	비사업용 토지 종합부동산세 부과 공시지가 6억 원 → 3억 원
	양도세 실거래가 과세로 전환 (2007)

□ 서민 주거복지 증진과 주택시장 합리화 방안 (2006.3.30)

이른바 3·30 대책이다. 여기서는 8·31 대책에서 빠진 재건축 분야 대책이 도입되었다. 8·31 대책 이후 전반적으로 시장이 안정되기는 했지만, 재건축 사업을 중심으로 불안이 재연되자 그동안 미뤄두었던 재건축 대책을 발표한다. 재건축 사업에서도 개발이익환수제도를 도입하기로 했으며, 6억 원 초과 아파트에 대해서는 총부채상환비율(DTI)을 적용키로 했다. 그러나 DTI의 본격적인 적용은 바로 이루어지지 못하고 9월, 10월의 한 차례 대란을 더 겪고서야 시작된다.

분야	주요 내용
서민 주거복지	영세민 전세자금 수혜가구 연간 2만5000호 ~ 3만 호로 확대
	도심 내 다가구 매입 임대주택 연간 4,500호 공급
	서민·중산층 아파트(전용면적 25.7평형) 분양가 인하 추진
금융정책	투기지역 6억 원 초과 아파트 구입시 LTV외 DTI 적용
재건축 제도	안전진단 강화
	재건축 부담금 등 개발이익환수제도 도입
주택거래 투명화	거래신고지역 내 주택 취득 시 자금조달계획 신고 의무화

LTV-DTI 강화, 마침내 빼든 금융규제

□ 부동산 시장 안정화 방안 (2006.11.15)

2006년 9월부터 주택가격이 재차 상승하자, 공급확대와 금융규제 중심으로 다시 대책을 내놓게 된다. 다세대·다가구, 오피스텔 건립을 촉진하고 신규택지 확보계획을 구체화했다. 이와 함께 DTI, LTV 규제를 강화하고 금융기관에 대한 일일점검 및 보고체계를 운영한다. 이른바 DTI 규제의 본격적 시작이었다. 이와 함께 주택가격 상승세는 확연히 꺾이게 된다.

분야	주요 내용
주택공급 확대방안	〈공공택지 물량의 조기확대〉 수도권 신규택지 확보 추진 (8·31정책상 나머지 택지 406만평 및 장기 주택소요에 대비하기 위해 분당급 신도시 등 개발) 신도시 및 국민임대주택단지의 밀도 상향 조정 신도시 녹지면적의 합리적 조정 택지개발 기간단축을 통한 주택공급 조기화 ·신도시 규모의 택지지구 지정 시 도시기본계획에 우선 ·광역교통개선대책 수립권을 조정 (도 → 건교부) ·택지개발계획을 지구지정과 동시에 수립하여 절차 단축 ·사전환경성 검토와 환경영향평가의 연계 강화 〈민간택지 내 주택공급물량 확대〉 기존 도심의 광역재정비 활성화 및 원주민 재정착 유도 계획관리지역 내 주택건설규제 합리화 (용적률 150% → 180%) 다세대·다가구·주상복합·오피스텔의 규제개선
분양가 인하방안	분양원가 공개 확대 및 분양가제도 개선 검토 택지 조성비 절감, 광역교통시설 국가·지자체·사업자간 합리적 분담방안 마련 등을 통해 택지비 절감 택지공급 가격 인하 (25.7평 이하) 및 조성원가 공개
수요관리 방안	금융기관의 주택담보대출 리스크 관리 강화 LTV 규제강화 (비은행 금융기관 60% ~ 70%→50%로 강화 등) DTI 규제를 투기과열지구로 확대적용

□ 부동산 안정을 위한 제도개편 방안(2007.1.11)

분양가 상한제와 원가 공개를 확대키로 하고 그 세부방안을 담았다. 이와 함께 다주택자의 경우 금융규제를 더 강화했으며 토지보상금이 부동산 구입 수요로 전환되는 것을 방지하기 위한 대책이 포함되었다.

분야	주요 내용
주택공급 제도 개편 방안	분양가 상한제를 민간택지까지 확대적용 공공택지 분양원가 공개 확대 (7개 → 61개) 민간택지 : 분양가심의위원회 검증을 거친 7개 항목 마이너스 옵션제 법제화 토지임대부 및 환매조건부 분양 시범실시 채권입찰제 상한액 하향 조정 분양주택에 대한 전매제한 기간 확대 실수요자에게 유리한 방향으로 청약제도 개편 후분양제 시행 1년 연기 ('07 → '08년) 민간택지내 공공·민간 공동사업 제도 도입
서민주거 안정	서민주택공급 확대 및 주거비 부담완화 ·임대주택 공급확대, 바우처제도 도입, 부도임대아파트 임차인 보호 등 이사철에 대비한 수도권 전·월세 안정대책 ·국민임대 등 입주시기 조기화, 전세자금 지원 등 ·임차인 지원센터 설치 등
유동성 관리 방안	토지보상제도 개편 ·보상기준 시점 조정, 채권보상 확대, 부실·허위 감정평가 개선 등 다주택 보유자에 대한 주택담보대출 강화 (투기지역 내 2건 → 1건)

□ 주택시장 안정과 주거복지 향상을 위한 공공부문 역할 강화 방안 및 주택담보대출 여신심사체계 선진화 방안(2007.1.31)

참여정부의 마지막 부동산 종합대책이다. 1·31 대책으로 불리기도 한다.

금융규제를 제도화(금감원 모범규준 마련)하는 한편, 공공부문의 주택공급 확대를 위해 비축용 임대주택 개념을 도입한다. 이와 함께 2017년까지 장기임대주택 계획을 확정한다.

분야	주요 내용
공공부문 역할 강화	장기임대주택 공급확대(2017년까지 총 260만 호 추가공급)
	비축용 임대주택 공급확대(2017년까지 50만 호)를 위하여 연기금 등 민간 자금을 활용한 90조원 규모의 임대주택 펀드 설립
	국민임대주택 건설 확대 및 재정지원 현실화
	장기고정금리 모기지론 공급 활성화
	국민임대주택 커뮤니티 조성 및 주택바우처제도 검토
주택담보대출 여신심사 선진화	금감원 모범규준 제시(투기지역 및 투기과열지구에서 DTI 40%, 소득대비 부채비율 400% 수준 내외에서 자율 결정)

V : 부동산정책의 '핫 플레이스'… 종합 부동산세 및 DTI 도입

참여정부 부동산정책을 둘러싼 논쟁은 정부와 한나라당이나 보수언론 간에만 진행된 것이 아니다. 정부 내에서도 강온의 태도가 엇갈렸고, 부처 간에도 입장이 달랐다. 부동산 경기부양을 둘러싼 이른바 '이헌재-이정우' 갈등은 일부 언론의 부추김이 있기는 했지만 널리 알려진 사실이다. 참여정부 부동산정책의 형성과 집행 과정에서 나타난 정부, 정당, 시민사회, 언론 등과의 관계는 가장 논쟁적인 정책이었던 종합부동산세와 DTI에서 극명하게 드러나고 있다. 이 두 가지 사례를 통해 참여정부 부동산정책이 어떤 상황에서 추진되었는지 살펴본다.

보유세 강화, 거래세 완화는 오래된 사회적 과제

우리 사회에서 '보유세 강화, 거래세 완화'는 오래된 과제였다. 주기적인 부동산 투기 열풍도 결국 턱없이 낮은 보유세 부담 때문이라는 생각이 널리 퍼져 있었다. 특히 1990년 토지공개념을 도입하여 부동산 보유 부담을 높이려는 시도가 있었다. 그러나 그 뒤 토지공개념 3법은 폐지되거나 형해화됐으며, 보유세 실효세율은 김영삼·김대중 양 정부를 거치면서 오히려 더 떨어지기에 이르렀다. 이에 노무현정부는 취임 전부터 보유세 강화를 핵심정책으로 삼고 발 빠른 추진에 나섰다(박스 자료 참고).

2003년 5월, 당시 이정우 청와대 정책실장이 위원장을 겸임한 대통령 자문 빈부격차·차별시정위원회는 보유세 강화를 위한 범정부 T/F를 구성한다. T/F의 결론은 "지방세인 재산세와는 차이를 두는 별도의 국세를 만들지 않으면 안 된다"는 것이었다. 이에 2003년 7월 노무현 대통령 보고를 거쳐 9월에는 '종합부동산세'라는 이름의 별도 세금을 설치하는 것으로 방침을 확정한다. 2003년 주택시장안정 종합대책(10·29 대책)에서는 종부세 시행시기를 애초 계획보다 앞당겨 2005년부터 부과하고, 2004년까지 관련 입법을 완료하기로 한다.

제16대 대통령직인수위 보고서의 보유세 관련 내용

1-1. 점진적이지만 지속적인 부동산 세제개혁

□ 추진내용

○ 현행 부동산세제는 보유 시의 세부담(재산세·종합토지세)이 낮아서, 과세형평에 어긋나고 투기목적으로 다수 주택을 보유하는 경우에도 세금이 부담요인으로 작용하지 않고 있음

○ 부동산 편중소유와 주기적인 가격상승으로 서민들의 내 집 마련에 어려움이 가중되고 있으며, 빈부격차가 더욱 확대되는 결과를 야기

○ 임기 내에 보유과세 기능을 강화하여 불필요한 부동산 과다보유를 억제함으로써 주택가격의 안정과 한정된 부동산의 효율적 이용을 촉진함

□ 추진전략

○ 공공기관에 의한 부동산 실제 거래 관련사항 누적관리 추진

○ 재산세 및 종합토지세의 과표를 점진적이면서도 지속적으로 현실화해 나가되
　예측 가능하도록 다년간에 걸쳐 예고제를 실시

　　– 매년 3%p씩 현실화율을 높여서 임기 중 15%p를 제고하는 방안 추진(2002 현재 30% 내외 수준)

　　– 행자부, 재경부, 건교부, 국세청 공동으로 2003년 상반기 중 개선대책 수립·집행

　　※ 일정기준 이상 고액재산가를 중심으로 과표를 현실화하고 국민임대주택공급 등 서민주택 지원과 병행 추진

○ 보유과세 강화와 병행하여 거래세(취득세·등록세) 부담을 경감

그러나 입법을 마쳐야 할 시간이 얼마 남지 않은 2004년 7월, 재경부는 종부세 시행 연기를 제기한다. 이유는 두 가지였다. 실무준비가 촉박하다는 점. 종부세를 시행하기 위해서는 누가 얼마의 부동산을 가졌는지 명확히 파악해야 하고, 그에 따라 세율 시뮬레이션 등을 다양하게 시행해보아야 하는데 작업진도가 너무 느렸다. 원 자료를 제공하기로 돼 있던 행자부와 이를 바탕으로 시뮬레이션을 해야 했던 재경부가 서로 책임을 미루는 상황이었다.

그러나 또 한 가지 더 중요한 이유는 부동산 경기 문제였다. 당시 이헌재 부총리는 '경기가 어려울 때는 있는 사람이 집을 살 수밖에 없는데, 종부세가 이를 막을 수 있다'고 보았다. 이미 2003년 10·29 대책이 효과를 거두고 있는데 굳이 더 강력한 대책을 집행할 필요가 있느냐는 입장이었다. 이 부총리는 취임 전부터 종부세와 양도세 강화 방침에 부정적인 견해를 피력했고, 취임 직후인 2004년 2월 18일 국회 대정부질의에 대한 답변에서도 세제 문제를

재검토할 의향을 내비친 적이 있었다.

그러던 중 2004년 5월에 재산세 논란이 터진다. 면적 중심으로 된 재산세 과표가 워낙 불균형이 심해 우선 가액을 반영할 수 있도록 보완했는데 재산세가 많이 오르게 된 서울, 특히 강남권에서 반발이 심했다. 중앙정부가 요지부동이니 거꾸로 지자체들이 탄력세율을 적용해서 깎아주기 시작했다. 더 나아가 소급감면까지 시도하기에 이르렀다. 소급감면은 서울, 수도권의 다른 지역으로까지 번졌다. 8월 들어 서울 양천구를 비롯해 용산구, 성동구, 중구, 경기도 성남시 등이 조례안을 다시 고쳐 소급감면을 추진하겠다고 나섰다. 게다가 8월 5일에는 전국 시군구청장협의회 명의로 '종합부동산세가 국세로 도입되면 지자체의 과세 자주권이 침해당한다'며 종부세 도입을 중단하라는 반대 성명이 발표됐다. 정부가 강행한다면 전국적으로 서명운동을 벌일 것이라고 반발했다.

소란이 끊이지 않자 언론에서는 정부의 세제 강화방침이 후퇴하는 것 아니냐는 전망을 내놓기 시작했다. 이런 추측은 이헌재 부총리가 주도하는 경기 활성화 대책과 맞물려 있었다. 이 부총리는 7월 1일 발표한 건설경기 활성화 대책에 이어 서남해 지역에 리조트특구를 만든다는 계획을 내놓았다. 이 프로젝트를 추진하기 위해 골프장 설립 규제를 대거 풀겠다고 선언한 것이다. 골프장을 중심으로 관광산업을 유치해 건설경기도 회복시키고 일자리도 늘리는 한편, 연간 10만 명에 이르는 해외골프 관광객을 붙잡겠다는 의도였다. '골프 부양론'은 '부자들이 소비해야 한다'는 이 부총리의 평소 생각이 그대로 반영된 것이었다. 경기 활성화를 위해 정부가 부동산정책을 수정할 것이라는 기대가 피어올랐다. 시장에는 정부의 강한 부동산정책 의지가 퇴색된 것으로 비치고 있었다.

이런 상황에서 8월 11일, 국민경제자문회의의 첫 부동산정책회의가 열렸다. 노무현 대통령은 이 자리에서 다음과 같이 말했다.

"지금 연기하면 괜한 상상력을 자극해 많은 문제를 야기할 수 있으므로 오늘 방침을 결정해서 일단 추진한 후, 보완해나가는 방안이 타당하다. 지연시키면 정책 자체가 사라질 우려가 있다."

대통령은 일단 밀고 가라고 지시했다. 종부세 시행을 연기하려는 움직임에 쐐기를 박은 것이다. 다만 이날 종부세 시행을 앞두고 거론된 부동산 가액 평가방법 등에 대해서는 국민경제자문회의 사무처장을 맡고 있던 조윤제 당시 청와대 경제보좌관이 원점에서 다시 검토하기로 했다. 이에 따라 조 보좌관은 주택의 경우 땅과 건물을 합쳐서 통합과세 하는 방안을 추진한다.

논란의 '전선', 부침 거듭한 종부세의 역정

당시 재산세는 땅 따로, 건물 따로 세금을 걷었는데, 이렇게 되면 아파트 같은 공동주택의 경우 세금을 공평하게 매기기가 쉽지 않았다. 고가의 초고층 아파트는 대지 지분이 얼마 되지 않는 데다 건물값도 면적과 건축비 등이 기준으로 돼 있어서 시가가 제대로 반영되지 못하는 문제가 있었다. 기존 제도대로 한다면 지방의 저층 대형 평수 아파트가 서울의 고층 아파트보다 세금을 더 내는 경우가 빈번했다. 땅의 가치와 건물의 가치를 복잡하게 따지느니 차라리 집값이 얼마냐를 기준으로 매기면 세금의 형평성 논란을 잠재울 수 있었다. 특히 그동안 종부세 연기론을 주장하는 측이 내세운 문제 중의 하나가 재산세 형평성 시비였기 때문에 통합과세안은 일단 연기론을 잠재우는 데 큰 효과가 있었다. 다만 세제 원리상 토지에 대한 과세를 건물보다 더 엄격하게 해야 하다는 문제는 장기적 검토과제로 돌리게 된다.

하지만 이후에도 종부세를 둘러싼 논쟁은 계속됐다. 두 번째로 떠오른 쟁점은 지방세냐, 국세냐 하는 문제였다. 종부세는 밑그림을 그릴 때부터 1차는 지방세로 시군구가 관할구역 내 부동산에 대해 낮은 세율로 매기도록 하고 2차는 개인이 보유하고 있는 전국의 부동산을 합산해서 일정 기준 이상 초과하는 부분에 한해 국세로 매기도록 설계했다. 그런데 이 안에 대해서도 합의점을 찾기가 쉽지 않았다. 가장 큰 반대논리가 "재산세는 지방세인데 왜 국가에서 거두느냐"는 것이었다.

결론은 2004년 9월 15일 열린 대통령 주재 국민경제자문회의 2차 부동산 정책회의에서 내려졌다. "기존 재산세는 지방세로 걷도록 하고, 일정액 이상 초과분에 대해 종합부동산세를 매겨 국세로 걷는다"는 당초 안대로 확정한 것이다. 집 부자의 기준은 국세청 기준시가로 6억 원 이상(이는 이후 여당인 열린우리당과 협의 과정에서 9억 원으로 완화된다), 당시 거래시가로 10억 원~12억 원 이상인 주택을 소유한 10만 명 정도로 하고, 0.12% 정도인 실효세율을 매년 20~30%씩 단계적으로 인상해 2008년까지 0.24% 수준으로 올리도록 했다.

"차(車) 떼고 포(包) 떼고 졸(卒)만 남았다."

심상정 민주노동당 의원은 정부와 여당이 확정한 종합부동산세 입법안에 대해 이렇게 표현했다. 심 의원이 종부세 입법안을 비판한 이유는 세금을 내는 대상이 턱없이 적고, 그조차도 빈틈이 너무 많다는 것이다. 종부세를 내려면 주택의 경우 국세청 기준시가로 9억 원이 넘어야 하는데, 실제 거래되는 시가로 치면 십 수억 이상의 주택을 가진 자만이 세금을 내게 된다. 그것도 세대별이 아니라 개인별로 합산한 금액이라 가구당 고가 주택을 몇 채씩 가지고 있더라도 개인 합산금액이 9억에만 미달하면 종부세 부과 대상에서 제외된다. 더구나 주택과 나대지, 사업용 토지가 따로따로 기준을 적용하고 있어 결국 부부가 100억 원의 부동산을 갖고 있더라도 각각의 기준선만 초과하지 않으면 종부세를 한 푼도 내지 않아도 되었다.

사정이 이렇다 보니 종합부동산세를 '종합구멍세'라고 비꼬는 언론도 있었다. 곳곳에 구멍이 뚫렸다는 말이다. 오마이뉴스는 11월 8일 자 기사에서 〈50억대 부자도 빠져나가는 종합구멍세〉라는 제목으로 정부의 종부세 기본 골격에 대한 민주노동당과 시민단체 측의 비판을 상세히 보도하기도 했다.

반면 보수언론은 부자들에 대한 징벌세라며 반발했다. 조선일보는 11월 5일 자 〈종합부동산세가 벌주는 몽둥이여선 안 돼〉 사설에서 정부와 여당의 종부세 입법안 합의에 대해 포문을 열었다. 이 신문은 또 종부세 도입을 반대하는 외부 인사의 기고와 토론회 기사를 잇달아 게재했다. 이들의 주장을 정리하자면, 종부세는 한 마디로 부자들이 열심히 일궈놓은 재산을 '빼앗는 세금'이다. 이런 인식은 다른 신문도 별반 다르지 않았다. 특히 11월 17일 자 한국경제신문은 강만수 당시 디지털경제연구소 이사장의 칼럼을 소개했는데, 그 제목은 〈질투의 경제학, 종합부동산세〉였다. 그는 이명박정부의 초대 기획재정부장관이 되어 종부세를 사실상 무력화시키는 일에 나서게 된다.

한쪽에서는 '구멍이 숭숭 뚫린 누더기세'라고 비난하고, 또 다른 한쪽에서는 '부자들을 벌주는 몽둥이세'라고 손가락질하는 종부세는 그렇게 좌우의 뭇매에 시달리면서도 끝내 국회 본회의까지 올라가고야 말았다. 그러나 정작 본회의에서 종부세 문제는 싱겁게 끝이 났다. 당시 사학법과 예산안을 놓고 여야가 첨예하게 대립하고 있었기 때문이다. 12월 들어 예산안 통과시한을 넘긴 것은 물론이고 본회의 개회 자체가 안 되는 상황이 계속되었다. 결국 12월 마지막 날, 시간상으로는 사실상 1월 1일에야 종부세는 국회 본회의를 통과한다.

그 뒤에도 종부세의 '운명'은 참으로 극적이었다. 2005년 들어 부동산가격이 또 오르기 시작하자 종부세는 8·31 대책을 통해 애초 정부 원안 수준으로 강화됐다. 부과 대상은 9억 원에서 6억 원으로, 특히 부과방식은 개인별 합산에서 세대별 합산으로 강화된다. 이 때문에 2004년 법률대로 부과된 2005년도 종부세는 5,300억 원에 그쳤던 데 비해 2006년 부과분은 1조6천억 원으로 대폭 늘었다.

종부세는 그러나 이명박정부 들어 6억 원이 9억 원으로 환원되고, 세대합산은 헌법재판소 위헌 판정을 통해 무효가 됐다. 징수액은 반 토막이 나고 말았다. 박근혜정부에 들어서도 민간임대주택의 공급을 늘린다는 명목으로 종부세 폐지론이 심심찮게 나오고 있다. 재산세에 통합하겠다는 것이다. 이 때문에 노태우정부 당시 개인별로 전국에 소유한 토지를 합산하여 과세했던 종합토지세보다도 못한 상태로 돌아가 버렸다. 하지만 부동산 경기부양을 이유로 취득세(거래세)를 대폭 인하한 데다, 종부세와 재산세마저 줄거나 제자리걸음을 하게 됨으로써 부동산 조세체계는 엉망이 되고 말았다. 지방세의 근간인 이들 재산과세가 부동산 경기부양과 부자감세를 이유로 그 기능을 잃고 만 것이다. '보유세 강화, 거래세 완화'라는 20년 이상의 사회적 합의가 무력화된 셈이다.

DTI 규제 좀 더 일찍 시행했더라면?

참여정부가 부동산정책과 관련하여 가장 후회하는 일 중의 하나는 부동산 부문으로 몰려드는 돈을 좀 더 일찍 제어했더라면 하는 것이다. 2006년 하반기에 집값이 재차 오르고 나서야 총부채상환비율(DTI) 규제를 시행했다고 알려졌기 때문이다. 그러나 사실 DTI는 그보다 6개월이나 앞선 2006년 서민 주거복지 증진과 주택시장 합리화 방안(3·30 대책)에서 확정했고 또한 전면 시행됐다. 다만 당시 DTI 규제에 대해서는 거의 모든 언론이 반대했고, 창구지도에 나선 금융당국도 이를 흐지부지되게 했던 것이다.

"연봉 5,000만 원이 안 되는 월급쟁이는 강남에 살 권리도 없단 말입니까?"

3·30 대책 발표 직후, 한 보수언론이 시민들의 반응이라며 인용한 구절이다. 정부가 부동산가격 안정을 위해 주택담보대출 한도 기준을 강화한 탓에 '월급쟁이들의 한숨이 깊어가고 있다'고 표현한 것이다. 또한 한나라당은 정부가 내놓은 대책이 실효성 없는 땜질 처방이라고 평가절하했다. 한나라당 재경위 소속 김양수 의원은 "중산층 이하 서민들의 내 집 마련 꿈을 원천봉쇄하는, 또 다른 사회양극화 심화 정책"이라고 주장했다.

국민일보는 〈사고팔고 짓지 못하게 해 집값 잡겠다?〉는 제목의 사설에서 다음과 같이 비난했다.

"강남권을 소득의 57%를 탈루하는 고소득 자영업자나 고위 공직자 등 특수 계층의 전유물로 만들겠다는 뜻인가. 주택정책에도 역발상이 필요하다. 수요만 억누르지 말고 공급을 확대하라."

조선일보 역시 〈연봉 1억 이하 근로자는 대출액 최대 80% 줄어〉라는 제목으로 중산층 봉급자의 피해에 초점을 맞추고 '서민피해론'을 들고 나왔다.

하지만 실상은 달랐다. 언론이 우려한 만큼 주택담보대출은 줄어들지 않았다. 오히려 더 늘기만 했다. DTI 40%를 적용한 4월 한 달 동안 은행권의 주택담보대출 잔액은 195조5175억 원으로 3월에 비해 무려 3조1716억 원이 증가했다. 한 달 새 3조 원이 증가하기는 10개월 만에 처음 있는 일이었다. 5월에는 더 많은 돈이 주택담보대출로 빠져나갔다. 은행권 가계대출 잔액이 이전 달보다 4조6000억 원이 더 늘어난 것이다. 이는 2002년 10월 이후 43개월 만에 최대 증가 폭이었다.

이렇게 주택담보대출이 급증한 데는 은행 등 금융권의 과당경쟁도 한몫했다. 금융권은 금리경쟁을 통해서라도 주택담보대출을 늘리려 애를 썼다. 주택담보대출만큼 확실한 수익이 보장되는 시장이 없었던 탓이다. 이 때문에 금융감독위원회와 금융감독원이 주택담보대출을 제한하는 조치를 수차례 발표해왔지만 은행들은 갖가지 편법을 동원해 영업을 확장해온 것이 사실이다.

이렇게 되자 금감원이 나서지 않을 수 없었다. 5월 16일 김중회 금감원 부원장은 정례 기자간담회에서 "대출 과열을 주도하는 은행을 현장조사 하겠다"고 밝힌다. 주택담보대출 규제조치가 생각만큼 효과를 거두지 못하고 있다는 의미였다. 금융감독원은 곧바로 시중 6개 은행의 실태를 점검하기 위한 특별검사에 돌입했다. 이들 은행은 3·30 대책 이후에도 금리인하 경쟁을 벌이며 주택담보대출을 늘려온 곳들이다. 특검 대상에는 6개 은행의 본점뿐만 아니라 강남권을 비롯한 경기도 분당·용인·평촌 등 집값 급등지역의 지점 14곳도 포함됐다. 통상 무작위로 조사를 벌여왔던 관례를 벗어난 이례적인 특검이었다. 금감원은 추가로 시중은행에 공문을 보내 주택담보대출 관련 규제사항의 철저 준수를 요구했다. 과열경쟁을 자제하고 대출을 받은 개인의 신용을 철저히 관리해 부실을 막으라는 내용이었다.

서민피해론, 관치금융 시비로 '적정 타이밍' 놓쳐

이처럼 금융감독원이 시중은행들의 주택담보대출 한도를 직접적으로 제한하는 창구지도에 나서자 언론은 일제히 '관치금융'이라며 비판하기 시작했다.

〈집값 대책 이번엔 관치금융인가〉 매일경제신문 6월 22일

〈금감원의 신관치?〉 한국일보 6월 23일

〈되살아난 관치금융〉 조선일보 6월 24일

〈금융당국의 무책임한 돈줄죄기〉 국민일보 6월 24일

〈시대 뒤떨어진 관치, 소신 없는 은행〉 경향신문 6월 27일

이런 여론 탓이었는지 금융감독 당국은 다시 감독의 끈을 느슨하게 만들고 말았다. 2006년 3·30대책으로 DTI를 도입했지만, 사실상 적용을 포기한 셈

이다. 그리고 이는 2006년 10월의 부동산가격 폭등을 부른 한 가지 원인이
되고 말았다. 2006년 11월에는 한 달 동안만 4조 원 이상이 빠져나갈 정도
였다. 이에 일일 대출금액을 점검하면서 새롭게 담보대출을 철저히 관리하기
시작했고, 2007년 부동산 안정을 위한 제도개편 방안(1·11 대책)에서 투기지
역 내 아파트 담보대출을 1인 1건으로 제한해 다주택자들이 더는 주택담보대
출을 할 수 없도록 막았다. 곧이어 참여정부의 마지막 부동산 종합대책인 주
택시장 안정과 주거복지 향상을 위한 공공부문 역할 강화 방안 및 주택담보대
출 여신심사체계 선진화 방안(1·31 대책)에서 투기지역과 투기과열지구의 DTI
를 40%로 묶어 돈줄을 죄었다. 정부의 대출 규제로 주택담보대출은 2007년
3월, 370억 원으로 급감했다.

2007년 초, 부동산 가격이 한풀 수그러지기 시작하자 노무현 대통령은 민
정수석실에 2006년의 부동산 금융문제에 대해 잘잘못을 따져보라고 지시했
다. 2005년 8·31 대책에서 이미 도입이 예고되어 있었고 2006년 3·30 대책
에서 구체적 추진을 발표한 DTI 규제가 왜 이행되지 않았는지가 핵심이었다.
민정수석실은 재경부, 금융감독위원회, 금융감독원, 한국은행, 청와대 내부
까지 모두 조사에 착수했다.

민정수석실이 내린 결론은 이랬다. 일차적으로는 금융감독 당국의 느슨한
관리와 안이한 시각이 문제라는 것. 조사과정에서 금융감독 책임자에 대한 경
질론이 청와대 내부에서 거론되었던 것은 그 때문이었다. 하지만 단지 금융감
독의 책임만 물을 수는 없었다. 재경부는 경기 걱정, 수출 걱정으로 금리를 올
리거나 유동성을 조이는 데 소극적이었고 한국은행 입장에서는 경기를 고려
하느라 부동산대책에 미온적일 수밖에 없었다. 청와대는 이들 전반을 조율했

어야 했지만 타이밍을 놓치고 말았다. 모두 자기 시각에서만 충실했던 것이다. 이런 이유로 결국 최종 책임은 청와대의 정무적 판단에 있었으므로, 관련 기관 책임자들에 대한 문책성 인사는 하지 않기로 결론 내렸다.

물론 미국의 서브프라임 모기지 사태에서도 알 수 있듯이, 미국의 중앙은행조차 부동산으로 과도한 자금이 쏠리는 것을 제어하지 못했다. 세계 각국이 과잉유동성 하에서 부동산 거품이 누적되는 것을 막지 못했던 것이다. 우리나라는 그런 기준에서 보면 그나마 선방했다고 할 수는 있으나 타이밍 상으로 안타까운 점이 있었다. 노무현 대통령이 수차례 부동산 문제로 아쉬움을 표시했던 것도 바로 그 때문이었다.

VI : 참여정부 부동산정책의 공과 바로 보기

참여정부가 역대 어느 정부보다 부동산 안정을 위해 공을 들인 정부임에는 분명하지만 국민의 평가는 냉정하다. 무엇보다 일부 지역의 집값이 너무 올랐고 그로 인한 박탈감이 확대되었다는 것이 핵심이다. 물론 개별 정책들에 대해서는 여전히 지지할 뿐 아니라 얼마나 어려운 과정을 거쳐 도입했는지 아는 사람들도 많다. 시장을 투명화한 것이나 공공임대주택을 확대한 데 대해서는 많은 사람이 높게 평가하고 있다. DTI를 강력히 시행함으로써 더 큰 부동산 거품을 막았다는 점에 대해서도 그러하다.

전반적으로 전문가들의 평가에서는 여전히 공과가 교차하고 있다. 비록 참여정부 기간에 더 강력하게 하지 못한다는 비판을 했지만, 시민단체나 진보적 학계에서는 어떻든 참여정부의 정책 방향은 옳았다고 보고 있다. 특히 보유세를 강화하려는 정책이나 부동산을 경기부양 수단으로 사용하지 않으려 했다는 점을 높게 평가한다.

반면 참여정부 기간에도 반시장적 정책이라고 비난을 계속했던 보수언론과 학자들은 총체적으로 문제가 있다고 본다. 투명화나 주거복지 향상을 위한 노력은 평가하지만 강남권 등의 공급 억제, 세제 대폭 강화 등의 조치는 강하게 비판하고 있다.

이처럼 참여정부 부동산정책에 대해서는 평소의 가치관, 부동산을 보는 관점 등에 따라 확연히 구분되는 두 가지 시각이 있다. 어느 편에 서느냐에 따라 참여정부 정책은 '무언가를 해 보려 했으나 성과가 만족스럽지 못한 것'이 될 수도 있고, '애초 잘못된 방향과 정책'이 될 수도 있다. 그렇다면 실제 정책을 만들고 집행한 내부자들은 어떻게 생각하고 있을까? 대부분 '공과(功過)가 함께 있다'고 보는 것 같다.

참여정부 부동산정책, 무엇이 공(功)이고 무엇이 과(過)인가

우선 공을 내세워 보자. 첫 번째 성과로 부동산 경기부양책을 쓰지 않은 점을 꼽을 수 있다. 대한민국 부동산 문제가 고질병으로 자리 잡은 데에는 역대 정부가 불황 때마다 부동산을 통해 경기부양을 시도했던 것이 가장 큰 이유다. 경기를 살려보겠다고 부동산 규제를 완화하고 투기를 조장했던 정책이 부동산가격 폭등의 단초로 늘 작용해왔다.

참여정부는 카드대란과 북핵 위기라는 내우외환을 겪는 과정에서도 경기부양의 유혹이 적지 않았다. 장기간 지속하는 내수침체의 절박함이 정부 당국자들을 고뇌에 빠뜨렸지만 어떻든 '인위적인 경기부양은 없다'는 원칙을 지켜 냈다. 물론 이헌재-이정우 논쟁처럼 정부 내에서도 일관성이 없었던 시기가 있었기 때문에, 그 원칙을 지키는 과정이 험난했던 것도 사실이다.

구체적인 정책 가운데 가장 눈에 띄는 것은 시장투명화 시스템의 구축이다. 실거래가 신고 의무화와 부동산 통계시스템 구축은 부동산 거래시장을 투명 하게 만드는 데 결정적인 기여를 했을 뿐 아니라 정부의 부동산정책이 난관에 부딪힐 때마다 국민 여론을 환기하는 돌파구 역할을 톡톡히 해냈다.

부동산 세제개혁과 개발이익 환수장치를 마련한 점도 분명 돋보이는 정책 이다. 부동산 세제개혁은 그동안 숱하게 용두사미에 그쳐온 과제를 해결했다 는 사실만으로도 충분히 평가받을 만하다. 과표와 세율을 현실적으로 조정했 고 보유세를 강화하는 동시에 거래세를 낮춘 것은 부동산 시장에 합리적인 원 칙을 세웠다는 점에서 특기할 만한 성과다.

공공임대주택 등 주거복지정책을 대폭 강화한 일은 획기적이었다. 기존 주 택을 매입 또는 임차해서 공공임대주택으로 활용한 방식도 중요한 성과였 다. 참여정부 임기 동안 공급된 서민용 장기임대주택은 50만 호가 넘어, 역 대 정부가 지은 것을 다 합쳐도 이에 못 미친다. 참여정부의 공공임대주택정 책은 이후 부침이 있기는 했으나, 주거복지정책에 관한 일종의 표준으로 자 리 잡았다.

반면 참여정부 초기 부동산정책의 어려움은 전임 김대중 정부의 경제 살리 기 정책에서 이미 예고되어 있었다. 외환위기 이후 심각한 경제난에 대처하 기 위해 부동산과 관련된 규제를 모두 풀어둔 상태였다. 위축됐던 주택수요도 빠르게 회복되는 중이었다. 기본적으로 부동산정책 환경이 어려웠던 것이다.

그러나 무엇보다 '저금리 상황의 엄청난 유동자금'은 참여정부 부동산정책의 최대 딜레마였다. 세계적 저금리 추세에다 부진한 경기, 환율문제 등으로 금리나 유동성에 손댈 수도 없고, 그렇다고 그 수단을 빼고 수요-공급대책을 세우자니 한계가 있을 수밖에 없어 아슬아슬한 줄타기가 참여정부 내내 계속됐다고 볼 수 있다. 더구나 기존의 경제정책 라인은 부동산 문제보다는 경기 문제에 더 집착해 있었고, 금융감독 당국은 유동성의 쏠림현상에 눈감아버렸다. 이를 정무적으로 제어해야 할 청와대는 시기를 놓쳤다.

정책 간의 충돌도 효과를 반감시키고 혼선을 불러일으켰다. 부동산 투기 억제책을 내놓는 한편으로 기업도시, 혁신도시와 같은 각종 개발정책을 추진함으로써 투기 심리를 자극하는 부작용을 낳았다. 철저한 불로소득 환수장치 없이 추진된 개발정책은 참여정부 부동산정책의 기본 원칙에 모순되는 결과로 작용했다. 중앙정부와 지방자치단체 간의 불협화음도 집값 안정에 악영향을 끼쳤다. 강남권의 저항은 둘째치고라도 서울시의 뉴타운 개발이나 상암·뚝섬지구 등의 개발사업이 수도권 서민들의 불안감을 끊임없이 자극하는 상황에서도 적절한 대응과 협조를 끌어내지 못한 점은 시장의 혼란을 부추기는 데 일조했다.

이러한 결과로 시장 심리를 안정시키는 데 실패했다. 아무리 정책 의도가 좋고 잘 설계되었다 하더라도 시장에서 이를 불신한다면 그 정책은 효과를 거둘 수 없다. 객관적인 시장 환경이 매우 어려운 조건이었기 때문에 심리적 동요를 어떻게 진정시키는지가 특히 더 중요했다고 할 수 있다. '강남불패와 대통령 불패'를 비교하며 특정 지역을 강조한 것이 편 가르기 식 반론의 빌미를 제공한 측면도 있었다. 나아가 보수언론들의 반응은 심리적 안정과는 거리가 멀었다. 경제의 반은 심리라는데, 참여정부는 내내 부동산정책의 '역 심리전'과 싸워야 했다. 이들은 매일 아침 참여정부 부동산정책은 머지않아 원상회복될 것이라는 바람을 불어넣기에 바빴다.

이와 함께 참여정부의 정치적 입지 역시 정책효과를 떨어뜨렸다. 국회가 대통령 탄핵을 의결할 정도로 위기에 처했던 참여정부는 임기 내내 정치적으로 어려움을 겪었다. 17대 대통령선거가 있기 1~2년 전부터 사실상 정권 교체를 예상하며 시장은 오히려 한나라당의 부동산정책에 주목하고 있었다고 해도 과언이 아니다. 세금 부담이나 개발이익환수정책도 몇 년 만 기다리면 된다는 식이었다.

역설적으로 부동산정책에 대한 불만이 정치적 지지를 더 낮추고, 이것이 다시 부동산정책에 대한 신뢰를 떨어뜨리는 악순환이 나타났다. 강남 부동산가격 폭등에 상심한 서민들이 등을 돌리고, 집값이 오른 중산층들은 늘어난 세금 부담에 화를 내는 상황이었던 것이다. 어떤 면에서는 전강수 교수가 설명하듯, '정책의 실패가 아닌 정치의 실패'가 참여정부 부동산정책에 대한 평가를 규정하고 있다 하겠다.

시장개혁과 주거복지 구현 vs. 과잉유동성 관리와 '부동산 정치'의 한계

우리나라의 부동산정책은 대대적인 가격 상승기에 발전해왔다. 3저 호황과 임금상승에 따른 구매력 향상이 뒷받침했던 1990년 전후의 부동산가격 상승기에는 이른바 '토지공개념'이 발전했다. 정부가 토지공개념위원회를 설치하고 토지공개념 3법을 제정했으며, 영구임대주택이 도입되는 등 최초로 주거복지정책이 시행되었다. 시차가 있기는 했지만, 당시 서울 인구의 10%

정도를 수용할 수 있는 대규모 신도시를 수도권에 건설함으로써 이후 7~8년은 안정기에 들어섰다는 평가를 받고 있다. 당시 우리 사회가 공론화했던 토지공개념은 15년이 지난 참여정부에서까지 현재적 의미를 가질 정도로 수준이 높았다.

참여정부 기간에는 세계적인 저금리 추세가 가져온 과잉유동성, 외환위기 이후 위축되었던 소비의 회복, IT산업 활황에 기반을 둔 고액소득자 증가 등이 부동산가격 폭등을 견인했다. 그런데 이때의 시장 상황은 15년 전 노태우정부 기간과 달리, 자본자유화에 따른 세계적 유동성 동조현상이 큰 특징이었다. 또한 실물경제가 침체해 있었기 때문에 은행들이 가계부문에 대출을 늘리는 경향이 컸다.

그런 한편, 부동산 시장 인프라는 노태우정부 당시에 비해 크게 달라지지 않은 상태였다. 거래 투명화, 보유세 수준은 여전히 후진적인 상태였으며, 토지공개념 3법은 한시적으로 명맥을 유지하던 개발이익환수를 제외하면 이미 폐지되어 있었다. 더구나 김대중 정부 당시에 경기부양을 목적으로 각종 부동산 규제를 대부분 풀어둔 상태였다.

따라서 참여정부는 먼저, 역대 정부가 이미 완성했어야 할 부동산 시장개혁과 주거복지 확대를 일차적 과제로 설정한다. 2003년 초 인수위 당시 '시장투명화, 보유세 강화, 국민임대주택 확대'를 중점과제로 설정한 것이다. 이 기조는 이후 2003년 주택시장안정 종합대책(10·29 대책), 2005년 서민주거 안정과 부동산 투기 억제를 위한 부동산제도 개혁방안(8·31 대책)에서도 근간을 이루며 확대·강화되어 갔다. 그런 점에서 참여정부는 우리나라 부동산정책 40년간 완료하지 못했던 시장개혁과제를 강력하게 추진했다는 성과를 이뤘다. 주거복지정책 역시 집중적인 투자와 함께 한국형 모델을 정립하는 데 크게 기여했다. 이후 정부의 표준을 수립했다 해도 과언이 아니다.

그러나 과잉유동성 문제는 적기에 대응하지 못했다. 이미 세계적으로 부동산 버블이 확대되어 참여정부 중반기에 이르면 다양한 경고신호가 나타나고 있었지만, 우리는 '경기부양과 수출증대'에 발목이 잡혀 유동성을 적절히 제어하지 못했다. 다시 말해 세제, 공급, 주거복지와 같은 전통적인 개혁과제는 강력히 추진했지만, 거시경제와 부동산 시장의 관계는 지나치게 보수적으로 접근했다고 할 수 있다. 청와대의 부동산정책 담당자들도 보유세 강화, 개발이익환수, 주거복지 진전과 같은 개혁과제를 완수하는 데 보다 집중한 경향이 있다.

아울러 주택공급에 대한 확신을 심어주지 못한 점도 아쉽다. 지금 판단하면 시간이 걸리더라도 충분한 공급이 분명 가능했으나, 당시에는 공급부족론을 잠재우지 못했다. 일부 언론과 전문가들이 보인 선정성에도 책임이 있지만 이를 적절히 견인하지 못한 것은 참여정부의 한계라고 하지 않을 수 없다. 말하자면 '부동산 정치'를 무리 없이 풀어나가지 못했다.

정책 일관성 유지하며 시장변화에 대응… '이중적 욕구' 소화해야

참여정부 부동산정책은 특정 정부의 특정 시기에 국한된 정책이 아니다. 당시 상상할 수 있었던 모든 정책을 테이블에 올려두고 여러 부처가 몇 날 며칠을 함께 고민해서 만든 정책들이다. 심지어 일반 국민까지 참여하고 토론했으며, 공론조사 결과를 반영했다. 정책을 둘러싼 관점 차이는 언론이나 학계를 통해 논쟁을 거듭하면서 더욱 정교해졌다. 그 때문에 엄청난 사회적 비용이

지출된 이들 정책의 공과에서 우리는 소중한 교훈을 얻어야 한다.

가장 중요한 교훈은 부동산정책이 예측 가능하며 일관성 있어야 한다는 점이다. '나쁜 정책보다 더 나쁜 정책은 일관성이 없는 정책'이라 할 수 있다. 일관성 없는 정책은 버티면 된다는 식의 정책불신을 만성화시킨다. 정부가 집값 하락을 못 견딘다는 믿음이 생겨버리면 부동산은 영원히 불패신화로 남게 되는 것이다. 물론 부동산가격이 폭등하는 시점과 폭락하는 시점의 정책이 같을 수는 없다. 경기상황에 따라 바뀔 것은 바뀌어야 한다. 정책 일관성을 판단하는 잣대는 바로 부동산을 '인위적인 경기 살리기'의 불쏘시개로 쓰는지 아닌지에 있다. 역대 정부 정책을 돌아보면 부동산을 이용해서 여러 차례 인위적인 경기부양 시도가 있었고 끝내 그 심각한 부작용을 경험한 바 있다.

참여정부 부동산정책 경험의 두 번째 교훈은 시장환경 변화를 심각하게 인식해야 한다는 점이다. 부동산은 이제 주식처럼 매우 변동성 높은 투자수단이 되었다. 더구나 자본시장이 전 세계적으로 통합되면서 각국의 부동산 시장이 연동되는 현상이 나타났다. 부동산은 그 자체의 수요-공급 논리를 넘어 유동성에 따라 춤을 추는 변동성에 노출되었다. 인구구조, 가구 형성, 고용상황 등 본원적 수요 요인보다 '거대한 돈 흐름'에 따라 시장이 출렁이게 된 것이다. 이제 부동산정책은 이런 변화를 읽고 대응해야 한다. 무엇보다 부동산 시장이 주는 경기부양 착시효과에 주의해야 한다.

또 한 가지 교훈은 부동산정책이 갖는 정치적 성격에 대한 이해이다. 부동산은 우리 가계자산의 70~80%가 잠겨 있는, 그야말로 보통 가정의 전 재산이다. 그만큼 부동산가격은 올라서도 안 되지만 동시에 내려서도 안 되는 '내전 재산'이다. 국민이 개혁을 이야기하면서도 현상유지에 집착하는 묘한 영역이 바로 부동산이다. 보유세 강화는 20년 넘은 사회적 합의였다지만 막상 종부세조차 지켜내기가 쉽지 않았다. 여기에는 상위 10%가 90% 이상의 여론을 독점하는 여론시장 구조가 자리하고 있지만 부동산에 대한 국민의 이중적 욕구와 감정도 숨어 있다. 이 미묘한 정서를 인정하면서 부동산정책의 개혁을 달성할 수 있어야 한다.

6장

: 동북아시대 구상과 한미 FTA

김양희 | 대구대 교수, 경제학 |

필자는 동북아구상을 주관하기 위해 설립된 동북아경제중심추진위원회에 2003년 4월부터 2004년 9월까지 파견되어 초반기 대외협력구상을 정립하는 데 일조했다. 이후 2005년 5월부터 12월까지는 대통령자문기구이자 헌법기구인 국민경제자문회의 사무처에도 파견되어 FTA 관련 업무에 관여하였다. 이 글은 역사의 뒤안길로 사라진 참여정부의 '동북아시대구상(이하 동북아구상)'의 수립과 추진 과정에 참여한 한 내부자의 시각에서 그 기록을 남기고 공과를 성찰하는 글이다.

필자는 이전에도 2005년과 2008년 두 번에 걸쳐 동북아구상에 관해 평가한 적이 있다. 첫 평가는 당시 동북아시대위원회에서 파견근무할 때 노무현 정부 2주년 평가의 일환으로 한 김양희(2005a) 및 김양희(2005b)로, 참여정부에 대한 자부심이 섞여 긍정적인 기조의 평가를 내렸던 것으로 기억한다. 2008년의 김양희(2008)에서는 본인을 포함한 참여정부 지지자들의 거센 반발에도 불구하고 한미 FTA를 밀어붙인 노무현 대통령에 대한 서운함이 밴 탓인지 다소 부정적인 평가를 내렸다. 이번 글은 세 번째 평가가 되는 셈인데 이전 평가 때와 다른 상황이 나라 안팎에서 펼쳐지고 있으므로 이를 반영한 시각에서 평가하려 한다.

무엇보다도 참여정부의 5년 임기가 종료되고 그 갑절의 시간이 흘러 보다 객관적인 평가의 여건이 조성되었다. 2012년 3월에는 우여곡절 끝에 한미 FTA가 발효되어 루비콘강을 건너고 말았다. 나라 밖으로는 2015년 후반기를 맞은 현재까지도 냉엄한 동북아 정세가 이어지고 있다. 따라서 당시의 사실관계의 기술은 이전 글에 의존하나 그에 대한 해석과 평가는 현 시점에서 재조명될 것이다. 이전 평가 때는 없었던 한미 FTA에 대한 평가도 동북아구상 실현이라는 맥락에서 추가한다.

이제 동북아구상에 대해 다음의 세 가지 질문을 던져 보자. 첫째, 참여정부가 국정목표로 제시한 '평화와 번영의 동북아시대' 구현은 적확한 방향설정이었나? 둘째, 이를 위한 실현 가능한 추진전략과 과제를 제시하고 집행했는가? 셋째, 그에 적합한 조직 및 인적 구성이었는가? 이러한 질문에 기초하여 동북아구상이 남긴 공과를 평가해 보기로 하자.

I : 국정목표로 제시된 '동북아시대'

2003년 출범한 참여정부는 '평화와 번영의 동북아시대' 구현을 위한 이른바 '동북아시대구상'을 '국민과 함께하는 민주주의', '더불어 사는 균형발전 사회'와 함께 3대 국정목표 중 하나로 내걸었다. 대통령직인수위원회(이하 인수위)는 3대 국정목표를 "5년간 지속적으로 추구해 나갈 가치이자 지향점이다. 이는 시대적 소명과 국민의 요구를 담고 있으며 모든 분야별 정책의 최고

목표가 될 것이다"라고 밝혔다(대통령직인수위원회, 2003). 이렇듯 '평화와 번영의 동북아시대' 구현은 참여정부의 각 분야별 12대 국정과제를 아우르는 국정철학으로 자리매김되었다.

대통령직인수위원회(2003)는 한국이 한반도의 지정학·지경학적·지문화적 이점을 활용하여 한반도의 평화를 이루어내고 내부역량을 강화하는 동시에 평화와 번영의 동북아 시대를 열어 가는 데 주도적 역할을 다하면 우리가 변방에서 중심으로 거듭나는 새 역사가 열린다고 역설한다.

동북아시대 실현이 3대 국정목표 중 하나로 제시되었다면 이에 대한 평가 시 다음의 질문을 던져야 한다. 첫째, 무엇보다도, 이 국정목표의 설정이 제대로 방향을 잡은 것인가이다. 왜 '동북아'이고, 왜 '평화와 공동번영'인지 물어야 한다.

참여정부가 국내문제에만 매몰되지 않고 '평화와 번영의 동북아 시대' 추구라는 지역전략을 3대 국정목표중 하나로 제시한 것은, 동북아를 사상하고는 우리의 미래를 상상하기 힘들다는 상황인식에서 출발한다. 동북아란 지역은 위협과 기회가 공존하는 독특한 공간이다.

지정학적으로 이 지역에는 냉전시대 양 진영을 대표하며 지구를 양분했던 패권국들이 모여 있어, 이들 간의 갈등은 한반도를 지금껏 세계 유일의 분단국가로 만들었고 체제 여하를 불문하고 인접국들은 여전히 영토분쟁과 역사갈등이라는 전근대적 유산을 청산하지 못한 채 반목을 거듭하고 있다. 이러한 상황에서 한국이라는 나라가 독자적으로 할 수 있는 것은 그다지 많지 않다.

지경학적으로는 어떤가. 냉전해체 이후 동북아 지역의 경제협력 공간이 러시아와 중국이라는 거대경제권으로까지 대폭 확대됨에 따라 동북아 나아가 동아시아가 세계 경제성장의 견인차로 부상하였다. 이를 방증하듯 전 세계가 앞 다퉈 이 지역과의 경제협력을 활성화하고 있어 앞으로도 무한한 발전이 기대된다. 이미 일본을 위시한 한국, 중국 등 역내 주요국의 국민경제의 외연이 동북아로 확대되어 상호의존도는 점차 높아지는 추세다. 이 분야에서는 동아시아에서 경제규모 3위에 이르는 한국이 영향력을 발휘할 여지가 보인다.

이처럼 동북아의 지정학적 특성에 기인하는 외교안보적 불안정성으로 인해 국가간 협력이 외교안보분야에서는 제한적인 반면 경제분야에서는 이러한 현실을 반영하여 정부간 협력보다 민간 기업에 의한 시장주도 경제통합이 앞서고 있다. 바꿔 말하자면 국가간 긴장이 완화되어 정부 간 협력이 증대되고 제도화된다면 동 지역의 발전 잠재력이 현실화될 가능성은 한층 높아진다.

동북아의 지정학적 특성에만 주목하면 우리는 강대국 사이에 끼인 약소국의 숙명이려니 체념할 수밖에 없다. 이러한 상황인식하에서는 당연히 우리의 미래를 스스로 개척하기 힘들고 우리의 운신의 폭은 좁아진다. 하지만 그러한 지정학적 질서가 초래한 한반도의 분단과 고착화된 안보불안으로 인한 불이익을 고스란히 입게 되는 나라가 바로 우리 당사자다. 따라서 동 지역의 또 다른 얼굴인 지경학적 특성에 착목하여 우리가 그나마 비집고 들어갈 틈을 만들고 거기에서부터 강고해 보이기만 하는 지역 질서에 균열을 내고 변화를 이끌어 보자는 것이었다.

동북아구상이라는 국정목표는 한국이 처한 동북아의 지경학적 특성을 적극 활용해 지정학적 당면 과제를 주도적으로 해결해 우리 스스로 미래를 개척하겠다고 야심차게 선포한 것이라 할 수 있다. 그러니 주변 강대국이 이 당돌해 보일 법한 구상에 떨떠름한 반응을 보인 것은 이미 예견된 것이었는지 모른다. 문제는, 그럴 만한 역량이 우리에게 있었는가 하는 점으로, 이는 자연스럽게 다음의 질문으로 이어진다.

국정목표란 정부의 국정철학을 집대성한 포괄적이고 추상적인 최상위 목표이므로 이는 보다 구체적이고 현실적인 국정과제로 제시되어야 한다. 따라서 두 번째로, 어떤 국정과제가 하위목표로 제시되었는지, 그것을 실현하기 위한 전략과 로드맵이 있었는지 살펴볼 필요가 있다. 이것은 모두에서 밝힌 동북아구상을 평가하는 세 가지 기준 중 두 번째인 국정목표 실현의 전략을 평가하는 현실적인 잣대라 하겠다.

대통령직인수위원회(2003)에 국정목표인 '평화와 번영의 동북아 시대'는 12대 국정과제 중 '동북아 경제중심국가 건설'과 '한반도 평화체제 구축'이라는 하위목표로 드러나 있다. 이 중 전자는 참여정부 직전의 김대중 정부에서 내건 '동북아 비즈니스허브 전략'의 연장선상에 있는 것으로, 중국과 일본 사이에서 소위 '넛크래커'에 끼인 한국경제에 대한 처방전으로서 경쟁력 강화에 주안점을 둔 국내 발신용 메시지다. 바꿔 말하자면 우리 단독으로도 어느 정도 달성할 수 있는 것이다. 반면 후자는 한국의 독자적 역량으로는 해결이 어려워 절대적으로 다른 나라들과의 협력에 방점이 찍힌 대내외 발신용 메시지다. 새 정부의 인수위 단계에서 하나의 상위목표 실현을 위해 언뜻 상승작용의 여지뿐 아니라 상충의 소지도 있을 법한 두 개의 하위목표가 나란히 제시되었다.

2003년 2월 25일의 참여정부 대통령 취임식에서 노무현 대통령은 한반도가 동북아의 중심에 자리 잡고 있어 21세기 동북아 시대의 중심적 역할을 하는 것이 시대사적 요구라고 역설하였다. 대통령은 그 종착역으로 동북아 물류와 금융의 중심지로의 도약을 제시하고 동북아 시대가 경제에서 출발해 번영의 공동체를 이룩하고 이것이 세계의 번영에 기여하며 궁극적으로 지금의 유럽연합과 같은 '평화의 공동체'로 발전해야 한다고 강조하였다.

하지만 이때도 동북아구상의 핵심을 이루는 국민경제의 '내부역량강화'와 역내국들의 '공동번영'이, '평화'와 '번영'이 단계적으로 접근하는 것인지, 병행전략인지는 명확하지 않았다. 대통령의 국정철학을 응축해 보여주는 대통령직인수위원회 보고서와 대통령취임사에서도 동북아시대 구현이라는 국정목표가 구체적으로 어떤 전략과 로드맵을 통해 구현되는지에 대한 궁금증은 해소되지 않았다.

왜 이런 현상이 발생한 것일까? 이에 대해 다음의 두 가지를 이유로 들 수 있겠다. 첫째, 집권여당의 정권 재창출을 위한 조직적·인적 준비가 미흡했기 때문으로 풀이된다. 2002년 대선 당시 노무현 후보의 당선을 예측한 이는 극소수에 불과해 대선 이후에라도 대선캠프를 주축으로 소위 '그림자 내각(shadow cabinet)'을 신속히 구성해 집권플랜을 마련하는 것이 쉽지 않았다. 마키아벨리의 '군주론'에 빗대어 말하자면, 정권재창출이라는 행운(fortuna)은 찾아 왔건만 그에 걸맞은 역량(virtu)은 아직 미흡했던 것이다. 보다 근본적으로는 이전 정부인 김대중 정부의 여당 민주당은 최초로 정권을 창출한 범진보진영의 정당으로서 차기집권에 대비할 만한 수권정당으로서의 면모를 제대로 갖추고 있지 못했다.

둘째, 그러다보니 대통령의 애초 동북아구상과 상충의 여지가 있는 재정경제부 주도의 동북아경제중심전략이 국정과제로 편입되어 어정쩡한 동거상태가 된 것이다. 이는 대통령의 핵심참모들 또한 이 구상에 대한 사전 준비가 미

흡했음을 시사한다. 관료조직은 정부의 이념지향 변화에 따른 불확실성을 최
소화하면서 그들의 지대를 추구하는 이해집단이자 정책에 관해서는 노련한
전문가집단이다. 인수위 참여인사들은 이들에 비해 경험이 미숙해 관료들에
대한 확고한 장악과 명확한 과업지시가 쉽지 않았을 것으로 보인다. 결과적으
로 이후 동북아구상의 궤도수정에 이르는 원인을 제공하게 되었다.

II : 동북아대외협력의 틀을 잡다

참여정부는 집권직후인 2003년 4월 7일 동북아구상을 실현하기 위한 조
직체로서 대통령자문기구인 '동북아경제중심추진위원회(이하 경제중심위원회)'
를 설립하여 구상의 구체화 작업에 나서게 된다. 이 명칭은 그나마 '동북아
중심추진위원회'라는 명칭이 적지 않은 비난에 직면하여 한 발 후퇴한 것이
나 이후 대내외적으로 아제국주의 발상을 드러낸 것이라는 비난의 화살을 받
게 된다.

대통령은 대기업 CEO 출신인사를 비상근위원장으로 위촉하고 각 분야 전
문가를 위원으로 하는 한편 위원회의 상근조직인 기획조정실을 만들어 청와
대 동북아비서관을 상근 기획조정실장으로 임명하였다. 기획조정실은 재정
부, 산자부, 해수부 등 유관부처로부터 공무원을 파견 받는 한편 필자와 같
은 국책연구원 등 소속의 40대 소장 연구자들을 상근전문위원으로 파견 받
아 업무를 시작하였다.

2003년 5월 국정과제위원회 워크샵을 개최하기 전까지 위원회는 크게 동

북아 금융 비즈니스 허브 추진, 물류 중심, 동북아 R&D 허브 구축, 외국인투자유치, 남북대외협력 등 5개의 분과 및 전문위원회로 구성하여 골격을 갖춘다. 이는 인수위 당시 각 분과에 산재해 있던 협력사업을 '남북대외협력'이라는 독자적 영역 아래 모은 것이다. 동시에 인수위의 '인천, 부산, 광양을 각기 지역균형발전거점으로 육성'한다는 큰 틀의 방향성도 계승하였다. 즉 독자적 분과로서 남북대외협력이 만들어지긴 했으나 여전히 동북아경제중심 추진이 주된 목표였고 전자는 후자를 위한 외적환경 조성의 맥락에서 자리매김된 것이다. 위원회의 골격이 갖추어진 이후 위원회의 각 분과는 본격적으로 향후 사업구상 및 추진과제 도출을 위한 작업에 착수한 가운데 남북대외협력분과도 동북아대외협력구상안을 마련하여 2003년 7월 30일 국정과제회의에서 대통령에게 첫 보고를 하였다.

이렇게 하여 칸트의 영구평화사상에 바탕을 두고 오늘날의 유럽연합(EU)으로의 대장정의 출발점이 된 '슈만 플랜(Schuman Plan)'과 서유럽 재건의 물적 토대가 된 '마샬 플랜(Marshall Plan)'의 기본 아이디어를 빌려와 평화와 번영의 선순환구조 창출과 단계적 심화발전과정을 설계한 '동북아대외협력구상'을 정립하게 되었다.

〈표 6-1〉에서 보듯이 '슈만 플랜'이란 두 차례의 세계대전을 치를 만큼 오랜 앙숙이었던 프랑스와 독일이 전쟁재발 방지와 핵심군수물자이자 기간산업인 석탄철강산업의 발전을 연계하여 '유럽석탄철강공동체(European Coal and Steel Community)'를 출범시켜 유럽통합의 발판으로 삼았던 대외정책의 구상을 일컫는다. 이를 주창한 당시 프랑스 외무장관 이름을 따 '슈만 플랜'이라고 한다.

〈표 6-1〉 동북아협력 구상과 슈만 플랜 및 마샬 플랜의 비교

	동북아협력구상	슈만플랜	마샬플랜
특징	정치적 안정과 경제적 발전을 연계한 지역협력		
주요 사업	경제협력 (북한 연계 사회간 접자본) 및 경제공동체 형성지 향, 북한 등 낙후지역 개발	초국가적 석탄철강 공동체 (ECSC) 결성 (석탄철강 공동관리)	서유럽경제 재건
주도국	역내(韓·中·日·러)	역내(佛·獨)	역외(美)
시대적 배경	역내 긴장완화와 동북아 공동번영 기틀 마련 시급	2차대전후 역내 정치적 안정과 경제부흥이 긴요	2차대전후 사회주의권에 대항 하기 위한 서유럽의 응집 필요
정치적 목표	한반도 긴장완화, 역내 화해·평화 정착	역내 화해·평화 정착	서유럽의 자본주의 체제 공고화
경제적 목표	지역통합 및 경제개발 지원	안정적 자원확보 및 지역통합	경제개발 지원

자료: 동북아경제중심추진위원회(2003)

〈표 6-1〉에서 보듯 서유럽경제 재건의 주요 물적 토대가 된 '마샬 플랜'은 동북아 구상에서 역내국간 협력을 통해 북한을 위시한 동북아 낙후지역의 개발자금을 조성하는 사업의 모티브가 되었다. 단, 당시 마샬 플랜은 미·소 냉전구도하에서 미국이 서유럽이 소련의 영향권 하에 놓이는 것을 방지하고자 서유럽을 공간적으로 묶어 자본주의 체제를 공고히 하려는 의도가 강했던 반면, 동북아의 그것은 한반도의 긴장완화와 역내 낙후지역 개발 지원을 위한 초석 다지기의 의의가 더욱 컸다는 중요한 차이점이 있다. 이러한 서유럽의 경험을 원용하는 과정에서 한국은 절대적으로 북한 및 중국, 일본, 러시아 등 주변국과 공동의 리더십 발휘 뿐 아니라 미국과의 협력이 불가피하다는 점을 명확히 하였다.

이리하여 〈그림 6-1〉과 같은 기본틀을 세우고 〈표 6-2〉에서 보듯 동북아

협력 구상의 3대 추진원칙, 4대 추진전략 및 9대 과제로 체계화한 '동북아대
외협력 구상'이 정립되었다. 이로써 남북대외협력사업은 비로소 내부 역량강
화를 위한 수단이 아닌 독자적인 대외전략으로 대통령에게 각인되었고 대통
령의 호응에 힘입어 위원회는 의욕적으로 대외협력의 청사진을 마련하였다.
이 구상은 동북아시대위원회 이후에도 기본적인 인식 틀로 작용하게 되었다.

〈그림 6-1〉 동북아협력 구상의 기본틀

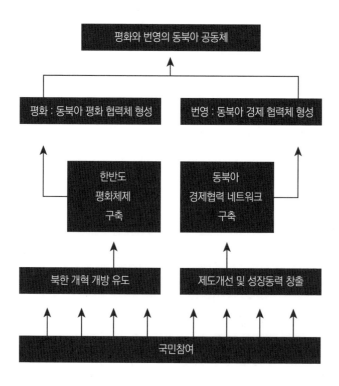

〈표 6-2〉 동북아경제중심추진위원회 시기의 동북아협력 구상의 개요

추진목표		평화와 번영의 동북아공동체 건설
3대 원칙	평화지향	한중일 간 평화기조 정착에 기여
		북한을 점진적 개혁개방으로 유도
	호혜주의	관련국 모두에게 이득이 되는 공존공영 지향
		역내공동의 사회간접자본 구축
	열린 지역주의	미국, EU 등 전통우방과의 관계중시
		WTO 원칙에 부응하는 공동체 형성
4대 추진 전략	공존공영을 위한 한국의 리더십 발휘	선도적 비전제시와 사업추진으로 주도력 확보
		패권의 역사에서 협력의 역사로의 전환 위한 동반자 관계 구축
	한반도문제를 동북아 공통현안으로 부각	다자틀 내에서 한반도 평화기조 정착
		북한이 동북아 경제협력 네트워크에 참여토록 경협 사업 설계
	점진적 단계적 접근	경제협력→ 경제통합
		기능적 협력→제도적 통합
	문화적 동질성 증대를 통한 공동체 의식 함양	사회문화적 교류증대로 지역 정체성과 공동체 의식 배양
		동북아 공동의 문화가치 공유와 확산
9대 추진 과제	평화와 연계된 동북아 사회간접자본 건설	남북경협 거점 개발, 남북 대륙 철도망 연결
		동북아 에너지 협력, 정보통신 과학기술 협력
		북한 등 역내지역 개발을 위한 재원 마련
	동북아공동체 형성 촉진	동아시아 FTA 추진, 동아시아 금융통화협력
		환경협력, 동북아 사회문화 교류

자료: 동북아경제중심추진위원회(2003)

그럼에도 여전히 위원회의 중심사업은 내부역량강화였고 대외협력사업에 대한 관심은 상대적으로 저조했다. 위원회의 초대 위원장이 대기업 CEO 출신 인사였다는 점이 이를 단적으로 보여준다. 이 상태에서 내부역량강화와 대외협력사업의 연결고리가 미약해 한 지붕 두 가족과 같은 어정쩡한 상태가 이어졌다. 이를 반영하여 2004년 4월 남북대외협력팀 내부보고는 위원회에서 경제협력만 담당하는 것의 한계, FTA에 대한 인식부족 및 여건 미조성으로 외교부와 유기적인 연관체계 구축이 이루어지지 못한 점, 경제분야에 치우친 대외협력의 문제점 등을 애로사항으로 제기한 바 있다.

대내외적으로는 경제중심추진사업의 적절성에 대한 문제제기가 이어졌다. '동북아 경제중심'이라는 용어는 중국과 일본을 경제적으로 능가하겠다는 것으로 이해되어 실현불가능할 뿐 아니라, 주변국의 오해를 불러일으킬 수 있다는 우려가 강하게 제기됐다. 국내외 학계는 대체로 동북아란 공간의 지리적 모호함을 지적하며 ASEAN을 포함하는 동아시아가 아닌 동북아로 선을 긋는 이유를 납득하기 어렵다는 반응을 보였다. 김대중 전 대통령이 그 때까지 '동아시아비전그룹(EAVG)', '동아시아스터디그룹(EASG)' 등을 통해 동아시아공동체론을 어렵사리 주도해 왔는데 다음 정부가 이를 퇴행시키는 것 아니냐는 목소리도 적잖게 들려왔다.

조직적 측면에서는 구상의 장기성과 위원회 추진력의 한시성이라는 내용과 형식의 괴리 문제가 표면화되었다. 출범 초기에는 위원회의 정치력이 막강했던 점도 작용하여 위원회의 기능과 역할에 대한 심각한 고민을 등한시했다. 그러나 점차 청와대와의 관계에서는 중대 사안의 결정과정에서 헌법에 기초한 국가기구인 국가안전보장회의(NSC)의 청와대 상근조직인 NSC 사무처에 밀려 대통령령에 근거할 뿐인 자문위원회는 번번이 발이 묶이고 제 소리를 내지 못했다. 각 부처에 영향력을 행사할 수 있는 법적·재정적 수단이 없고 파견 공무원은 대부분 한시적 파견조직보다 조만간 돌아가게 될 소속 부처의 이해관계 대변에 충실했다.

중장기 기획업무를 주관하는 위원회의 성격상 로드맵 작성이 일단락된 후에는 관련부처가 자신의 실행 영역이 침해받을 것을 우려해 위원회와 거리두기에 나섰다. 위원회 구성원들은 장기목표에 걸맞은 긴 호흡을 못하고 단기적으로 가시적인 성과를 내야 한다는 강박에서 자유롭지 못했다. 우려했던 바가 현실로 드러난 것이다.

이 시기를 종합해 보면, 동북아구상이 구체화되고 조직체계가 정립됨에 따라 비로소 목표와 추진과제가 구체화되었으나 동시에 그에 따른 제반 문제점이 수면위로 떠올랐던 시기다. 내용적으로는 경제중심추진이라는 목표설정의 부적절함, 그로 인해 이와 상충 할 수 있는 동북아협력사업이 위원회의 부차적 사업으로 밀려나 전자와 시너지 효과를 낼 수 있을지 여부에 대한 치열한 고민도 없이 추진력을 잃어가고 있었다. 설상가상으로 동북아라는 공간의 지리적 범위 및 협력대상 설정의 모호성 등 위원회의 목표와 전략이 표류하게 되었다. 그러나 결정적으로 이 모든 것을 덮고도 남을 만한 북핵문제라는 초대형 돌발변수가 발생한 이후로는 경제협력 위주의 사업전개에 명백한 한계가 노정되었다. 조직적으로는 위원회라는 한시조직의 한계가 전방위로 표출되었다.

III : 북핵문제 발발에 따른 궤도 수정

2004년 3월 현직 대통령이 집권 1년 만에 국회에서 야당의원들에 의해 탄핵당하는 초유의 사태를 맞게 된다. 우여곡절 끝에 2004년 5월 14일 헌법재판소의 결정으로 국정업무에 복귀한 대통령은 불과 사흘 뒤인 5월 17일 위원회의 재편을 지시한다. 아마도 탄핵기간 내내 이 문제에 관해 깊이 고민한 결과로 짐작된다. 이에 따라 6월 15일 위원회규정개정안이 국무회의 의결을 통과하여 6월 21일 '동북아경제중심추진위원회'는 '동북아시대위원회'로 개명된다. 위원장도 정치외교학자로 교체되었다는 것은 위원회의 대대적인 궤도수정을 단적으로 보여주는 것이다. 이러한 변화의 배경에는 무엇보다도 북핵문제가 장기화되면서 '평화와 번영의 순차적 연계'라는 기존 전략이 차질을 빚게 되었다는 점이 크게 작용했다(동북아시대위원회, 2004, p6). 대통령이 동북아위원회에서 '외교안보협력'의 뒷받침 없이 '경제협력'만 추진하는 것에 한계를 인식한 것이 주되게 작용했다고 보인다.

이에 위원회는 NSC 사무처와 공동으로 새로운 동북아구상 수립에 착수해 2004년 7월 27일 국정과제회의에서 대통령에게 공동보고하기에 이른다. 이렇게 하여 재구성된 동북아시대구상은 그 추진목표로서 '하나 되는 동북아'를 제창한다. 추진원칙으로는 동시병행 연계를 핵심전략으로 내걸며, 중층적 협력, 개방적 지역주의, 공동체 지향의 4대 추진원칙을 제시한다. 위원회 조직도 재정비하여 기존에 대외협력사업을 담당하던 남북대외협력분과는 남북협력, 경제협력, 사회문화협력의 세 분과로 세분화하여 확대하고 외교안보분과와 전략기획분과를 신설하여 총 5개의 분과 및 전문위원회를 두게 된다. 이렇게 하여 위원회는 2기를 맞게 된다.

2기를 맞은 동북아구상을 1기와 비교해 보면 두 가지 차이점이 드러난다. 첫째, 위원회의 중심축이 경제중심추진이라는 내부역량강화에서 동북아협력으로 이동된다. 그 후속조치로, 7월 27일의 국정과제회의에서 대통령 지시에 따라 경제중심추진 사업은 2005년 3월부터 국민경제자문회의로 이관된다. 이로써 위원회는 명실상부하게 동북아협력 추진을 목표로 삼은 조직으로 탈바꿈한다. 둘째, 동북아협력의 중심축도 경제협력에서 외교안보협력으로 바뀌게 된다. 그러나 추진목표와 추진원칙 및 핵심전략은 큰 틀에서 유지되었다고 볼 수 있다.

〈표 6-3〉 동북아시대위원회 시기의 동북아협력구상의 개요

추진 목표		평화와 번영의 동북아 공동체 건설
비전	하나되는 동북아 (同見同利)	네트워크 동북아: 단절과 대립을 넘어 사람·물자·정보의 역내 네트워크 구축
		열린 동북아: 공동의 평화와 번영을 위해 동북아 역내국 뿐 아니라 역외국가들의 동참을 환영하는 동북아
		함께하는 동북아: 국민적 합의와 지지에 기반하고 역내 시민간의 연대와 교류가 발전 동력이 되는 동북아
추진 원칙	동시병행 연계	외교안보·경제·사회문화협력의 연계 및 남북·동북아 협력의 연계
	중층적 협력	양자·다자간 / 정부·민간 / 남북·동북아·글로벌 차원의 복합적 협력구도
	개방적 지역주의	동북아시대 구상에 공감하는 역내외 모든 국가와 협력
	공동체 지향	교류협력 확대 → 새로운 틀의 협력체 → 제도화된 공동체
핵심 전략		평화협력과 경제협력의 연계
		동북아 협력과 남북협력의 연계

추진 목표		평화와 번영의 동북아 공동체 건설
주요 추진 과제	중장기 전략기획	동북아의 현 상황 분석 및 중장기 전망, 안보전략 기획
		동북아 분업구도 재편에 대응하는 경제공동체 추진 및 동북아 개발거점 전략 수립
		동북아시대 구상에 대한 대내외적 공감대 형성 및 협력 동반자 확보 ('동북아시대 포럼' 구성)
	평화 구축	한반도 평화체제 구축, 주변4국 협력외교의 강화
		다자간 안보협력
	번영 구현	물류허브, 금융허브, 전략적 외자유치
	공동체 건설	경제통합 추진, 에너지·환경 협력 확대
		물류망 연계, 사회문화 교류

자료: 동북아경제중심추진위원회(2003)를 토대로 필자 작성

2기의 동북아구상에서 외형적으로 안보공동체와 경제공동체를 동북아 공동체 구축의 양대 축으로 제시했으나, 북핵문제 발발이라는 상황변화에 따라 위원회의 무게중심은 후자보다 전자에 기울어 있었다. 경제중심추진구상에서는 경제협력이 경제중심 구축에 비해 소홀히 다루어진데 반해 동북아협력구상에서는 대외협력의 중요성이 강조되었으나 그 중심축은 경제협력이 아닌 외교안보협력으로 옮겨간 것이다. 이렇듯 내부 역량강화와 대외안보협력 사이에서 제 자리를 잡지 못했던 경제협력사업은 북핵문제가 전면화된 뒤로는 더욱 추동력이 약화되었다. 이런 환경에서는 경제협력이 장기적 안목에서 일관되게 추진되기 어려웠다.

여기서 필자가 제기하려는 지점은 애초부터 위원회 내에 내부역량강화와 협력이라는 상충 가능성을 내재한 사업을 동시에 추진하려다 보니 어느 한 쪽

에 주력하는 동안 다른 한 쪽은 등한시되었다는 점에 대한 것이다. 명시적으로는 경제협력과 외교안보협력 모두 중요하다며 양자를 내걸었으나 실제로는 북핵문제 발발이라는 상황논리에 떠밀려 후자에 치중하며 양자의 균형을 도모하지 못한 점에 대한 지적이다. 그러나 이보다도 더 근본적인 문제가 미해결 상태로 남아 있었다. 설령 내부역량강화와 협력이라는 양 분야의 충돌 가능성이 내재해 있더라도 이를 유기적으로 연계해 양자 모두 발전시키는 것이 불가능한 것만도 아니다. 즉 두 가지를 모두 한 조직에서 추진했다는 것보다 더 문제가 된 것은 주변국들이 관심을 가질만한 매력적인 경제협력사업을 발굴하지 못했다는 것이다. 그것이 위원회의 추진방향과 조직구도만 탓할 수 없는 우리의 역량의 한계였음을 뼈아프게 받아들인다.

IV : '위원회 정부'를 위한 이유 있는 항변

동북아위원회가 재편된 지 채 1년도 안 되는 2005년 5월 위원회의 진로에 치명적인 타격을 가한 소위 '행담도 사건'이 발생한다. 위원장과 기조실장의 신중치 못한 언행이 문제의 빌미를 제공한 측면도 있었으나 보수언론은 이를 대통령 측근의 권력형 비리로 몰아가고자 '의혹투성이' 운운의 선정적인 기사들을 마구 쏟아냈다. 그럼에도 불구하고 유죄라고 판단할 만한 별다른 단서가 드러나지 않자 점차 보수언론의 비난의 화살은 개인비리에서 위원회의 권력 남용으로 옮겨져 '위원회 정부', '로드맵 정부'에 대한 비난이 쇄도하게 된다. 대통령령에 의해 설치된 자문위원회가 국내투자 및 개발과 관련해 월권을 행사한 것은 용납할 수 없다는 논조였다.

이를 계기로 동북아위원회는 전반적으로 사업의 추진동력을 잃게 된다. 집권 초반 대통령의 동북아구상에 대한 관심이 지대할 즈음 해당 부처의 우수 인력을 앞 다퉈 파견했던 부처들은 파견공무원을 복귀시키기 시작했고 당연히 이러한 부처들과의 협력은 기대하기 힘들어졌다. 여전히 대한민국의 관료 사회에서 중요한 것은 정부 조직 혹은 개별 관료의 법적 지위나 관할권과 같은 공식적인 측면보다 대통령의 관심사나 대통령과의 물리적 거리 등 같은 비공식적 측면에서 규정되는 실질적인 권력임을 여실히 느끼게 했다.

이 사건으로 2기 위원장과 기조실장이 교체되고 위원회는 3기에 접어들게 된다. 이 시기에는 초반기에 마련된 종합적인 대외협력구상의 골격은 그대로 유지하되 보다 세분화되어 각 분야별로 추진 전략과 과제를 도출하게 된다. 이를 토대로 국정과제회의에서 대통령에게 '동북아공동체 형성에 주는 유럽통합사례의 시사점', '남북관계 중장기 발전전략', '동북아경제공동체 구상의 정립과 중단기 중점과제', '동북아 사회문화협력 구상' 등을 보고하게 된다. 이러한 보고서를 종합하여 기존의 동북아시대구상을 더욱 구체화시킨 '참여정부의 동북아시대 구상'이 완성된다. 그러나 이때부터 사실상 실행력을 잃은 위원회는 이후 동북아협력에 관한 실질적인 사업을 제대로 추진해 보지 못하고 참여정부의 종료와 함께 막을 내리게 된다.

행담도 사건을 계기로 동북아위원회는 물론 각종 대통령자문위원회에 대해 부정적인 기류가 조성되었다. 그로 인해 동북아 구상이라는 장기 국가전략의 근간이 흔들렸다는 것은 대통령자문위원회라는 조직의 태생적 한계가 드러났음을 의미한다. 당시 위원회는 출범초기부터 대통령의 지시에 따라 외국인투자(FDI) 분과가 설치되어 FDI 업무를 관장했음에도 불구하고, 조직적 한계로 인해 정치적 위상이 추락한 뒤에는 부처의 옥상옥이 되어 월권행위를 한다는 비난을 피해가기 어려웠다. 이처럼 동북아위원회는 지대한 비용을 지불하며 구상의 장기성과 조직의 한시성간의 모순을 체감했다.

대통령자문위원회 자체의 존재 의의와 순기능은 분명히 짚고 싶다. 예컨대 위원회가 FDI 유치업무를 관장하게 된 배경에는 기존의 행정조직체계의 맹점이 도사리고 있다. 즉 기존에 FDI 유치에 관계된 부처는 모두가 부처별 칸막이를 높이 쌓아놓고 독자적인 성과 달성을 선호하였다. 그러다 보니 접촉대상의 사전 누설 방지 등의 이유로 상호 과당·중복적 투자유치 활동을 하고 있어 국부 낭비, 신뢰도 저하, 정보 비축 불가능 등과 같은 부작용이 적지 않았다(동북아경제중심추진위원회, 2004). 어느 날 위원회에서 개최된 FDI 관련 회의석상에서는 유관 경제부처에서 파견나온 관료들 간에 이에 관한 주도권을 두고 벌이는 적나라하고 유치한 설전을 목격하기도 했다. 개별 부처에 전담시키는 것이 비효율적일 수 있음을 제대로 확인한 순간이기도 하다.

이러한 문제점을 파악한 대통령은 개별부처에 FDI 유치 업무를 맡기는 대신 위원회에 One-stop 서비스체제의 실효성 제고, FDI 전문인력 양성 등의 '외국인투자 제도 및 환경개선' 및 체계적 외자유치활동 전개에 대한 업무 수행을 지시하였다. 그러나 이 또한 산업자원부 반발에 부딪혀 위원회 단독업무가 아니라 산업자원부와 공동으로 추진하게 되었다. 그 일환으로 범부처적 투자유치기관인 IK(Invest Korea) 신설업무도 관여하도록 한 것이다. 아쉽게도 행담도 사건이 발생했을 때 이러한 위원회의 순기능에 대해 조명한 언론은 좌우를 막론하고 찾아보기 힘들었다.

<표 6-4> 동북아구상의 시기별 전개과정

구분	연도	중점분야	주요 일지	국정과제회의 일정 과제	위원회 개최 실적
1기	2002.12	경제	대통령직인수위원회 활동 개시 (12월)		
	2003.3		대통령직인수위원회 보고서 작성 및 활동 종료 (3월)		
2기	2003.4 ~ 2004.5	경제	동북아경제중심추진위원회 규정(대통령령 제17955호) 공포 및 시행 (4.7) 위원장과 위원 위촉 및 국정 과제 워크샵 위원회 활동계획 (4.16) 동북아경제중심추진위원회 현판식 (4. 59)	① 동북아경제중심 실현의 기본방향, 클러스터에 기초한 경제발전 전략 (5.2) ② 새로운 외국인투자유치 전략 (6.5) ③ 동북아대외협력구상(안) (7. 30) 〈비공개〉 ④ 동북아 물류중심 추진 로드맵 및 광양항 활성화 방향 (8.27) 〈비공개〉 ⑤ 인천경제자유구역 추진현황과 외국인투자유치 전략 (10.15) ⑥ 동북아 협력구도하 남북·대륙철도 연계방안 (11. 20)	12회
3기	2004.6	대외 협력 경제·외교 안보	'동북아경제중심추진위원회규정개정안' 국무회의 의결 통과 (6.15) '동북아경제중심추진위원회'를 '동북아시대위원회' (이하 위원회)로 개편 (6.21) 문정인 위원장 위촉 (6.22)	① 평화와 번영의 동북아 시대 구상 -비전과 전략- (7.27) 〈비공개〉 ② 물류전문기업육성방안 (8.19)	8회
	2005.4	대외 협력 외교 안보·사회 문화	위원회의 Hub 전략 관련업무 (금융, 물류) 국민경제자문회의로 이관 (3월) 위원회규정 일부개정령 공포 (3.25)		3회

구분	연도	중점분야	주요 일지	국정과제회의 일정 과제	위원회 개최 실적
4기	2005.5		행담도 사건 발생(5월) 이수훈 위원장 위촉 (8.10)	① 동북아공동체 형성에 주는 유럽통합사례의 시사점 (9.28)	
	2006		한미FTA 협상개시 선언(2. 3) 위원장 재임 (2년임기) (8.17)	① 남북관계 중장기 발전전략 (2.10) ② 동북아경제공동체 구상의 정립과 중단기 중점과제 (4.28) ③ 동북아 사회문화협력 구상 (6.15)	6회
	2007				5회

자료: 국가기록원 역대대통령 웹기록 서비스 –동북아시대위원회(http://nabh.pa.go.kr/)를 토대로 작성

참여정부가 자신의 임기 이후까지 내다보며 장기적인 안목에서 국가의 미래를 준비하려 했던 점은 높이 평가받아 마땅하다. 동북아위원회를 포함한 12개 위원회가 맡은 역할은 모두 국가의 장기 미래비전 수립에 필요했다. 장기 미래비전은 성격상, FDI 유치와 마찬가지로 부처 간 칸막이와 부처 이기주의로 혹은 개별부처의 힘으로는 실현하기 어려운 것들이다. 게다가 개별 부처는 현안 처리만으로도 제 코가 석자라서 장기 과제에 집중하기 어렵다는 현실적인 애로점을 지닌다. 그러므로 장기 국가전략은 개별부처가 아닌 부처간 긴밀한 협력에 기반한 융합형 정책의 기획과 집행 여부가 관건이 된다. 이에 12개 국정과제위원회는 관료와 민간인이 시너지 효과를 발생시키며 무수한 토론과 검토를 통해 국가의 장기 미래전략을 기획하였다.

그러나 위원회의 문제점이 드러난 것도 부정하기 어렵다. 실제 장기과제와 현안과제를 칼로 무 베듯 명확히 구분한다는 것은 쉽지 않은 터라, 일부 위원

회가 장기과제와의 연관성을 강조하며 개별부처나 유관조직이 기존에 다루는 업무를 관장하려고 하면 이들로부터 경계의 대상이 되기도 하였다. 또한 위원회가 다루는 대부분의 업무가 장기적인 국가전략이나 일부 위원회 수장들은 일회적인 이벤트 위주로 사업을 추진하거나 개인의 정치적 발판을 다지는 수단으로 조직을 사유화하려는 게 아닌가 의심을 살 만한 경우도 발생하였다. 이러한 점들이 보수언론으로 하여금 위원회의 순기능을 가리고 부작용만 주로 부각시키는 견월망지의 빌미를 준 것이다.

만일 집권여당이 이를 장기적인 강령과 정책으로 준비해 왔고 이에 부합하는 안정적인 조직체계를 마련했었다면 위원회를 둘러싼 논란은 최소화되었을 것이다. 이러한 맥락에서 보자면 참여정부가 얻은 위원회공화국이란 오명은 진보진영과 민주정부의 짧은 역사의 귀결이기도 한 정책정당으로서의 취약한 면모, 집권을 위한 수권정당으로서의 준비 부족이 낳은 한 단면이기도 했다.

V : '원교근공' 한미 FTA와 동북아 구상

한국의 FTA 정책 기조는 2003년 당시 외교통상부(현 외교부) 주도로 '자유무역협정(FTA) 추진 로드맵'(이하 '로드맵')으로 공식화되었다. 이에 따르면 한국은 FTA 상대로 역내외를 막론하고 수출시장 선점에 유리한 거대·선진경제를 중시하나 초기에는 부담이 적은 역내국과 FTA를 추진하고 이를 바탕으로 궁극적으로 미국이나 EU, 중국으로 그 대상을 옮겨 가는 것을 골자로 한다. 하지만 사실 '로드맵' 이전에 이미 협상이 시작되었던 한-칠레 FTA는 2004년에 가까스로 발효되었고 이보다도 이른 1998년부터 논의가 시작되었던 일본과의 FTA 추진은 난관에 부딪혀 공전하고 있었다. 그러자 '로드맵'의 기조에서 급선회하여 태평양 건너 미국과의 FTA 추진에 나서게 된다. 그때까지만 해도 한국은 동북아 나아가 동아시아의 고유한 특성상 미국과의 FTA가 한국을 둘러싼 외교안보 지형에 던질 파문을 읽어내지 못했다.

한미 FTA는 이후 동아시아에서 FTA의 도미노를 만들어 이윽고 미국과 EU마저 양자간 FTA 체결에 나서는 시발점이 된다. 김현종(2012)은 자신이 미국과 FTA를 하면 자연히 미국과 경쟁관계에 있는 중국과 EU도 우리에게 FTA를 하자고 달려들 것이라고 예측했다고 주장하나 이 또한 어디까지나 우리의 몸값을 키우겠다는 협상전략 차원의 협상력 극대화일뿐 동북아 경제통합의 맥락에서 접근한 것은 아니었다고 본다. 설령 그가 개인적으로는 경제와 외교안보를 포괄하는 동북아구상의 큰 틀에서 한미 FTA의 역할과 효과에 대해 고민했다 하더라도 이것이 한국의 FTA 정책 추진과정에서 대통령을 위시한 핵심 정책주체 간에 충분히 공유된 전략인지 여부는 명확하지 않다. 현실적으로 당시 외교부가 위원회와 긴밀히 교류했던 것도 아니기에 그것이 외교부에 조직적으로 공유되었다고 보기도 어렵다. 적어도 필자가 아는 한 그런 일은 없었다.

대통령이 위원회 2기로 접어들면서 FTA 업무를 국민경제자문회의 사무처로 이관시켰다는 사실도, 대통령이 FTA를 동북아공동체 실현의 매개체보다는 비즈니스 허브 구축을 위한 하나의 수단으로 파악했음을 잘 보여준다. 이는 이후 한미 FTA가 동북아구상과 사실상 별개로 추진되는 단초를 제공한 것으로, 결국 동북아구상은 표류했음에도 한미 FTA는 발효되었다. 물론 혹자는 한미FTA가 동북아구상과 밀접한 연관을 지니는 것이므로 후자가 꺼져가는 불씨를 가까스로 살렸다는 평가를 내릴 수도 있겠다.

한미 FTA를 주도적으로 추진한 외교통상부의 '로드맵'에서 당시 한미 FTA는 장기과제로 간주되었고, FTA 정책과 동북아구상의 연계는 사실상 원론적 수준의 짧막한 외교적 수사에 그쳤다. 따라서 우리가 던지고 싶은 질문은 과연 양자가 내적 연관을 지니는가, 당시 대통령을 위시하여 주무부처의 수장이었던 통상교섭본부장과 산하 일선 관료들은 이를 명확히 인식하고 있었는가 하는 점이다.

한미 FTA 추진의 궁극적 목표는 무엇인가? 일차적으로는 수출의존도가 높은 경제체질상 수출시장의 안정적 확보에 사활을 건 것이다. 보다 장기적으로는 한국이 제조업에서 고부가가치 부문을 선점한 일본과 가격 경쟁력 우위의 중국 사이에 끼인 샌드위치 신세를 면하기 위해서는 서비스업 경쟁력 강화가 불가피하다는 인식하에 이를 위한 효과적 수단으로 한미 FTA를 바라본 것이다. 이러한 경제적 효과와 더불어 한미동맹 강화라는 외교안보적 효과 제고라는 의도도 중요하게 작용하였다. 참여정부의 지지층 이반을 감수하면서까지 강행한 이라크전 파병 이후에도 여전히 국내 우파가 제기하는 한미관계 위기론에 시달렸던 대통령은 한미 FTA를 한미관계 개선과 북핵문제 진전의 지렛대로 삼을 수 있다는 계산을 한 것으로 보인다.

노무현 정부는 동북아를 둘러싼 냉엄한 정세로 인해 동북아구상이 좌절되자 한미 FTA를 그 돌파구로 삼은 것으로 보인다. 참여정부의 경제정책을 실록으로 정리한 국정홍보처(2008)에서 이러한 추측의 실마리를 찾을 수 있다.

이에 따르면 '평화와 번영의 동북아중심'('평화와 번영의 동북아시대'가 아님!)이 국정목표의 하나로 수립되었고 이를 위해 중국, 일본과의 FTA 체결을 먼저 추진하기로 하였다. 그러나 쉽게 타결되리라 예상했던 한일 FTA 협상의 진척이 생각보다 더디자 통상교섭본부는 2005년 4월 6일 제4차 대외경제위원회에서 한일 FTA는 시한보다 내용을 중시할 것이므로 2005년내 타결에 연연해하지 않겠다고 밝힌다.

이후 국정홍보처(2008) 등이 여러 차례 '원교근공(遠交近攻: 먼 나라와 친교를 맺어 가까운 나라를 공략)' 전략으로 포장한 한미 FTA 논의가 급부상한다. 즉 태평양 건너 큰 나라인 미국과 FTA를 하게 되면 미국과 경쟁관계에 있는 역내 강대국 중국이 우리에게 FTA를 제안할 것이라는 계산이다. 김현종(2012)에서도 이에 대한 기술이 있다. 그러나 이를 외교부가 동북아구상 실현의 일환으로 추진한 것이라기보다는 김현종 통상교섭본부장이라는 대통령의 강력한 지지를 얻었던 비공무원 출신 수장이 추진했던 한국의 FTA 허브화 전략의 일환이라고 보는 게 무난할 것이다. 그도 그럴 것이 당시 동북아시대위원회와 외교부의 통상교섭본부는 서로 그다지 교감이 없었다.

한미 FTA는 미국에 미래 동아시아 질서로의 개입 발판을 마련해 주는 국제협약이기도 하다. 단적으로, 협상이 막바지를 향해 가던 무렵인 2007년 미국 의회에서 상품분야 협상결과에 불만을 표시하는 민주당에게 카란 바티아 무역대표부(USTR) 부대표는 한미 FTA를 거부하면 미국의 아시아내 위상에 심각한 타격을 줄 수 있다고 경고하였다(mbn, 2007. 7. 25일자). 미 무역대표부(USTR)의 자문그룹 중 ITAC-10도 한미 FTA가 미국과 동아시아 지역의 경제관계에 전략적 의의를 안겨 주는 등 혜택을 줄 것이라며 지지를 표명하였다.

동북아구상 실현을 위해서는 미국의 지지 확보와 적극적인 참여가 긴요하다. 경제적으로 미국은 동북아의 주요한 이해당사자이므로 미국이 동북아의 경제통합에서 철저히 배제되는 것은 누구에게도 유리하지 않다. 미국은 외교안보적으로 중국이 동북아통합을 주도하는 것을 좌시하기 어렵다. 이는 미국이 역내통합에 전폭적 지지를 보낸 유럽통합의 초기 상황과 동북아의 현 정세의 중요한 차이점이다. 비록 처음 한미 FTA를 제안했던 것은 미국이 아닌 한국이나 결과적으로 미국은 이를 통해 동북아 나아가 동아시아 경제통합의 확고한 교두보를 마련하게 된다. 이리하여 한미 FTA는 동북아에 미국을 깊이 끌어들이는 결과를 낳았다. 이렇게 보자면 결과론적인 얘기가 되나 한미 FTA와 동북아구상은 밀접히 연결되어 있다.

한미 FTA를 통한 한미동맹 공고화는 역내에서 우리에게 전략적 보폭을 넓히는 순기능이 있음을 부정하기 어렵다. 한미동맹은 우리에게 현실적으로 귀중한 안보자산임에 틀림없다. 한미관계가 삐거덕거리면 대중 및 대일 관계에서도 우리가 독자적인 외교공간을 확보하는 것이 여의치 않다. 어설픈 균형자론이 미국과 중국 양쪽으로부터 지지를 얻지 못한 것이 의미하는 바를 직시해야 한다. 이 점에서 한국정부가 2003년 'FTA 로드맵'을 내놓은 지 10년째가 되는 2013년에 '신통상로드맵'을 제시하며 지역경제통합에서 한국의 역할을 바퀴와 바퀴를 이어주는 핵심축이라는 의미에서 '린치핀(linchpin)'으로 규정한 것은 앞으로 눈여겨 볼만하다. 이는 지역과 지역, FTA와 FTA 그리고 선진국과 개도국 간에 연결고리 역할을 하겠다는 것이나 아직은 선언적 의미뿐 구체적인 내용은 드러나지 않은 상황이다.

VI : 한미FTA에서 메가 FTA까지

한미 FTA 이후 Baldwin(1993)이 지적하듯 동아시아에서 소위 '지역주의의 도미노 현상(Domino Theory)'이 관찰되고 있는데 이러한 FTA 도미노의 끝이 '메가 FTA 시대'의 도래다. 그런데 메가 FTA의 도미노와 관련하여 주목해야 할 지점은 거대경제간 갈등관계의 기폭제 역할을 하며 그 출발점을 만든 행위 자가 다름 아닌 한국이라는 점이다.

한국이 2006년 미국과 한미 FTA(KUSFTA) 협상 개시를 선언하자 이에 가장 민감하게 반응한 나라는 이를 자국에 대한 견제구로 받아들인 중국으로, 중국은 같은 해 한국에 한중 FTA(KCFTA) 협상 요구를 한다. 기실 한미 FTA 이전에 한국에 FTA 체결을 요구했던 것은 중국측이나 한국은 미국을 의식해 이를 즉각 받아들이지 않은 것으로 전해진다. 이듬해에는 미국의 최대 무역 파트너인 EU가 KUSFTA로 인해 미국시장에서 유로존 기업들이 열위에 처하게 될 것을 우려해 한국에 한-EU FTA(KEUFTA) 협상개시를 요구하게 된다.

KEUFTA 협상도 가시화되자 EU 시장에서 한국과 경쟁관계에 있는 일본은 고심끝에 미국이 주도하는 TPP(Trans-Pacific Partnership Agreement)에의 참여 구상으로 맞대응하였다. 일본은 KUSFTA 이후 미국시장에서 처하게 될 경쟁 열위 만회, 후텐마 기지이전 문제로 삐그덕거리던 미일관계 복원, 역내 라이벌인 중국 견제, 미국과 경제적인 경쟁관계에 있는 EU를 FTA 협상 테이블로 유도 등 여러 가지를 노린 다목적용 묘책으로 TPP 카드를 꺼낸 것이다 (김양희, 2010).

결국 2010년에 일-EU FTA(JEUFTA) 논의가 개시되고 2013년 협상개시로 이어졌다. 여기에는 TPP 추진에 위협을 느낀 EU의 반응도 한 몫 했다. 이리하여 KEUFTA 협상이 2011년 발효되고 익년 3월에는 KUSFTA도 발효되었다.

　일본의 TPP 참가 구상이 가시화되자, 이를 KUSFTA보다 한 발 더 나아간 미국의 중국 포위망이자 'pivot to Asia' 전략의 일환으로 읽은 중국은 급기야 2013년 5월 한국과 한중 FTA(KCFTA) 협상을 개시한다. 다른 한편 중국은 여기서 그치지 않고 한중일 FTA(CJKFTA) 추진에 속도를 내기 시작했고 2013년에는 미국 제안에 응하는 형태로 TPP 참가까지 고려한다는 반응을 보인다. 이렇듯 일본의 TPP 참가에 자극받은 KCFTA는 2003년 이래 지지부진했던 CJKFTA 협상개시의 계기가 되었다. CJKFTA는 TPP에 조바심 난 중국, CKFTA로 인한 불이익을 상쇄하려는 일본, 더 이상 지체 명분을 못 찾은 한국의 이해관계가 맞아 떨어진 '동상삼몽'의 결과다.

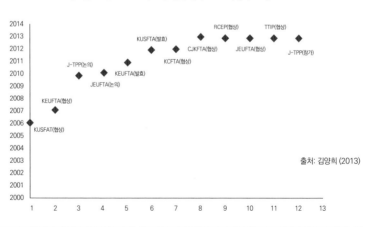

〈그림 6-2〉 FTA 도미노에 의한 메가 FTA 시대의 도래[1]

출처: 김양희 (2013)

1　KUSFTA(한미 FTA), JEUFTA(일-EU FTA), J-TPP(일본의 TPP 참가), KEUFTA(한-EU FTA), KCFTA(한중 FTA), CJKFTA(한중일 FTA), TTIP(미-EU FTA)/ 각 FTA의 괄호 안은 추진단계를 의미함.

이에 뒤질세라 지역통합의 허브를 꿈꿔왔던 ASEAN도 CJKFTA로 인해 그 지위를 잃게 될 것을 우려하여 2012년 RCEP 협상개시를 선언한다. 마지막으로, FTA 도미노의 대미를 장식하며 메가 FTA 시대의 도래를 확고히 한 것은 미국과 EU간의 TTIP이다. TTIP는 TPP에 대한 EU의 대응인 동시에 중국 부상에 대한 미국과 EU의 공동대응의 성격도 지니고 있다.

미국, EU, 중국, 일본, ASEAN 등 세계 거대경제권이 급작스럽게 메가 FTA의 도미노에 합류하기까지는 일차적으로 상호의존도가 높은 거대경제권간의 관계가 경제적 유인이 작용했겠으나 그 못지않게 '이중 세력전이'도 복합적으로 상호작용했다(김양희, 2013). 즉 미중간 경쟁관계 그리고 중일간 경쟁관계가 기민한 상호작용을 이끌어 낸 것이다. 이러한 메가 FTA의 도미노의 출발점을 그린 것이 바로 한미FTA이다.

한미 FTA를 결정적 계기로 하여 이후 역내 각국이 내적인 여건조성이 미비하고 역내통합에 대한 충분한 합의도 결여된 채 한국의 애초 의도와는 달리 미국과 중국이 역내통합의 주도권을 놓고 직접 맞붙는 양상이 전개되고 있다. 동북아 FTA나 동아시아 FTA가 별 진전을 보지 못하는 근본원인은 역내 당사자 간의 갈등인데, 한국과 일본은 이를 정면돌파할 역량이 안 되자 미국의 힘을 빌려 풀고자 했다. 이는 한국이 동북아구상 실현을 위한 균형자가 되려 했던 역할을 접고 강대국에의 편승전략으로 궤도를 바꾼 것이라 볼 수 있다. 지금 정부에서 제시한 '린치핀' 역할은 참여정부 당시의 '균형자론'에 비해 한결 몸을 낮춘 모양새다. 하지만 누누이 강조하듯 '린치핀' 역할의 실체는 여전히 모호하다. 현재로선 외교적 수사 그 이상의 의미를 부여하기 어려운 게 사실이다.

역내통합이 미국과 중국간의 기싸움 양상으로 치닫게 되면 동아시아의 정체성 확립과 거버넌스 구축을 가로막을 수 있다. 한미 FTA가 TPP로 이어지며 투자, 지적재산권, 공공 서비스, 금융정책 등에서 미국적 가치와 표준의 확산을 매개하는 통로가 될 경우 과연 이것이 바람직한 것인가에 대한 진지한 성찰이 필요하다. 실제 이르면 2015년 9월 발효될 수 있는 한중 FTA도 한미 FTA 협정문을 기초로 하고 있다는 점은 매우 주목할 만 하다. 이렇게 한미 FTA는 동북아 지역통합에 깊은 그림자를 드리우고 있으나 그것이 우리가 목적의식적으로 용의주도하게 이끌어 낸 결과라고 볼 수 있을지는 의문의 여지가 적지 않다.

VII : 동북아구상의 공과

동북아구상은 시대적 요구에 부합해 국가의 미래전략을 지역전략의 맥락에서 재해석해낸 시도였다. 기존에 일국주의 시각에 매몰되어 있던 시야를 동북아라는 공간으로 확대해, 탈냉전 시대의 유일한 분단지역인 한반도의 평화와 번영을 추구하는 동시에 동북아의 미래 활로도 모색하고자 하는 복합적이고 다차원적인 미래구상이었다고 평가할 수 있다. 다만 동아시아가 아닌 동북아로 시야를 한정지었던 것은, 한반도가 그 한복판에 있기에 드러난 자기중심적 사고의 발로라 하겠다.

동북아구상은 대내외적 정세와 우리의 역량에 대한 냉철한 판단에 기초해 설정된 것인가? 참여정부가 동북아의 발전방향을 올바르게 설정했음에도 불구하고 이 지역을 둘러싼 냉혹한 현실을 안이하게 바라봤다. 유럽통합을 동북아의 미래로 보았으나 두 차례의 세계대전을 통해 평화에 대한 갈망이 지역 구성원에게 굳건히 뿌리내린 유럽과 달리 동북아는 복잡한 패권경쟁과 그에 따른 구심점의 부재가 불안정 요소로 상존한다. 아니, 그리스 재정위기의 장기화와 그로 인한 유로존의 구조적 위기에 봉착한 오늘날의 유럽연합의 현주소는 우리가 유럽에서 무엇을 취하고 무엇을 버려야 하는지 냉철히 돌아볼 것을 주문한다.

문제는 유럽연합의 초기까지의 대서사가 동북아에서 재현된다고 하더라도 우리가 이를 좌우할 능력을 지녔는가 하는 점이다. 대외전략이 성공하기 위해서는 고도의 내치와 외교 능력이 동시에 요구된다. 대외전략을 수행하는 힘은 실로 한 나라의 연성국력(soft power)의 집약체다. 저마다 제국의 영화를 간직한 세계의 패자가 모여 있는 동북아에서 그들의 제국주의의 피해자로서의 경험이 근현대사를 관통하는 한국이 자기중심적으로 동북아란 공간을 구획하고 거기에서 경제중심구상이나 균형자론을 내세웠다. 보기에 따라서 이는 매우 야심찬 구상이라 할 수 있으나 한국에 그에 합당한 리더십과 역량을 지녔는가 하는 점에 대해 주변국들은 냉소적인 시선으로 일관했던 게 사실이다.

우리의 국정목표는 하위목표인 국정과제와 일관되게 연계되었는가? 이 점에서 우리는 정책의 목표(내부역량강화 對 협력) 및 수단(경제 對 외교안보) 그리고 협력범위(동북아 對 동아시아) 등을 확고히 정립하지 못해 집권직후 1년간 시행착오 기간을 가져야 했다. 아울러 동북아구상은 3대 국정목표로서, 지역내 FTA 추진을 제외하고는 가시적인 성과를 내지 못했다. 동북아구상은 遠을 불러들여 완력으로 近을 굴복시킨다고 되는 것이 아니라 서로의 강렬한 필요에 의해 상호이해와 신뢰를 바탕으로 한반도와 동북아의 평화와 공동번영의 기틀을 마련하기 위해 동북아협력과 남북협력을 연계시킬 때 비로소 가능하다.

이런 맥락에서 남북문제에 대한 접근방식은 재고의 여지가 있다. 남북협력사업은 주로 경제협력에 국한되었으나 북핵문제에 좌초하였다. 이에 위원회는 인내심을 갖고 꾸준히 돌파구를 마련하기보다 쉽사리 협력의 중심축을 경제에서 외교안보분야로 이동하였다. 동북아 FTA만 아니라 동북아의 주요 주체가 연계되는 다채로운 협력 프로젝트의 개발에 더 많은 시간을 할애했어야 했다. 물론 북핵문제를 경협으로 해소하기엔 한계가 분명하다. 기능주의의 한계를 실감한 것이다. 따라서 점진적 단계적으로 경제협력의 제도화를 도모하는 한편 시민사회의 사회문화적 교류의 지평을 확대하는 노력이 필요했다. 그러나 동북아 시민사회에서 경제공동체 논의는 공허한 담론에 불과해 국민적 지지기반은 취약했다.

동북아구상과 사후적으로는 연결되어 있으되 사전적인 교감은 충분치 못했던 한국의 FTA 정책은 동북아구상의 그 어떤 것보다도 가시적인 성과를 도출하였다. 그것도 참여정부의 지지자들이 강력 반발한 한미 FTA에 힘입은 바 크다는 점은 역사의 아이러니라 하지 않을 수 없다. 물론 정부가 FTA 추진의 양적 성과를 자화자찬하기 급급한 반면에 질적 성과는 미흡한 실정으로 앞으로 기추진 FTA의 내실화, 협상 중인 FTA의 실익 확보 등 적잖은 과제를 남겨두고 있음을 지적하지 않을 수 없다. FTA 경쟁에 급급할 게 아니라 이들을 어떻게 이어 동아시아의 평화와 번영을 위한 단초를 마련할 것인지 긴 호흡에서 설계해야 하나 그것이 우리가 그림을 그린다고 그대로 되는 게 아니라는 점은 유의해야 한다.

　　동북아구상은 단기간에 성패가 결정되는 사안이 아니나 5년 살이 조직은 긴 호흡을 하기 힘들었다. 조직적 인적 준비 및 추진방식의 측면에서는 무엇보다도 구상의 장기성과 조직의 한시성 간의 간극을 넘지 못하였다. 정부 출범 이후에는 개혁의 추진동력이 가장 강력한 첫 해 동안 이를 극복할 만한 구체적인 프로그램의 수립과 실행 미흡, 일천한 민주정부와 시민사회 역사에 기인하는 전문가의 역량 미약으로 벽에 부딪혀 실질적인 축적물을 만들지 못한 채 역사의 뒤안길로 사라졌다.

: 마치면서

　　참여정부가 과거사가 되어버린 지금도 여전히 동북아와 한반도를 시야에 두고 우리의 미래를 설계할 수밖에 없는 현실이 엄존한다. 북미간의 해묵은 갈등 구도에 더해 중국과 일본 간 대립이 심화되고 글로벌 차원에서는 미국과 중국 간에 갈등이 상수화되고 있다. 우크라이나 사태발발을 도화선으로 미국과 러시아 간의 갈등도 새삼 표출 되는 등 세계 패권국간 대립에 따른 불안이 도사리고 있다.

　　북핵문제는 여전히 현재진행형이고 동북아대외협력구상에서 동북아협력과 남북협력을 연계한 중점사업으로 자리매김되었던 개성공단사업은 공단이 잠정폐쇄되는 등 남북관계는 지금까지도 경색국면을 벗어나지 못하고 있다. 우리 정부는 한미FTA를 포함하여 12건의 FTA에서 상대로부터 개성공단을 한국의 역외가공지역으로 인정받아 개성공단의 판로를 열어 주고자 일부의 반대도 무릅쓰고 심히 공을 들였다. 하지만, 남북관계가 악화일로를 걷게 되자 그렇게 힘들여 얻어낸 FTA 역외가공지역 조항을 활용한 개성공단산 제품의 수출실적은 전무한 초라한 현실을 마주하고 있다.

이러한 전통적 갈등 구도와는 상반되는 흐름도 감지되고 있어 귀추가 주목된다. 북한 김정은의 집권 이래 권력 장악과 체제 유지를 위한 핵개발과 실험이 이어지면서 북중 관계는 과거 그 어디 때보다 소원해졌다. 이와는 대조적으로 중국의 시진핑 주석이 북한에 앞서 한국을 단독 방문하여 우호관계를 과시할 정도로 한중관계는 과거 어느 때보다 긴밀해졌다. 급기야 베이징에서 개최된 APEC 정상회의 한 가운데에서 중국은 미국과 일본에 보란 듯이 한중 FTA의 '실질적 타결'이라는 정치 이벤트 연출에 성공했다. 중일 간, 한일 간 역사 갈등이 첨예화되는 것과는 대조적으로 피차 동북아내 고립을 벗어나고자 북한과 일본은 납치자 문제를 매개로 관계개선을 시도하고 있다. 시진핑 주석과 아베 총리도, 아베총리와 박근혜 대통령도 현재와 같은 경색국면 타개 필요성을 강하게 느끼기에 실제 일련의 물밑 움직임도 감지된다.

이와 같은 생경한 국면이 도래한 배경에는 글로벌 생산 네트워크상의 긴밀한 상호의존관계가 자리하고 있다. 미중관계 및 중일관계가 극단으로 치닫지 못하는 이면에는 경제면에서의 긴밀한 상호의존관계가 가로놓여 있다. 중국이 미국의 패권에 정면도전하는 회심작이라 할 수 있는 '아시아인프라투자은행(AIIB)' 설립을 주도하면서 우리의 참여를 요구했을 때 한국이 동맹국인 미국을 의식하면서도 결국 참여하게 된 배경에도 양자간 긴밀한 경제관계와 참여시 얻게 될 경제적 효과에 대한 기대감이 있다.

박근혜 정부가 주창한 동북아평화구상은 참여정부의 동북아구상과 대내외환경에 대한 상황인식을 공유하기에 사업도 유사해 마치 과거 동북아구상의 데자뷰를 보는 듯하다. 그만큼 상수화되어 있는 동북아의 주변 정세는 여전히 냉엄하여 뭔가 우리가 주도적으로 나서야만 하는 당위성이 존재한다는 것이다. 이렇게 볼 때 참여정부의 상황 판단과 문제의식이 기본적으로 그릇되지 않았음을 확인하게 된다. 다만 우리의 역량 부족으로 인해 좌절을 맛본 것이다. 그럼에도 이 정부는 과거 동북아구상에서 무엇을 배웠는지, 배우려는 의지는 있는지 의문이 제기된다. 그것이 교훈이든 반면교사든 역사로부터 배우지 않으면 실패는 반복되기 쉽고 성공하더라도 기회비용이 커진다.

참여정부가 동북아구상을 내걸었을 때와 유사하거나 냉혹한 현실이 우리 앞에 놓여 있으나 그 때에 비해 지금 우리의 전략적 가치는 훨씬 높아졌거늘 우리는 이러한 호기를 활용할 만한 역량을 갖추고 있는가? 현 정부가 참여정부를 거울삼아 부디 평화와 번영의 동북아시대를 앞당길 수 있기를 바라마지 않는다.

（참고
문헌）

—

1장

멀리 보고 균형을 잡다

: **참여정부의 경제철학**   이정우 | 경북대 교수, 전 참여정부 정책실장 |

국정브리핑 특별기획팀, 2007

『참여정부 국정운영 백서』 제3편 〈경제〉, 국정홍보처, 2008

『참여정부의 경제개혁 과제』 서울사회경제연구소(편), 한울아카데미, 2003

『국가균형발전의 비전과 전략』 동도원, 성경륭, 2004

『균형사회와 분권국가의 전망』 한울아카데미, 성경륭, 2013

『산업과 경제』 7권 2호, 강원대 산업경제연구소, 이병천, 1997 “한국의 경제발전과 발전 국가론”

『한국경제의 분석』 10권 3호, 이정우, 2004. 12 “참여정부의 비전과 정책과제”

『경제학연구』 (한국경제학회) 53집 4호, 이정우, 2005. 12
“한국경제의 미래와 도전 : 참여정부의 국가경쟁력 강화 전략”

『박정희의 맨얼굴: 8인의 학자 박정희 경제신화 화장을 지우다』 시사IN북, 유종일 등, 2011
"지가와 물가"

『경제민주화: 분배친화적 성장은 가능한가?』 보티브북, 유종일(편), 2012
"노무현 정부의 동반성장론을 어떻게 볼까?"

"신용불량자 문제의 요인 분석" 임대봉·이병완, 2005

『사회경제평론』 29권 1호, 전강수, 2007 "부동산정책의 역사와 시장친화적 토지공개념"

『조선과 그 이웃 나라들』 집문당, 신복룡 역, 2000
(원제) Korea and Her Neighbors, Isabella B. Bishop, 1897

『트러스트』, 한국경제신문사, 구승희 역, 1996
(원제) Trust : The Social Virtues and The Creation of Prosperity, The Free Press, Francis Fuku-
yama, 1996

『소용돌이의 한국정치』 한울아카데미, 이종삼·박행웅 역, 2013
(원제) Korea : The Politics of the Vortex, Harvard University Press, Gregory Henderson, 1967

『The Rise and Decline of Nations : Economic Growth, Stagflation, and Social Rigidities』 Yale
University Press, Mancur Olson, 1984

『The Work of Nations』 Vintage Books, Robert Reich, 1991

『Vishny AEA Papers and Proceedings』Vol.83 No.2 (p.409~414), Kevin M. Murphy, Andrei
Shleifer, and Rovert, May 1993 "Why Is Rent-Seeking So Costly to Growth?"

『IMF Staff Papers』Vol.45 No.4 (p.559~594), Vito Tanzi, December 1998
"Corruption around the World - Causes, Consequences, Scope, 1998 and Cures"

6장

동북아시대 구상과 한미 FTA 김양희 | 대구대 교수, 경제학 |

국가기록원 역대대통령 웹기록 서비스, 동북아시대위원회 (http://nabh.pa.go.kr/)

국정홍보처 국정브리핑(2008) '실록 경제정책 11-한미 FTA의 시작과 고민, 그리고 남은 과제
2008.2.14', 현 대한민국정책포털 (http://www.korea.kr)
『노무현정부 경제5년』한스미디어, 국정브리핑 특별기획팀, 2008

김양희
  (2005a) '동북아경제협력' 노무현정부 정책평가위원회, 경제분야 동북아경제팀 최종보고서
  (2005b) 「한국경제의 미래와 동북아구상 – FTA 전략의 재조명」
          '노무현정부 2년 평가와 3년 전망' 심포지엄 발표논문 2005.3.8
  (2007)   「FTA의 다양성과 우리의 선택」공저
          『대안적 개방전략을 찾아서 : 한미 FTA와 한국형 발전모델』, 창비
  (2008)   '노무현정부의 동북아시대구상에 대한 비판적 고찰'『동향과 전망』
          서울: 한국사회과학연구소·박영률출판사
  (2011)   "미국의 동아시아 신개입전략과 일본의 TPP 전략", 코리아연구원,
          『TPP를 둘러싼 일본 국내 정치적 배경 분석 및 평가』, 2011.11.30
  (2013a) "메가 FTA 시대의 도래와 일본의 대응전략"
          『동북아경제연구』25권 3호, p1-27, 동북아경제학회
  (2013b) "동아시아의 FTA 도미노와 차기 정부의 동아시아 FTA 정책에의 함의",
          한국사회과학연구소·박영률출판사,『동향과 전망』, 봄, p.9
  (2015)   '한중 FTA와 AIIB 분석 그리고 동아시아 경제공동체 전망'
          "현안 진단" 273호, 코리아연구원

『동향과 전망』여름호(67), 한국사회과학연구소·박영률출판사, 김양희·정준호 공저, 2006
"한국의 FTA 정책의 비판적 검토와 대안 모색"

『한미FTA를 말하다』홍성사, 김현종, 2012

『진보의 미래』동녘, 노무현, 2009

『노무현정부 국정비전과 과제』 대통령직인수위원회, 2003
동북아경제중심추진위원회(2004) '국정과제로드맵추진실적' (내부자료)

동북아시대위원회
    (2003a) '동북아대외협력구상(안) / 공동번영을 위한 이니셔티브'
    (2003b) '동북아 협력구도하 남북·대륙철도 연계방안'
    (2004a) '평화와 번영의 동북아시대 구상 / 비전과 전략'
    (2004b) 『'평화와 번영의 동북아시대 구상』
    (2005a) '동북아경제공동체구상의 정립과 중단기 중점과제'
    (2005b) 『평화와 번영의 동북아시대』
    (2005c) '동북아공동체 형성에 주는 유럽통합사례의 시사점'
    (2006)   『노무현정부의 동북아시대 구상』

『노무현의 따뜻한 경제학』 바다출판사, 변양균, 2012

『동향과 전망』91호 p.52-93 한국사회과학연구소·박영률출판사, 이일영·김양희·구갑우, 2014
"새로운 성장-협력-평화 발전모델의 모색 개혁진보의 국가비전"

『The US-Japan Alliance; Getting Asia Right through 2020』 CSIS, Armitage·Richard & Joseph S Nye, 2007

『NBER Working Paper Series』No.4465, National Bureau of Economic Research, Baldwin·Richard, 1993
"A Domino Theory of Regionalism"

Industry Trade Advisory Committee on Services and Finance Industries, ITAC 10, 2007
"The United States-Korea Free Trade Agreement : Report of the ITAC on Service and Finance Industry" April, 2007

United States International Trade Commission, 2007
"US-Korea Free Trade Agreement: potential Economy-wide and Selected Sectoral Effects"
USITC publication 3949 9September 2007